生活保護ソーシャルワークはいま
――より良い実践を目指して――

岡部 卓/長友祐三/池谷秀登
[編著]

ミネルヴァ書房

はじめに

　ソーシャルワーカーは，人びとのよりよき状態を追求することを使命として業務を行っています。言い換えれば，人びとの生活上の諸課題の緩和・解決をソーシャルワークという方法を通し人びとに関わることでもあります。

　人は誰もがよりよき生を生きようとします。しかしながら，どのような社会に生を受けるか，また社会の中でどのような状態に置かれるかによっても，その願いを押し上げることもあれば押し下げられることもあります。[1]

　ソーシャルワーカーの仕事は，その中で社会の中で困難な状態・苦境の中で必死に生きようとする人びとの生に寄り添い，側面から支援することにあります。そこでは，ソーシャルワーカーは，当事者・相談者・利用者（以下，利用者）の想いや状態を少しでもよりよきものにしたいという人間への関心・期待と客観的・科学的に分析・判断することが求められています。

　さて生活保護業務に携わるソーシャルワーカー（以下，生活保護ワーカー）は，人たちが自分の経済生活が立ちゆかなくなる貧困を中心とした生活課題に関わり，主として生活保護制度を制度資源として利用者とともにその解決に関わっていきます。

　相談場面では，生活保護ワーカーはさまざまな生活困難を抱えた人びとと関わります。例えば，職に就くことができない人，家族・地域から孤立している高齢者，心身に障がいがあり思うように地域生活を営めない人，夫の暴力から逃れている母子世帯，路上生活を送るホームレスの人などです。それぞれの人びとがそれぞれにさまざまな事情や背景を抱え，その人なりにこれまでいろいろと手を尽くした後に，相談場面に現れてきます。

　そこから，その人びとの課題を受けとめ，課題解決に向けた相談援助活動を展開していくことが，生活保護ワーカーの主な仕事です。この生活保護ワー

カーの仕事は，人の苦悩や悲しみ，あるいは可能性を共にし，利用者のよりよき状態が実現できるよう側面から支援することを社会的使命とする魅力のあるものです。

　筆者は，生活保護ワーカーは次の視点を持ち，この社会福祉実践に取り組まなければいけないと考えます。すなわち，貧困が社会構造・生活構造の中で生み出されてくるもの，またいろいろな問題・課題はその具体的現れであること（貧困観），そして誰もが人間らしい生活を営む権利を有すること（権利観），さらにはこれらの視点を基底に社会福祉の「社会」（ソーシャル）ということを認識し相談援助活動を展開することが大切であること（実践観）です。[2]

　さて近年の福祉事務所においては，現下の社会経済状況などを反映し，生活保護の利用世帯数が増加しています。またその相談内容も多様化・重層化・広汎化・複雑化・重度化しており，生活保護ワーカーの仕事は，利用者の再建に向けて量・質ともにこれまで以上に多くの関わりが要請されるようになっています。さらには，生活保護法の一部改正，生活困窮者自立支援法や，子どもの貧困対策推進法の制定・施行をはじめ社会保障・社会福祉諸制度改革など，多くの新たな制度改正に伴う業務も要請されています。こうした状況下にありながら生活保護の業務を支える体制（人的・業務・組織・財務各体制）が十分整備されず，その中で生活保護ワーカーが苦労して仕事をしている現実があり，これらの改善を図ることが急務です。それは，生活保護ワーカーが効果的な仕事を行うためには，生活保護ワーカーの行う相談援助活動業務とそれを支える体制が，いわば両輪であるからです。

　そこで，本書は，はじめに，生活保護の業務をどのようにとらえるか，またどのような環境下で業務を行っているのかその全体像を明らかにし（総論），次いで，いろいろな生活課題に対して生活保護ワーカーはどのように向き合い相談援助活動を展開しているのかを述べていきます（各論）。具体的には，以下の3部構成で進めていきます。

　第Ⅰ部は総論に当たる部分で，はじめに生活保護ワーカーが行っている相談援助活動（生活保護におけるソーシャルワーク）をどのようにとらえたらよいか，

その位置づけ，内容等について述べます（第1章）。次いで，相談援助活動の目的である自立助長をどのようにとらえたらよいか，自立助長の位置づけ，その一環として行われる自立支援について述べます（第2章）。そして最後に生活保護ワーカーがどのような執務環境の下で相談援助活動を展開しているのか，その現状と課題について述べます（第3章）。

第Ⅱ部，第Ⅲ部では，全国各地で生活保護制度を通してどのような取り組みを行っているのか，その活動の営為を個別的取り組みと組織的取り組みの2つに分けて述べます。

第Ⅱ部では，さまざまな生活課題と向き合い利用者と寄り添う相談援助活動を展開している生活保護ワーカーの個別的取り組みについて述べます。DV被害者への支援（第4章），心の病に苦しむ人への支援（第5章），働く意欲を奪われた人への支援（第6章），高齢者への支援（第7章），障がい者への支援（第8章）です。第Ⅱ部各章では，全国の生活保護ワーカーがどのような生活課題に向き合っているかについて知っていただくとともに，生活保護受給世帯の中で主要な援助課題となっている稼動年齢層に対する就労支援，傷病・障がい者への日常生活・社会生活支援，高齢者への日常生活・社会生活支援，DVにみられるようなひとり親世帯への支援の内容・方法を取り上げており，生活保護ワーカーの方々をはじめ関係者にとって多くの示唆が得られると考えます。

第Ⅲ部では，全国各地で生活保護制度を通して福祉事務所という場で行われている組織的取り組みを紹介しています。はじめに「子どもの貧困」に現れる有子世帯に対して子どもの養育・学習支援を行っている福祉事務所の組織的取り組みを述べます（第9章）。次いで東日本大震災において，被災地の福祉事務所が被災者に対し，どのように活動を展開しているか，福祉事務所の組織的取り組みを述べます（第10章）。最後に生活保護の相談援助活動の主要課題の一つである生活意欲向上を目指した支援を福祉事務所・地域ぐるみで行っている取り組みを述べます（第11章）。第Ⅲ部各章では，福祉総合相談機関として位置づけられている福祉事務所が地域の生活問題・課題にどう向き合いどう解決していくかの取り組みであり，地域のセーフティネット構築の集団的取り組みとし

てとらえることができます。また職場の集団形成，仕事づくりとしてみることもできます。これらの取り組みを通して福祉事務所・自治体の果たすべき役割と可能性について有益な示唆が得られると考えます。

なお第Ⅱ部，第Ⅲ部で提供される事例は，当事者の個人情報保護の観点から，個人が特定されないよう修正を加えています。また，執筆者の方の中には大部の原稿を提出していただいていましたが，他の原稿とのバランスを図るため編者の判断で分量調整をさせていただきました。表現についても，全体を通し共通の表現をとるため編者の判断で一部修正させていただきました。各執筆者の熱心かつ意欲的な取り組みをそのまますべて載せることができなかったことをお断りしておきます。

本書を通して，生活保護ワーカーの仕事は，どのような内容・方法・体制で行われているのか，また全国各地の福祉事務所でどのような相談援助活動を行っているのか，その一端を，生活保護ワーカーはもとより，保護施設職員，民生委員，児童委員，地域の相談機関や施設，市民，行政，そして社会保障・社会福祉の教育・研究をされている大学・専門学校・研究機関の学生・教員・研究者の方々の参考に，そして理解の一助になればと期待しております。

最後になりましたが，本書刊行の機会を与えてくださったミネルヴァ書房編集部の音田潔さんには，大変感謝しております。またこの間の取りまとめの作業について多くの示唆を与えて下さいました現場の生活保護ワーカーの皆様に，紙面を借りて厚くお礼申し上げます。

2017年2月

編者を代表して

岡部　卓

注

(1) 岡部卓（2015）「〈寄稿〉生活困窮者の自立支援をすすめるために」『生活と福祉』2015年3月号，全国社会福祉協議会，3頁。

⑵ 岡部卓（1996）「ソーシャルワーカーのアイデンティティ」『ソーシャルワーカー』第4号，日本ソーシャルワーカー協会，61頁。

参考文献
岡部卓（1996）「ソーシャルワーカーのアイデンティティ」『ソーシャルワーカー』第4号，日本ソーシャルワーカー協会。
岡部卓（2010）「〈基調講演〉生活保護制度を活かすために」生活保護問題対策全国会議編『カウンター越しの対立を超えて』全国クレジット・サラ金問題対策全国会議。
岡部卓（2015）「〈寄稿〉生活困窮者の自立支援をすすめるために」『生活と福祉』2015年3月号，全国社会福祉協議会。

生活保護ソーシャルワークはいま
──より良い実践を目指して──

目　次

はじめに ………………………………………………………… 岡部　卓　i

第Ⅰ部　生活保護の相談援助・自立支援活動とそれを支える体制

第1章　脱・貧困に向けたソーシャルワーク ……………… 岡部　卓　2
  1 貧困問題の社会問題化 …………………………………………………… 2
  2 貧困問題の把握 …………………………………………………………… 4
  3 貧困問題とソーシャルワーク実践 ……………………………………… 6
   （1）福祉対象・実践対象・制度対象としての貧困　6
   （2）貧困問題に関わるソーシャルワーク実践　7
   （3）貧困をめぐるソーシャルワークの視座　8
  4 生活保護におけるソーシャルワーク実践 ……………………………… 15
   （1）生活保護におけるソーシャルワーク実践の位置づけ　15
   （2）相談援助活動のプロセス　16

第2章　生活保護における自立助長と自立支援 ………… 池谷秀登　31
  1 自立助長と自立支援 ……………………………………………………… 31
  2 生活保護における自立助長の導入 ……………………………………… 31
   （1）旧生活保護法の欠格条項と自立観　31
   （2）生活保護法制定時における自立助長の意味　33
   （3）法立案者の自立助長の意味　33
   （4）生活保護行政への影響　36
  3 貧困の深化と複雑化 ……………………………………………………… 36
   （1）貧困の深化　36
   （2）低所得者の厳しい状況　38
  4 生活保護における自立概念の再構築 …………………………………… 40
   （1）「自立」の再構築　40
   （2）社会生活自立・日常生活自立の重要性　42
  5 どのような支援が求められているのか ………………………………… 43
   （1）福祉事務所による自立支援のあり方　43

（2）一人ひとりに寄り添う支援　45

第3章　生活保護ワーカーの実践環境　…………………… 長友祐三　50
　　　――より良い生活保護ソーシャルワークの実践に向けて

1　生活保護ワーカーの実践を支えるもの …………………………………… 50
　　（1）生活保護ソーシャルワーク実践の価値（目的）　50
　　（2）支援における「ゆらぎ」の存在　52
　　（3）「ゆらぎ」の意識構造と実践への影響　53
　　（4）支援に必要とされる専門性（「専門職的価値」）の確保に向けて　55
2　生活保護ワーカーの実践環境の現状と課題 ……………………………… 58
　　（1）福祉事務所の設置から今日まで　58
　　（2）社会福祉主事（生活保護ワーカー）の設置から今日まで　60
　　（3）生活保護ソーシャルワーク実践に向けての新たな取り組み　62
3　より良い生活保護ソーシャルワークの実践活動に向けて …………… 65
　　（1）実施体制の整備　65
　　（2）専門性の確保　66
　　（3）実践（経験・臨床）知（理論）の確立　68

第Ⅱ部　生活保護ソーシャルワーク実践の現場から

第Ⅱ部　はじめに………………………………………………… 長友祐三　76

第4章　DV被害者への支援 ……………………………………… 玉城夏子　79

1　DV被害者と生活保護支援 ………………………………………………… 79
2　3人の子どもがいる母親への離婚・就労支援 ………………………… 80
　　（1）申請に至るまで　80
　　（2）生活保護申請から受給決定まで――前夫からの揺さぶり　81
　　（3）保護申し立て　83
　　（4）離婚調停　84
　　（5）離婚裁判そして離婚成立へ　87
　　（6）DVが残したもの　88
　　（7）繰り返される調停　91

3 支援事例を振り返って……………………………………………… 93

第5章　心の病に苦しむ人への支援……………………小林かおり 95

　1 心の病に苦しむ人にとっての生活保護とは ……………………… 95
　2 精神疾患を抱えながら地域で生活している母子家庭への支援 …… 95
　　（1）母一人子一人の母子家庭　95
　　（2）入退院を繰り返す母親　96
　　（3）病状の安定を図る　96
　　（4）生活の安定を図る──日常生活や経済的な不安の解消　97
　　（5）就労意欲への支援　98
　　（6）子どもへの支援と母親への養育支援　100
　　（7）地域からの孤立を防ぐ　100
　3 地域全体を対象とした長期的な支援 ……………………………… 101
　　（1）利用者を中心とした支援　101
　　（2）関係機関との役割分担　102
　　（3）長期的・地域全体を見据えた支援　103
　　（4）生活保護ワーカーの役割　104
　4 支援事例を振り返って ……………………………………………… 105
　　（1）貧困の再生産・世代間連鎖　105
　　（2）地域社会からの孤立　105
　　（3）自立を支えるために　107

第6章　働く意欲を奪われた人への支援……………………横田　敏 108

　1 生活保護における就労支援 ………………………………………… 108
　2 健康だが職歴に長期間空白のある人への支援 …………………… 109
　　（1）保護開始に至るまで　109
　　（2）就労支援プログラムの利用開始　109
　　（3）就労支援プログラム利用後　111
　　（4）支援方法の見直し　111
　　（5）就労意欲喚起事業利用後　113
　　（6）支援事例を振り返って　114

3　累犯服役により社会的身分を喪失した人への支援……………………115
　　　　（1）保護開始に至るまで　115
　　　　（2）社会生活自立の回復　116
　　　　（3）就労支援に至るまで　116
　　　　（4）支援事例を振り返って　117
　　4　就労意欲はあるが病気を抱えている人への支援…………………………118
　　　　（1）保護開始に至るまで　118
　　　　（2）保護開始後の支援　118
　　　　（3）担当員変更による変化　119
　　　　（4）就労開始と当事者による振り返り　120
　　　　（5）支援事例を振り返って　120
　　5　就労支援を阻害する要因……………………………………………………121

第7章　高齢者への支援………………………………………小山秀二　122
　　1　虐待・認知症などの問題を抱える高齢者の増加……………………………122
　　2　虐待が疑われる高齢者への支援………………………………………………123
　　　　（1）相談から申請へ　123
　　　　（2）アセスメントからプランニングへ　124
　　　　（3）インターベンションからモニタリングまで　125
　　　　（4）支援事例を振り返って　126
　　3　認知症高齢者への支援………………………………………………………128
　　　　（1）相談から申請へ　129
　　　　（2）アセスメントからプランニングへ　130
　　　　（3）インターベンションからモニタリングまで　130
　　　　（4）支援事例を振り返って　131
　　4　精神疾患を抱えた高齢者への支援…………………………………………133
　　　　（1）相談から申請へ　133
　　　　（2）アセスメントからプランニングへ　134
　　　　（3）インターベンションからモニタリングまで　135
　　　　（4）支援事例を振り返って　138
　　5　利用者の意思の尊重とファミリーソーシャルワーク………………………139

第8章　障がい者への支援　………………………… 衛藤　晃　141

 1　障がい者と生活保護ワーカー ………………………………… 141

 2　引きこもりの知的障がい者女性への自立支援 ……………… 142
  （1）父親の入院を契機に変化　143
  （2）通所施設への通所開始　144
  （3）自立のチャンス・転機の訪れ　144
  （4）父の不安を汲み取り希望に変える　145
  （5）支援事例を振り返って　146

 3　50代まで障がいがあると思われていなかった男性への支援 ……… 147
  ――障がいを発見できないことで起きるミスマッチ
  （1）保護申請に至る経緯　148
  （2）開始後も就労できないまま続く　148
  （3）就労支援ではなく社会参加を目指す方針に転換　149
  （4）定時制高校進学への希望　150
  （5）50代にして初めての療育手帳を取得することを目指した支援　151
  （6）今後の方向性の確認のためのカンファレンス　152
  （7）高校卒業と同時に施設へ通所開始　153
  （8）スムーズな連携のための関係機関との情報交換　154
  （9）施設を中心とした課題への取り組み　155
  （10）福祉事務所を中心とした課題への取り組み　155
  （11）日常生活への支援　156
  （12）支援事例を振り返って　157

第Ⅲ部　福祉事務所の組織的取り組み

第9章　子どもへの支援 ………… 菊池健志・大澤弘美・長谷部慶章　160

 1　子どもの育ちへの支援の意義 ………………………………… 160

 2　神奈川県における生活保護等生活困窮世帯の子どもの健全育成支援 … 163

 3　子どもの健全育成に向けた支援を
  効果的に進めるための戦略（ポイント）………………… 165
  （1）「高校進学支援」と「子どもの健全育成支援」の違い　165

　　　　（2）0歳から成人年齢まで　167
　　　　（3）情報収集とアセスメントがすべての基本　172
　　　　（4）主体的参画により個人情報の壁を越える　174
　　4　子どもの社会的な自立能力への効果を計る視点……………………178

第10章　被災者支援と生活保護業務の実際……………齋藤昭彦　183
　　　　　──岩手県からの報告

　　1　東日本大震災の発生………………………………………………………183
　　2　岩手県の被災状況…………………………………………………………183
　　　　（1）全体の被災状況　183
　　　　（2）福祉事務所の被災状況　184
　　3　大槌町の状況………………………………………………………………184
　　　　（1）震災直後の状況　184
　　　　（2）大槌町の概況と被災状況　185
　　　　（3）被保護世帯への支援　185
　　　　（4）生活保護の状況と義援金等の取り扱いについて　187
　　4　陸前高田市の状況…………………………………………………………190
　　　　（1）陸前高田市の概況と被災状況　190
　　　　（2）生活保護の状況と震災直後の状況　191
　　　　（3）派遣職員が見た状況　192
　　5　一関市の状況………………………………………………………………195
　　　　（1）一関市の概況と被災状況　195
　　　　（2）被災直後の被災市民への支援　196
　　　　（3）沿岸被災地への支援　196
　　　　（4）生活保護の状況　198
　　　　（5）義援金等の取り扱い　199
　　6　被災地の生活・福祉・健康問題…………………………………………201
　　　　（1）沿岸被災地での相談事例から見えたこと　201
　　　　（2）内陸被災地・避難地での相談事例から見えたこと　201
　　7　震災による貧困の顕在化…………………………………………………202
　　　　（1）震災後の保護動向　202

（2）岩手県の貧困と地域社会　202
　8　地域コミュテイ再生と自立支援 …………………………………… 205

第11章　生活意欲向上を目指した支援 …………………… 佐藤　茂　207
——釧路型自立支援のモデルの実際

　1　本市の自立支援プログラムの概要と実施状況 …………………… 207
　　　（1）就労支援プログラム　207
　　　（2）就業体験的ボランティア　210
　　　（3）日常生活意欲向上支援プログラム　211
　　　（4）就業体験プログラム　212
　　　（5）その他のプログラム　212
　2　業務検討委員会の設置 ……………………………………………… 213
　3　市内の生活保護を取り巻く状況 …………………………………… 217
　4　母子世帯自立支援モデル事業 ……………………………………… 220
　5　冬月荘における子ども支援 ………………………………………… 223
　6　連携協力体制の確保 ………………………………………………… 225
　7　当事者実態と可視化 ………………………………………………… 226
　8　居場所づくりと雇用創出に向けて ………………………………… 228

おわりに……………………………………………………… 池谷秀登　231
索　　引………………………………………………………………… 233

第Ⅰ部　生活保護の相談援助・自立支援活動とそれを支える体制

第1章　脱・貧困に向けたソーシャルワーク

1　貧困問題の社会問題化

　私たちの日々の生活の中で，ホームレス問題，ワーキングプア問題，女性の貧困，子どもの貧困など「貧困」について語られることが多くなっている。それほど日本では人びとが貧困と向き合わなければならない困難な状況が多く現れてきているといえる。今日，このような状況となった背景，そして，これまで貧困があまり取り上げられてこなかったことには，以下の理由が考えられる。

　一つには，時代状況である。第2次世界大戦後，引揚者，孤児，浮浪児，戦傷病者等が世の中にはあふれ，社会的経済的な枠組みが崩壊しており，「生活困窮者」は急増したと誰もが感じていた。そして，ほとんどの人びとが「貧困」と向き合わなければならない状況があり，戦後直後の生活保護受給者は約204万人にも上った。多くの受給者の受給理由は失業であった。そして，孤児，浮浪児対策を中心とした児童福祉法が成立した。このほか，身体障害者福祉法は，傷痍軍人を中心とした戦傷病者への対応として成立した。このように，戦後復興期には曲がりなりにも貧困問題への関与が行われていた。しかし，社会福祉が充実する高度経済成長期から低成長期において，国民の「貧困」への関心は遠のき，ほとんど看過される社会事象となった。それは，国民総中流階級といわれる社会の背後に「貧困」が押しやられていたことでもある。しかし，それが，前世紀末を境に大きく変わった。まずはじめに，これまで特定の地域に囲い込まれていたホームレス問題が大都市で可視化したことであり，また今世紀に入ってからは，非正規雇用に代表されるワーキングプア問題が挙げられる。これは，経済・雇用環境の変容に伴い労働市場が縮小して日本型雇用とい

われる正規雇用，年功序列，企業別組合の秩序が崩壊し，働いても十分な収入を得ることができない労働者が労働市場に多数を占めるようになったからである。このワーキングプア問題は，女性の貧困，ひとり親世帯の貧困，ひいては子どもの貧困としてとらえられて，ホームレスという貧困の極限状態にある人びとの問題とともに私たち自身の身近な問題として迫ってきている。付け加えれば，政府が相対的貧困率の公表をするようになり，また，最近の子どもの貧困対策推進法の成立，子どもの貧困対策大綱，地域における子ども食堂，フードバンクは，私たちに「貧困」とはと考えさせる。

　二つには，貧困認識である。貧困は次のようにいくつかに分けて考えることができる。一つ目は，生存することが不可能，あるいは飢餓的な状態を指す「絶対的貧困」，二つ目は，標準的な社会・文化的生活が営めない状態である「相対的貧困」，三つ目は，社会との関わりが薄い，あるいは繋がりがもてない状態としての貧困状態の「社会的排除」，四つ目は，財があっても，それを利用する能力がないため生活困窮に陥る「潜在能力（ケーパビリティ）の欠如」[1]である[2]。これらを見ると，現代においても「絶対的貧困」観から抜け出せていないなかで，これまで生理的・生物学的レベルでとらえられてきた貧困概念を，人びとの生き方の幅を追求する概念へと解き放つ新たな視座を提示しているといえる。ホームレス問題においては，「絶対的貧困」にとどまらない家族や地域・仕事のつながりが切れた「社会的排除」としての貧困がみられる。ワーキングプアや子どもの貧困問題においては，貧困の世代間継承（貧困の再生産）による「相対的貧困」から，「社会的排除」，「潜在能力」の欠如をみることができる。こうした貧困をめぐる認識が，これまで可視化されてこなかった貧困問題に新たなフレームを取り込むことにより，貧困のさまざまな深さやその広がりを射程に入れ問題化することを可能とした。

　三つには，制度・施策である。私たちの生活は，セーフティネットによって守られているとされてきた。それは，1950（昭和25）年の社会保障制度審議会の勧告にみられる社会保障の関連制度として位置づけられる雇用の確保としての雇用対策，居住の確保としての住宅対策，社会保障制度においては，防貧対

策としての社会保険制度（第1のセーフティネット），社会手当制度等の低所得者対策（第2のセーフティネット），最後のセーフティネットである貧困対策としての生活保護制度（第3のセーフティネット）である。しかし，近年は雇用保障，住宅保障が十分でないなか，社会保険制度が適用されても生活できない，または制度のはざまに置かれた生活困難にあえぐ多くの貧困・低所得者が生み出されてきた。低所得者対策は必ずしもこうした状況に対応し得たとは言えず，社会保障制度には新たなセーフティネットの張り替えが要請され，近年は，「生活困窮者」が国においても大きく取り上げられ，生活保護法の一部改正，生活困窮者自立支援法の成立，子どもの貧困対策推進法の成立をみている。

こうした状況のなか，貧困からの脱却に向けてソーシャルワークはどのように取り組んだらよいか。そこで，以下では，貧困問題をどのようにとらえたらよいか，次いで，貧困問題に対してソーシャルワーク実践はどのように向き合えばよいかについて触れ，最後に貧困問題の緩和・解決に取り組む中心的制度である生活保護制度におけるソーシャルワーク実践について述べる。[3]

2　貧困問題の把握

貧困問題をどうとらえるか，前節の貧困認識の通り，貧困を4つのどれととらえるかによって変わってくる。本節では，近年から現在にかけて貧困の生み出される構造と動向の一端を述べる。

貧困とは，一般的には個人もしくは家族が社会生活を営むために必要な資源（物・サービス）を欠く状態を指している。貧困は，所得あるいは資産の不足という経済的原因により発生し，労働と生活の一連の過程のなかで，人びとの生活が立ち行かなくなる事由（例えば，失業，労災，老齢，傷病，障がい，多子など）により生活維持等ができない事態となることである。そして，ここでいわれる生活に関わる「貧困」とは最低生活水準以下の状態で，これは労働を崩壊させることにもなる。さらに，精神的苦痛，肉体的消耗のみならず，社会的諸関係を喪失させるような労働と生活の両面にわたる非人間的状況を指すものとして

とらえられるようになっていく。つまり、これらの状態に置かれている個人もしくは家族の生活問題・ニーズ（以下、問題）は、不安定雇用・低賃金・失業という労働に関わる問題から、経済的基盤の低位性・不安定性からくる消費の萎縮、家族関係の破綻、住環境の悪化、体調不良などといった生活諸場面に多岐にわたって現れているのが特徴である。

　このことを、近年の動向に引きつけると、次のようになる。雇用・失業問題は、大きくは、経済停滞・雇用環境の変容に伴う労働市場の縮小や日本型雇用（正規雇用・年功序列・企業別組合）の崩壊から生じ、それは、これまで正規雇用・自営などで生計を維持してきた世帯が、失業や不安定雇用（派遣、パート、フリーター、日々雇用などの非正規雇用）となり、世帯の経済的基盤である稼働収入が十分得られない状態をもたらした。そのため、現行の生活を維持するため、預貯金などの資産（ストック）を取り崩し、あるいは生計中心者以外の世帯員も就労することにより世帯の生計を支えようとしたが、それも難しい事態となれば、世帯の生計を維持することができず、家族規模の縮小化や単身化の方向へ進んだ。また、このことは、稼働世帯だけの問題だけでなく、これまで仕送りなどを行っていた非稼働世帯（親族など）も、生活維持が困難な状況に陥ることになる。さらには、世帯員それぞれにさまざまな生活課題となって現れ、この雇用・失業問題の究極の形の一つを、家族、地域、職域（労働市場）からも切り離され都市に集積するホームレスにみることができる。

　また、このような状態に至らないまでも、労働市場で現れる貧困として、働いても生活ができないワーキングプアなどの問題が、また、労働市場を経由しない、すなわち、健康、障がい、高齢を理由として労働市場から遠ざけられて傷病者・障がい者・高齢者は貧困・低所得などの生活困難状態になる可能性が高い。さらには、労働市場において、男性に比べ雇用機会や労働条件が低位におかれている女性、就労と養育両面での環境が十分でないひとり親世帯においては、経済的支援を受けなければ貧困・低所得になる可能性が高い。これらは、子どもに端的に現れているとされ、最近は、子どもの貧困が当事者から提起されるとともに、施策としても取り上げられて、大きな問題として扱われるよう

になっている。それ以外にも，国際化の進展に伴い日本で労働・生活する外国人が増加しているにもかかわらず，労働市場や社会保障・社会福祉において不利な状態に置かれてる困窮外国人などの問題が挙げられる。[(5)]

3 貧困問題とソーシャルワーク実践

　これらの貧困問題が，ソーシャルワーク実践の対象（以下，実践対象）あるいは制度対象（以下，制度対象）とされることについて，どのように考えたらよいかについてふれる。次いで，貧困問題に対しソーシャルワーク実践が，どのように関わったらよいかについて考える。

（1）福祉対象・実践対象・制度対象としての貧困

　社会福祉における実践対象の位置づけについては，次のとおりである（図1-1参照）。社会福祉の対象の中で，社会で解決されなければならないもののうち社会的合意を経た問題・課題だけが「制度対象」となる。また制度対象に至らないまでも解決されなければ，その人・世帯の生活の回復・維持・向上が図られなければならない問題が「実践対象」となる。その中で，社会で解決しなければならないが潜在化し認識されていない問題・課題，当事者が必要と感じあるいは考えている主観的問題・課題，政策，実践対象が客観的判断からその範囲に入らない程度・範囲であるとされる問題・課題，さらには規範から外れた問題・課題等は，「制度対象」「実践対象」の埒外に置かれる。

　このことについて社会福祉制度の歴史を見ていけば，「福祉対象」としての生活問題→「実践対象」としての生活問題→「制度対象」としての生活問題という方向で，おおむね生活問題が制度化されてきたと読み取れる。

　同様の観点から，日本の貧困問題を考えた場合，「福祉対象」としての貧困問題→「実践」対象としての貧困問題→「制度」対象としての貧困問題という方向で考えられてきたといえる。このようにみていくと，生活保護制度の対象となる貧困層（被保護者）は「制度によって規定された」層であり，当然本来

の貧困層の一部と考えられる。そのほかには「制度対象」とならない多くの貧困層が存在しており、前述した貧困問題の動向の中でも「実践対象」としての貧困問題、さらには、そこでは把捉できない「福祉対象」としての貧困問題があることに留意しておかねばならないことになる。[6]

図1-1　社会福祉における実践対象の位置づけ

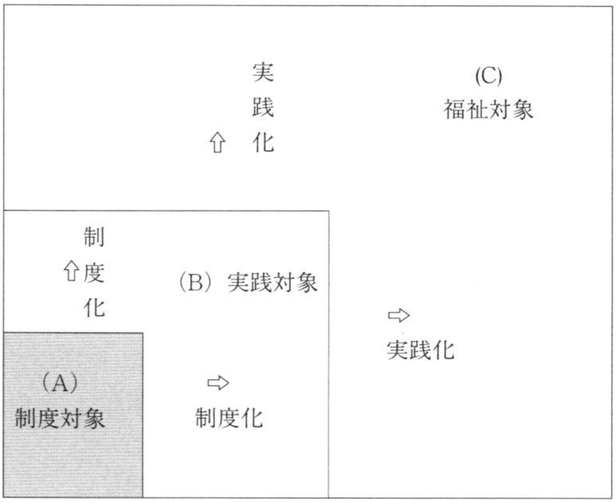

（A）制度対象　→　制度化　→　（B）実践対象　↑制度化　実践↑化　→　実践化　（C）福祉対象

出所：岡部（2010：30）。

（2）貧困問題に関わるソーシャルワーク実践

貧困問題の緩和・解決を目指す社会福祉においては、最低生活水準以下の生活状態にある層を「貧困層」（これは要保護層に相当）、また要保護層と同等あるいはそれに近い生活水準にある層を「低所得層」と呼んでいる。そして、貧困対策としては、資力調査を要件とする生活保護制度、低所得者対策としては、所得調査（制限）を要件とする社会手当制度、生活福祉資金貸付制度、ホームレス対策、生活困窮者自立支援制度などがある。制度上これら貧困・低所得対策を総称し公的扶助制度と範疇化することがある。

なお、2013（平成25）年12月、生活保護法の一部改正とともに、生活困窮者自立支援法が制定された。新法は、「生活困窮者」を「現に経済的に困窮し、最低限度の生活を維持することができなくなるおそれのある者」と定義している。これは、現に最低限度の生活を維持できない状況にある者は対象外であって、生活保護制度の対象となることを示している。これまで「生活困窮」が使用された例としては、第二次世界大戦直後、多くの戦争被災者、失業者、引揚者などに対応するため、臨時応急的な措置として実施された「生活困窮者緊急生活援護要綱」がある。なお、生活保護法第1条は「……国が生活に困窮するすべての国民に対し、その困窮の程度に応じ、必要な保護を行（う）……」（下

線筆者）としている。また，生活保護法においては，第6条第2項で「要保護者」とは，「現に保護を受けているといないとにかかわらず，保護を必要とする状態にある者」をいうとされ，第6条第1項で「被保護者」とは，「現に保護を受けている者」をいうとされている。

　一方，対人サービスである社会福祉においては，所得階層にかかわらず援助・支援が必要な生活課題がある場合に関わることになる。そのため，広くソーシャルワーク実践が行われる。すなわち，ここでいうソーシャルワーク実践とは，公私の社会資源，すなわち，制度・施策などのフォーマルな資源や家族・地域などのインフォーマルな資源を活用し，問題・課題の緩和・解決を図っていく個別的で対面的な援助・支援（個人・集団・地域）を指している。

　こうしたなかで，貧困問題に関わるソーシャルワーク実践は，経済的問題を基底として生み出される生活問題をベースとして課題解決を図っていくことにあり，貧困な状態に置かれている個人・集団・地域における生活の全体性・継続性・個別性に着目し生活再建に向けた対人援助・支援を行うことにある。そして，貧困を基底として生起するさまざまな問題・課題は，ほとんどの社会福祉領域において関わる社会的事象であることから，多くのフィールドで貧困問題に関わるソーシャルワーク実践が展開されることになる。それは，大きくは，経済給付・貸付制度を媒介として行われるものと，媒介しないものとに分かれる[7][8]。

（3）貧困をめぐるソーシャルワークの視座

　こうした貧困問題に関わるソーシャルワークの実践に際して，以下では，ソーシャルワーク実践は貧困問題にどのように関わったらよいかの観点から，いくつかの視座を提示する。

1）「個人か社会か」から「個人も社会も」へ

　貧困の原因は，個人の問題（個人・集団・地域を含む，以下，個人）か社会の問題かという二項対立が，貧困を緩和・解決するソーシャルワーク実践においても反映されがちである。そして，「貧困」については，個人の怠惰や能力の低

さなど個人的問題から生ずる個人的原因に帰するとする考え方に立つのか，あるいは，経済環境や雇用状況など個人の努力では回避できない社会問題から生ずる社会的原因に帰するとする考え方に立つのか，といった問いが出てくる。私たちの社会は，その構成員の大半が給与生活者とその家族により占められており，労働することにより給与を得，それにより生活に必要な物・サービスの購入をして生活を営む。ここで生活に直接関わる「貧困」とは，さしあたり「最低生活の維持が困難な状態」を指しており，それは同時に「労働が困難な状態」をもたらし，また，それは精神的・肉体的状態の悪化のみならず，社会的諸関係を希薄・喪失させるような，労働と生活の両面にわたる非人間的状態を指すものとして使用される(9)。

しかしながら現在，生活の糧を求め苦しんでいる，あるいはそのことにより心身の問題，社会関係の問題を背負う人びとに対しては，貧困は個人か社会かという二項対立を超えて，貧困という事実（結果）に対して対処することであり，そのことを個人と社会の2つのレベルで解決していくことが求められ，個人と社会の両面から具体的方策を講じなければならないととらえるのが妥当であろう。ソーシャルワークは個人に焦点化する技術だとしても，個人と個人を取り巻く環境の両面を視野に入れた社会的技術としても位置づけなければならないし，またそういう性格のものである。この点については，より直接的には，どのようなソーシャルワーク実践を行えば利用者の生活再建に適うかが課題となってくる(10)。

2）父権的な処遇関係から水平・公平な援助・支援関係へ

貧困者に対する援助・支援関係は，元来，貧困者（広くは社会福祉対象全般）に対するパターナリスティック（温情主義，父権的干渉主義）な処遇から出発している。それは，富者（主）と貧者（従）の関係性の中で援助・支援が展開されていったといってよい。これは，援助・支援に上下関係を持ち込み人格感化・教化させ，よりよき方向（貧困状態から脱却させる）へ導くということを意図していた。

しかしながら，その後このような関係性は，背景には，福祉国家が成立し，

個人が尊重されるようになり，社会福祉利用者の人権が考えられるようになると，ソーシャルワーク理論の発展の中で止揚されることになる。それは，利用者の「声」を反映する，また利用者の「声」と専門家の知見を導入することにより，よい援助・支援を志向する方向をとるようになった。そしてその結果，それは，1．専門家から利用者へ一方的な働きかけを行う「専門家モデル」→2．利用者が援助・支援の方向性・内容を決定しそれに専門家が従う「当事者・利用者モデル」→3．利用者と専門家がお互いパートナーシップとして協働し援助・支援の方向性・内容を決定・遂行してく「協働モデル」へと前進しつつあると考えられる（図1-2参照）。

　貧困をめぐるソーシャルワーク実践においては，利用者の「声」を反映する仕組みが十分とられてきているとは言い難い状況にある。貧困に至った利用者を援助・支援者がどうみるかは，貧困の原因を個人か，社会か，個人も社会も，そのどれを取るかによって大きく違ってくる。前節に書いたように，個人も社会もと考えてソーシャルワーク実践が行われたとしても，利用者の考えるソーシャルワークと援助・支援者の考えるソーシャルワークはなかなか一致できないようである。とりわけ生活保護領域においては，国主導の施策とともに制度構造が相俟って，専門家モデルが長らく浸透してきた経緯があることから，今後はいかにして協働モデルにもとづく援助・支援をまずは個別具体的に積み上げていくことができるかが課題となる。[11]

3）生活保護問題から多様な貧困・低所得問題へ

　貧困をめぐるソーシャルワーク実践については，福祉事務所か保護施設における生活保護場面でこれまで一定の研究や実践報告が出されている。この点，従来より全国救護施設協議会，全国更生施設連絡協議会，全国福祉医療協議会等の地道な取り組みがされてきており，生活困窮者自立支援法施行によって社会福祉協議会等も積極的に取り組むようになってきている。しかし，その他の場面，第二種社会福祉事業で規定されている無料低額宿泊所や無料低額診療などの場面でのソーシャルワークに関わる取り組みの報告はこれからである。また，貧困が基底として現れる生活課題に対して直接・間接に関わる機関・施設

図 1-2 ソーシャルワーカーと当事者・利用者の関係性（2者関係に限定）

1 専門家モデル

2 当事者・利用者モデル

3 協働モデル

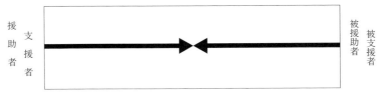

注：線の位置は上下・並列関係を表す。
　　線の太さは力関係を表す。
　　線の長さは，問題・課題解決への働きかけの大きさを表す。
　　　線の接合しないのは，すれ違いを表す。
出所：岡部（2010：36）。

などの連携あるいは横断的取り組みについては，例えば，各種相談機関・施設などにおけるセクショナリズム，違法・不当な貧困ビジネスととられかねない民間団体などの問題に現れるニーズと資源のミスマッチング，さらには地域の中で潜在・孤立している貧困・低所得者層へのアウトリーチや制度・サービスの分立・分散から生ずる問題などがある。

　生活保護以外のそれぞれの領域のソーシャルワーク実践と連携・協働に行われるソーシャルワーク実践が今後の重要な実践・政策課題となり，それぞれの

第Ⅰ部　生活保護の相談援助・自立支援活動とそれを支える体制

図1-3　貧困・低所得者とサービス提供組織

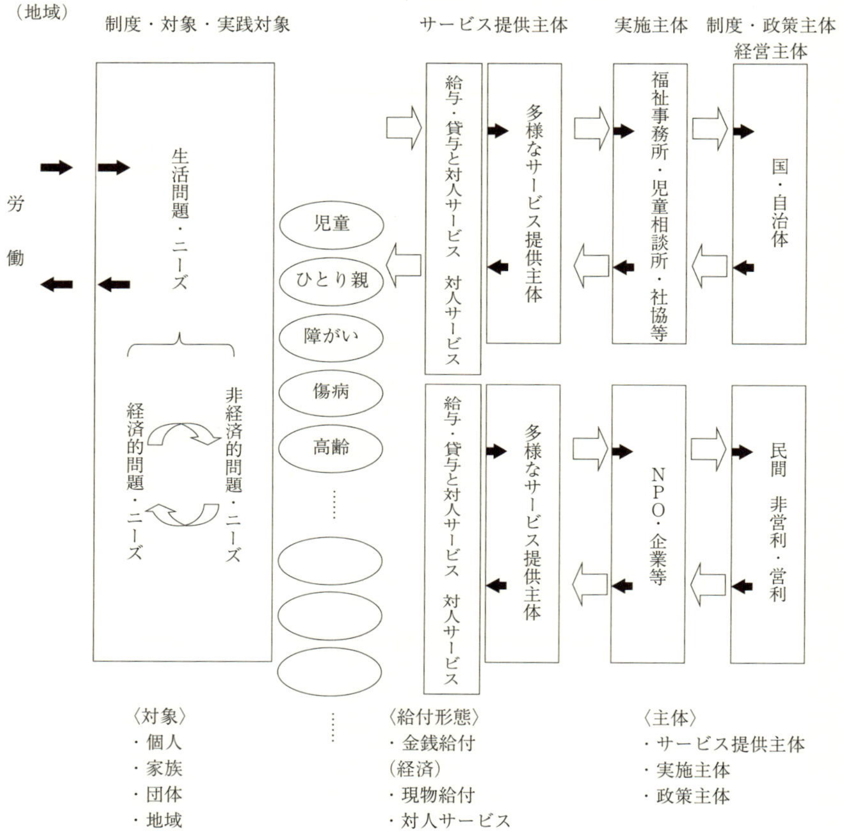

(地域)　制度・対象・実践対象　　　サービス提供主体　実施主体　制度・政策主体
　　　　　　　　　　　　　　　　　　　　　　　　　　　　　経営主体

〈対象〉　　　　　　　　　〈給付形態〉　　　〈主体〉
・個人　　　　　　　　　・金銭給付　　　　・サービス提供主体
・家族　　　　　　　　　　(経済)　　　　　・実施主体
・団体　　　　　　　　　・現物給付　　　　・政策主体
・地域　　　　　　　　　・対人サービス

出所：岡部（2010：37）。

場面においてどのような貧困をめぐるソーシャルワーク実践が行われるべきか，またそれぞれの場での連携あるいは横断的な取り組みに寄与するソーシャルワーク実践の発信がますます望まれている（図1-3参照）[12]。

4）「自立＝経済的自立」から「広い自立」へ

これまで貧困領域および社会福祉諸事象の領域で行われるソーシャルワーク実践においては，自立を経済的自立や身体的自立と考えるのが支配的であった。

しかし，自立の考え方は，近年の障がい者や高齢者などの自立をどう考えるかという議論の中で，これまでの自立と併せて，自分の置かれた地域の中で様々な社会資源を活用して自分が選び取って自分の生活を実現していく方向へ進んでいる。この考え方は，社会福祉の基本法である社会福祉法，さらには「生活保護制度の在り方に関する専門委員会」などにおいて改めて位置づけられ，自立概念を幅広くとらえる考え方として定着してきた。[13]

これまでの「公私の援助を受けない」自立概念と，自分自身で選択決定し生活をコントロールする「自律」概念とを包摂する概念として「自立」概念を使用することが求められるようになってきている。生活保護場面ではあるが，ソーシャルワーク実践の知見をもって自立支援プログラムの内容・方法・手順の標準化が図られようとした。これまで生活保護ワーカー個々人が担ってきた対人援助を組織的・体系的・継続的に行う方向へ向う契機となった意義が大きいが，「広い自立」の概念を取り込んだことにより，さまざまな「経済的自立」「日常生活自立」「社会生活自立」の自立支援プログラムが開発され，それらを活用し利用者の生活再建を図ろうとする方向性をもつことができた（図1-4，図1-5参照）。

さらに，生活保護行政においては，これまで自立＝経済的自立＝廃止という満足・成果（プロセス・アウトカム）の指標しか持ち得なかったが，この自立支援プログラムの「自立」によって「自立」の到達度を測る考え方とその指標の開発を行う認識を持てるようになってきている。このことは，利用者，支援者，第三者による総合的な評価を行う契機につながってくるとともに，制度・施策の有効性について，広く一般国民・住民に周知・理解を得ること（説明責任）にもなると考えられる。また，こうした生活保護において行われる評価（プロセス・アウトカム）をもとに貧困各領域における必要性，重要性について説明していくことが貧困問題の緩和・解決につながると考える。[14][15]

5) 脱・貧困へ

ここまでの視点を踏まえるとともに，脱・貧困に向けたソーシャルワーク実践を行う上では，次の2つの交差するところに援助・支援者が行うソーシャル

第Ⅰ部　生活保護の相談援助・自立支援活動とそれを支える体制

図1-4　自立と自律

1　自立と自律の考え方

　　A　自立─依存　　　　依存から自立へ

　　B　自律─他律　　　　他律から自律へ

2　類型

A　自立（Aa）	依存（Ab）
B　自律（Ba）	他律（Bb）

出所：岡部（2010：38）。

図1-5　生活保護制度の在り方に関する専門委員会（3つの自立）で提示

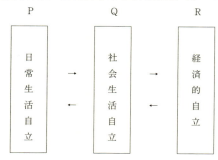

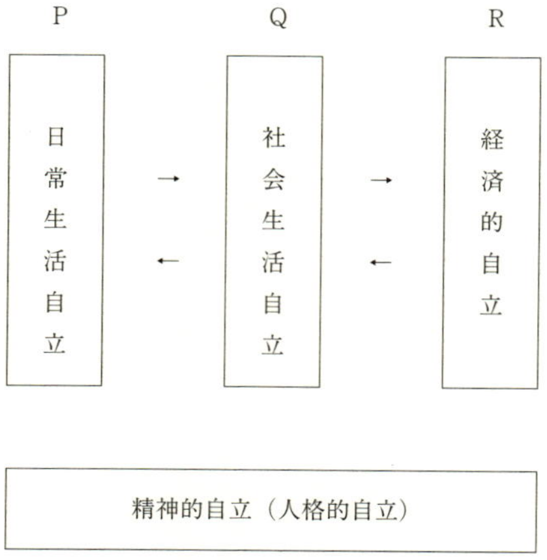

自己選択　自己決定
前提となる社会福祉法

出所：図1-4と同じ。

ワークが位置していることに留意する必要がある。一つは，生活問題・課題を抱えている人びとに寄り添い，利用者の「声」に耳を傾けながら関わっていく援助・支援者の視点であり，もう一つは，貧困者を取り囲む社会に向けて利用者を包み込む社会にしていかなければならないとの発信である。両者が進めら

れて，はじめて脱・貧困に向けたソーシャルワーク実践といえる。

　すなわち，貧困者自身の不利な地位および感情（反発，抵抗，恥辱・屈辱感，悲哀，無力感，自己否定感など）の払拭と社会のまなざし（非難，攻撃，排除，無視など）の払拭は，これら一方だけの払拭では，不十分である。そこには，利用者の声に耳を傾けそれを代弁するあるいは社会資源を作り出していく活動，もう一方で貧困という事態に対して社会に積極的に理解と協力を求めていく活動などを推進するものとして，ソーシャルアクション(16)が必要である(17)。

4　生活保護におけるソーシャルワーク実践

　前節までは，社会構造の中から生み出される貧困問題への着目と貧困問題を私たちの問題としてどう認識するか，さらには貧困問題に対してソーシャルワーク実践をどのように考えたらよいかについて述べた。そこで以下では，福祉事務所において生活保護ワーカーが行う担当援助活動で押さえておかなければならない相談援助活動の具体的な考え方や留意点について述べることにする。

(1) 生活保護におけるソーシャルワーク実践の位置づけ
　生活保護制度は，法第1条で「最低生活保障」と「自立助長」を法の目的としている。そのためその対象は，主として最低生活を維持できない，いわゆる要保護状態にある人・世帯となる。保護の実施機関である福祉事務所の生活保護ワーカーは，最低生活を保障するとともに，利用者の経済的な自立にとどまらない広い自立に向かっての相談援助活動を行う。そして，この相談援助活動は生活保護の実施過程に沿って行われる。すなわち，生活保護の実施過程は，一般的に，受付→申請→調査・要否判定→決定（開始・却下）→支給（変更・停止）→廃止，というプロセスをとり，これら一連の過程は，援助者側からみれば生活保護の給付過程，利用者からみれば生活保護の受給過程となる。それは同時に，生活保護法における「指導」「指示」や「相談助言」などを前提として，利用者の生活全体を援助していくソーシャルワーク実践の過程でもある。

そこで，生活保護の実施過程が，単に経済給付を行うにとどまらず，利用者の広い自立に向けた相談援助活動になるかどうかは，生活保護の実施とともにどのようなソーシャルワーク実践が行われるかにかかっている。

　また，生活保護における相談援助活動の内容には，生活保護の利用者に対する一連の相談援助活動だけでなく，生活保護の廃止後の生活相談も含まれ，さらには，生活保護の直接の対象とはならない利用者への相談援助活動もその範疇に入る。そして当然のことながら，そこでの活動もそれぞれの相談に応じて問題・課題の解決に寄与する内容をもっていなければならない（図1-6参照）。

（2）相談援助活動のプロセス

　生活保護ソーシャルワーク実践の過程，すなわち，相談援助活動のプロセスを段階別にとらえれば，相談援助の導入に当たる受付段階（インテーク），調査や要否判定を行う生活保護申請段階（事前評価〈アセスメント〉），生活保護の決定とこれからの援助の方向性づけ（援助計画の策定〈プランニング〉）とその実施（援助活動の実施〈インターベンション〉）ならびに援助方針の見直し（見守り〈モニタリング〉，援助活動の評価〈エバリュエーション〉）を行う生活保護受給段階，そして，経済給付と相談援助が終結する生活保護廃止段階（終結〈ターミネーション〉）となる（図1-7参照）。

1）受付段階（インテーク）

　利用者が生活保護の実施機関である福祉事務所と関わる最初の場面は，受付段階である。そこで生活保護ワーカー（面接員〈インテークワーカー〉）は，以下の点に留意する必要がある。

　第1に，利用者の生活状況の把握である。面接員の役割は，利用者の抱える生活課題の緩和・解決が図られるよう側面から支援していくことにあり，そのため，まず利用者がどのような生活状況に置かれ，またどのような生活問題を抱えているのかを把握する必要がある。

　利用者の生活問題は，主として経済的問題を基底としながらも，生活のさまざまな側面においてさまざまな問題をもっており，またいくつもの問題・課題

第Ⅱ章　脱・貧困に向けたソーシャルワーク

図1-6　生活保護決定の流れ図

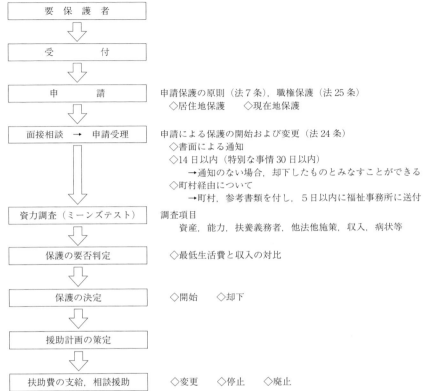

注：保護の決定・実施課程は，受付→申請→調査→要否判定→決定（開始・却下）→支給（変更・停止）→廃止のプロセスをとる。すなわち，原則として要保護者（生活困窮状態にある者）が申請を行い，保護の実施機関が調査を行い，保護の要否の判定，保護が必要な場合その種類，程度および方法を決定し給付を行う。

　　保護の要否を判定し決定・実施する機関は，申請者の居住地または現在地（居住地がないか明らかでない場合）の福祉事務所を管理する知事，市町村長でその権限を福祉事務所長に委任されている。福祉事務所では，申請を受け付けると，地区を担当している生活保護ワーカー（社会福祉主事）が家庭訪問などを実施し，保護の要否を判定するための調査をする。これが，補足性の原理を満たしているかどうかを確認するための資力調査（ミーンズテスト，資産調査ともいう）である。この調査結果に基づいて，原則として世帯を単位に保護の要否を決定し，それを申請者に文書で通知する。この通知は，申請があった日から14日以内にしなければならないとなっているが，特別な理由がある場合は延長し30日以内に行うことになっている。

　　保護の要否や程度は，保護基準によって定められたその世帯の最低生活費と収入認定額とを対比させることによって決められる。そこで認定された収入が保護基準によって定められたその世帯の最低生活費を満たしていない場合に，その不足分を保護費として給付する。

出所：岡部（2014：57）を一部加除修正.

第Ⅰ部　生活保護の相談援助・自立支援活動とそれを支える体制

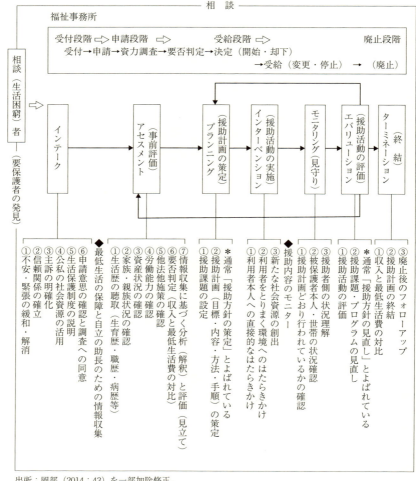

図1-7　生活保護における相談援助活動の枠組み

出所：岡部（2014：43）を一部加除修正。

が重なり合って現れてくる。それは，各利用者・世帯のこれまでの生活歴の中から生み出されてきたものであり，一様に問題解決が図られるようなものではない。したがって，「どれ一つとして同じ人・世帯，同じ問題としてはとらえられない」という個別性・具体性に立脚して考えていくことが重要である。

第2は，利用者の不安・緊張の緩和・解消を図ることである。利用者は，それまでその人なりに問題の解決を図ろうと努力した上で面接員の前に登場することが多い。また，その努力の過程で苦しんだり，悩んだり，傷ついたりして，心身ともに疲弊していることが一般的である。さらに，利用者の中には，自分で問題が解決できなかったことに挫折感を感じていたり，周囲の人に対し不信感や負い目をもったりする人もいる。自分の問題を公的機関に相談することに抵抗感をもっているとともに解決をしてもらえるとの期待感ももっている。そのため，以上のことを念頭に入れ不安や緊張の緩和・解消につながる，相談しやすい雰囲気づくりが大切である。また利用者に過剰に期待をもたせるような逆の言動についても，つつしまなければならない。

　第3に，利用者が理解できる言葉を使うということである。面接員が業務などで普段使用している言葉が，相談場面で利用者にそのまま伝わるかどうかは疑わしい。とりわけ受付段階では，相手が理解することが難しい，あるいは話し言葉で使用するには不都合であると思われる言葉を使用しないよう注意しなければならない。利用者によっては，言葉の意味が理解できないとはっきり言い，説明を求めてくる人もいるが，中には，気後れし，あいまいな返事をしてしまう人もいる。誤解を生み，利用者との信頼関係を損なう結果とならないためにも，利用者の理解あるいは納得を得られているのかどうかを常に確認しながら面接を進めていかなければならない。

　第4は，利用者の話をよく聴き（傾聴面接），利用者が訴えたいこと，望んでいること，福祉事務所にやってもらいたいことを明らかにすることである。利用者の多くは，複雑に絡み合った複数の問題を抱えており，また，それぞれの問題には，さまざまな感情が伴っている。また，それらの問題を丁寧に聴いてもらえるかどうか，不安な気持ちをもっている。そのため，受付場面では興奮したり，沈黙したり，話が前後したり，言いよどんだりすることが往々にあることはやむを得ないと理解しておくことが必要である。

　面接員は，利用者の感情や置かれている状況をありのままに受けとめ（受容），感情を共に（共感）しながら，利用者の問題・課題の所在を明らかにして

いく作業を行っていかなければならない。具体的には，最初の一定時間は，面接員は口を差し挟まずに，利用者の話を聴くようにする。このことは，自分はどのような問題・課題を抱えているのかを，利用者自身が明確化することでもある。また，利用者と面接員との信頼関係が築かれる大事な時期でもあると認識しなければならない。

　第5は，懇切丁寧な制度等の説明と申請意思の確認である。明らかになった利用者の問題・課題解決に対応してどのような社会資源を活用し相談援助活動を展開できるかを検討しなければならない。社会資源には，制度・サービスといった公的（フォーマル）な社会資源と，親族，友人，地域などといった私的（インフォーマル）な社会資源が考えられる。大事なのは，これら2つの利用可能な社会資源や利用者の生活問題を解決する能力・意欲などが，どの程度あるのかについて確認することになる。そして，とりわけ制度・サービスといった公的な社会資源の説明と，その活用方法を利用者自身の問題・課題解決に即して話すことが求められる。また，福祉事務所ではどのような制度・サービスが活用できるのか，またできないならば，どのような機関が担うのかなども伝えることも必要となる。

　その上で，生活保護制度の役割と，その制度内容について詳細に説明することが必要である。制度の趣旨，手続き，保護の要件，扶助の種類や内容，権利義務関係などについて，できるだけ平易な言葉で，かつ利用者の問題解決に即して話していく必要がある。また，制度の趣旨説明では，義務に関する項目が中心になり，権利に関する項目，例えば不服申立て制度についての説明が不十分にならないようにしなければならない。

　そして，大事なのは，生活保護申請の意思の確認である。申請の意思が表明された場合には申請書類を渡し，その記入の仕方を説明する。申請受理後は，訪問調査や書類調査などの調査を行った上で保護が適用されるかどうかが決定されることや法定期間の説明を必ず行う必要がある。また，利用者の状況に緊急性に対応する必要が見受けられる場合には，保護の決定に至るまでの生活についても考える必要がある。一方，申請の意思が表明されない人については，

その生活の目途が立っているかどうかを，再度確認しておく必要があり，その際には，他制度・サービスの活用など生活に必要な情報提供や相談援助を行うようにしておくことが重要である。[19]

2）申請・決定段階（アセスメント・プランニング）

この段階における生活保護ワーカー（地区担当員）の主要な業務は，資力調査（ミーンズテスト）などにより，生活保護の受給が可能かどうかを判断するとともに，利用者の問題解決に向けて今後の援助の方向性を示すことにある。生活保護制度は，あらゆるものを活用してもなお要保護状態にある人・世帯を救済する制度であり，そのため，生活困窮の事実を客観的に認定して，利用者の生活需要を測定した上でないと必要な扶助費が提供できない仕組みである。さらには，利用者世帯の生活を物心両面にわたり総合的に評価し，最低生活が維持していかれるように援助計画をその世帯の実態に即して策定していかなければならない。ここでは，利用者の生活状況の把握と同時に自助の程度を問い，利用者の自助を促していくものでもあり，しばしばスティグマ（社会的恥辱感）が生じる。そのため地区担当員が相談援助活動を展開するにあたって留意すべきなのは次の諸点である。

第1に，説明と同意を通して相談援助活動をすすめていくことである。利用者・世帯についての直接・間接の情報を収集し分析する必要があるが，そのため実施する資力調査はプライバシーに介入して行われるため，利用者の同意と協力を得ながら，利用者の人格と尊厳を尊重し，細心の注意を払いすすめていく必要がある。

第2に，利用者個々の事情に即して調査がすすめられなければならない。地区担当員が行う調査は，大きくは，最低生活保障および生活保護受給の可否に関わる調査と，利用者の自立助長および広い自立を援助するための調査に分けて考えることができる。両者は密接不可分の関係にあり，一体となって行われることが一般的である。生活に困っているという異なる利用者の訴えが同じであったとしても，要保護状態という事態に至るプロセスや利用者の生活状況はそれぞれ異なっている。そうであれば，調査にあたっては，それぞれの利用者

の事情により調査のやり方を工夫し，利用者への配慮をしていく必要がある。

第3には，利用者参加の援助計画を策定することである。地区担当者は，利用者の問題・課題を解決する主体はあくまでも利用者本人であるということを踏まえた上で，援助計画づくりに取りかかることが必要である。援助計画は，調査を通して収集された情報を分析・評価し，その世帯がどのような問題・課題をもっており，どのような方向でその解決を図っていったらよいのかという方策を考える羅針盤の役割を果たしている。このため，利用者の参加がないと問題・課題が明確化せず，実効性が期待できない利用者の行動計画については，心理的レベルから経済的レベルまでいくつかの次元を念頭に置き策定していくことが必要である。[20]

3）受給段階（インターベンション・エバリュエーション・モニタリング）

利用者が生活保護を受給する段階において，地区担当者は，次の事柄を行う必要があるとされている。[21]

　第1に，利用者の経済状態に即して収入認定を行うとともに，利用者個々の生活の必要に応じて扶助費を提供すること。

　第2に，利用者の生活実態・意識に応じて，利用者の生活の回復・安定・向上を図ること。

　第3に，利用者の健康の回復・維持・向上が図られるよう相談援助ならびに医療サービスを提供すること。

　第4に家族，親族などの人間関係の調整や新たな社会関係などの構築などが図れるよう側面から支援すること。

つまり，この過程で地区担当者が常に念頭におき，行わなければならないことは，法の目的にいう最低生活保障と自立助長に関わるソーシャルワークである。そして，経済的自立の如何にかかわらず，社会の中で可能な限り自分の力で生活する力，すなわち広く自立の観点から相談援助活動をとらえていくことである。

以下では，地区担当者が相談援助活動を行う上で，生活保護におけるソーシャルワークの柱となる「家庭訪問」「就労援助」「療養援助」「援助計画の見

直し」について述べることにする。

① 家庭訪問

利用者が所内面接や電話で生活状況を話したとしても，実際にどのような生活を送っているのかは利用者の生活の場である家庭や施設などに出向き，その暮らしぶりを見てみなければわからないことがある。

そして，家庭訪問を行うことにより，利用者がどのような地域にいるのか，どんな家にいるのか，そこでどのような生活を送っているのかを正確に知ることができる。

同時に，利用者はどの程度生活が充足しているのかを知ることにもなる。生活の需要で不足しているものが明らかになれば，生活保護や他法他施策などの公的な社会資源，親族，近隣などの私的な社会資源の活用を図ることができる。家庭訪問によって，利用者・世帯をすべて知ることはできないし，また知る必要もないが，地区担当者が利用者の生活の場を訪問することによって感じ取って得られるものは大きい。

以下，家庭訪問を行うにあたっての注意点は次のとおりである。

　第1点は，目的を定めて訪問することで，具体的に何を知りたいのか，話し合いによってどのような課題解決を見出そうとしているのかを明確にしなければならない。

　第2点は，訪問日時を事前に利用者に告げることで，利用者，地区担当者の双方が都合のよい日時を調整・選定することで，利用者は訪問に備えられ，地区担当者は確実に会うことができて，効率的に仕事をすすめることができる。

　第3点は，利用者世帯を訪問する際には，不必要に周囲に知られることがないようにすることで，これは利用者のプライバシー保護と他者からのいわれなき差別や偏見を防ぐためである。

② 就労援助

利用者の労働能力の活用が可能な場合には，地区担当者は就労援助を行う。これは生活保護におけるソーシャルワークの大きな柱となる。保護の要件であ

る労働能力の活用を利用者に求めていくものであり，利用者と地区担当者は一定の緊張関係となる。これは利用者がどの程度の労働能力をもっているかにもよるが，利用者は最大限その労働能力を活用していかなければならないからである。地区担当者はその労働能力を引き出し，活用できるように利用者を援助していくことが大事である。

そのため，次の注意点に留意していかなければならない。

第1点は，労働能力に見合った就労援助を行うことで，機械的に就労を促すのではなく，これまでのキャリアと現在の利用者の状況を考慮に入れたり，仕事上での悩みをサポートすることが大切である。

第2点は，利用者の意向を尊重することで，利用者がどのような仕事に就きたいのかていねいに聴きとり，またそれは可能であるかを利用者とともに見極めることが必要である。

第3点は，本人だけでなく世帯全体の状態から判断することで，本人の状況はもちろんのこと他の世帯員個々の事情（養育，看護，介護など）を考慮に入れる必要がある。

第4点は，収入を得られるという理由だけでその仕事を勧めないことで，将来にわたって安定した仕事と収入を確保することを検討することである。

③　療養援助

生活保護を受給するようになっても，利用者の中には，これまでの生活から心身ともに傷つき，療養が必要な人が多くいる。病気を契機に要保護状態になり生活保護を受けるようになった人だけでなく，地区担当者の病状調査等により，療養の必要が発見された人もいる。地区担当者は，病気をもつ利用者に対して，療養をどのように進めていったらよいか，利用者の生活実態を十分把握したうえで，助言していかなければならない。

そこでは以下の点に留意する必要がある。

第1点は，利用者とその家族をはじめ周囲の人びとに病気・障がいなどをきちんと理解してもらうことで，地区担当者が病状調査等により，利用者の病気・障がいについてよく把握していなければならない。

第2点は，治療が生活全般に及んでいることに留意することで，利用者は治療で処方された薬を服用するだけでなく，生活習慣・食事にも注意し規則正しい生活を送る必要がある。

第3点は，治療の目的と療養し治療したときの生活設計を，利用者と地区担当者との間で確認することで，療養は長期に及ぶ場合もあり，その間は社会復帰に向けてのリハビリテーションと援助を平行して行う必要がある。

④ 援助計画の見直し

援助計画にもとづき実施・展開された相談援助活動は，一定期間経過後，あるいは，利用者の生活状態に大きな変化が生じた場合には，これまでの援助計画の見直し（再評価）や援助計画の再策定（軌道修正）が行われる必要がある。時間の経過に伴い利用者の労働能力，世帯の状況，利用者の病気に変化も起きうる。このことは，当然利用者の問題・課題の解決の仕方に影響を及ぼす。また，サービス提供面においても，利用者の活用できる就職先や社会福祉施設，病院などの場が新たに確保できるなど社会資源にも変化が起きうるので，その場合は，援助計画をその都度見直す必要が出てくる。

このほか，地区担当者の変更時や年度末には，これまでの援助計画の見直し，再設定のよい機会となり，以下の点に注意する必要がある。

第1点は，利用者とともにこれまでの援助計画がどの程度達成されたのかを検討し，今後の援助計画の再設定に生かす。

第2点は，査察指導員との協議（個別スーパービジョン）は当然ながら，必要によっては，ケースカンファレンスやケース診断会議（グループスーパービジョン）などを積極的に活用し，援助計画を問題・課題解決に向けて実効性のあるものにしていくことが有益である。[22]

4）廃止段階（ターミネーション）

生活保護におけるソーシャルワークにおいては生活保護廃止後の相談を含めて考えていく必要があることには前に触れた。

生活保護受給の必要性がなくなった，つまり，生活保護が廃止になるということは，利用者が経済的に自分の生活を支える基盤ができたということではあ

るが，将来にわたって経済的に保障されているわけではない。また，その人に心理的社会的側面からの支援の必要がなくなったわけではない。

そのため，一定の期間は経済的に安定していくかどうかの確認と心理的社会的支援を行う必要がある。生活保護の廃止以降，利用者の安心・安定の生活を保障していくためにも福祉事務所からの見守りが必要である。そのためには，生活保護受給時に利用者と生活保護ワーカーの関係性が信頼あるものとして確立されていなければならない。

生活保護が廃止された後に生活困難となった場合，また，順調に進んでいる場合でも気になることがあった場合，相談ができる関係を受給段階から構築しておく必要がある。利用者が生活困窮状態から抜け出し，新しい生活が軌道に乗るまでの間，さまざまなことが起こり，福祉事務所が後方から温かく見守ることは利用者にとって大きな支えになるのである。現在は，2015（平成27）年4月から開始された生活困窮者自立支援制度における自立相談支援事業が，こうした役割を果たすことが期待されているようである。

以上，生活保護におけるソーシャルワーク実践の位置づけと相談援助活動のプロセスを見てきた。

生活保護におけるソーシャルワーク実践は，福祉事務所という場で生活保護制度を主要な社会資源として相談援助が展開される。生活保護ワーカーは利用者にとって頼りになる存在でなければならないが，利用者と援助・支援者である生活保護ワーカーの関係性が豊かなものにならないと，利用者の問題解決能力を高めることにつながらないのである。

本章は，岡部卓（2010）「ソーシャルワークによる脱―貧困への取組み」，岡部卓（2014）『新版 福祉事務所ソーシャルワーカー必携』の既出論文から，本章のテーマに沿った部分を取り出してベースとして，加除修正し再構成したものであることをお断りしておきます。

注
(1) 「貧困」とは一般的には，個人もしくは家族が社会生活に必要な資源（モノ・サービス）を欠く状態を指している。それは，2つの概念でとらえることができる。一つは絶対的貧困であり，それは，生存が可能な最低限度，すなわち生理的・生物学的観点からとらえる貧困であり，もう一つは「相対的貧困」で，特定の社会における標準的な生活様式との比較でとらえ，それが営めない状態を指している。前者は，生存レベルで，後者は，生活（社会的文化的生活）レベルで考えられる。

　その他，「貧困」に関わる概念として「社会的排除（social exclusion）」と「ケイパビリティ（capability）」が近年使用されるようになっている。

　「社会的排除」とはギデンズによれば，人びとが社会の十分な関与から遮断されている状態，すなわち社会関係の観点からみた概念である。日本においては厚生労働省から出された「社会的な援護を要する人びとに対する社会福祉のあり方に関する検討会報告書」（2000〔平成12〕年12月）においてはじめて公式に用語として使用され，社会的に排除されている人びとを結びつけてつながりある社会を築いていくことを提唱している。

　「ケイパビリティ」はセンの理論である。これは貧困を従来のように所得の多寡でとらえるのではなく，個々人が有する「選択肢の幅」で貧困をとらえることを提唱している。この「ケイパビリティ」には個々人の身体的・知的な能力からその人が使用できる資源，社会環境による制約要因（例えば差別）までもが含まれる。「ケイパビリティ」は発展途上国における貧困から先進国における貧困まで，その解決に向けた視座に大きな影響を与えている（岡部卓・六波羅詩朗編著（2016）『新・社会福祉士養成講座16低所得者に対する支援と生活保護制度　第4版』20-25頁）。

(2) 　岡部卓（2012a）「生活保護をめぐる状況と社会福祉法人」『経営協　2012年5月号』10頁。

(3) 　1章1節は，岡部卓（2010）「ソーシャルワークによる脱―貧困への取組み」『ソーシャルワーク学会誌』第19号，27-28頁，及び岡部卓（2012b）「現代の貧困にどう立ち向かうか―防貧と救貧のパラドックス」『対論社会福祉学2社会福祉政策』54-58頁を加除修正し，再構成した。

(4) 　岡部卓・六波羅詩朗編著（2016）『新・社会福祉士養成講座16低所得者に対する支援と生活保護制度　第4版』中央法規出版，18-19頁。

(5) 　1章2節は，岡部卓（2010）「ソーシャルワークによる脱―貧困への取組み」『ソーシャルワーク学会誌』第19号，29-30頁，岡部卓・六波羅詩朗編著（2016）『新・社会福祉士養成講座16低所得者に対する支援と生活保護制度　第4版』29-31頁，岡部卓・新保美香（2016）『公的扶助論―低所得者に対する支援と生活保護制

度』全国社会福祉協議会，29-30頁。
(6) 1章3節（1）は，岡部卓（2010）「ソーシャルワークによる脱―貧困への取組み」『ソーシャルワーク学会誌』第19号，29-30頁によるところが大きい。
(7) 経済給付・貸付制度を媒介として行われるものとしては，生活保護，社会手当，生活福祉資金が挙げられる。一方，媒介しないものとしては，児童福祉，母子父子寡婦福祉，障がい者（児）福祉，高齢者福祉などにおける対人サービス（社会福祉サービス）が挙げられる。
(8) 1章3節（2）は，岡部卓（2010）「ソーシャルワークによる脱―貧困への取組み」『ソーシャルワーク学会誌』第19号，29-30頁によるところが大きい。
(9) 注(4)と同じ。
(10) 1章3節（3）1）は，岡部卓（2010）「ソーシャルワークによる脱―貧困への取組み」『ソーシャルワーク学会誌』第19号，35頁を加除修正し，再構成した。
(11) 1章3節（3）2）は，岡部卓（2010）「ソーシャルワークによる脱―貧困への取組み」『ソーシャルワーク学会誌』第19号，35-36頁を加除修正し，再構成した。
(12) 1章3節（3）3）は，岡部卓（2010）「ソーシャルワークによる脱―貧困への取組み」『ソーシャルワーク学会誌』第19号，36-37頁によるところが大きい。
(13) 社会福祉法第3条は，「福祉サービスは，…（中略）…サービスの利用者が心身ともに健やかに育成され，又はその有する能力に応じ自立した日常生活を営むことができるように支援するもの」と規定している。この『自立』については，「福祉サービスの『利用者』は，自らの意思と選択により『自立』していく主体としてとらえられることとなり，福祉サービスは，利用者の自己決定による『自立』を支援するものでなければならない」「自己決定による自立とは，自らの意思に基づいて，本人らしい生き方を選択するものといえる」と説明されている（社会福祉法令研究会編（2001）『社会福祉法の解説』中央法規出版，110頁）。

　そして，生活保護法については，2004（平成16）年12月に出された「生活保護制度の在り方に関する専門委員会」最終報告書では，社会福祉法の理念に沿って，「自立支援」について，「就労による経済的自立のための支援（就労自立支援）のみならず，それぞれの被保護者の能力やその抱える問題等に応じ，身体や精神の健康を回復・維持し，自分で自分の健康・生活管理を行うなど日常生活において自立した生活を送るための支援（日常生活自立支援）や，社会的なつながりを回復・維持するなど社会生活における自立の支援（社会生活自立支援）をも含むものである」として，「自立」概念として「経済的自立（就労自立)」「日常生活自立」「社会生活自立」の3つを掲げている。これら3つの自立は，並列の関係にあるものとされている。

　このほか，2002（平成14）年に制定されたホームレスの自立の支援等に関する特

別措置法第1条（目的）は、「この法律は、自立の意思がありながらホームレスとなることを余儀なくされた者が多数存在し、健康で文化的な生活を送ることができないでいるとともに、地域社会とのあつれきが生じつつある現状にかんがみ、ホームレスの自立の支援、ホームレスとなることを防止するための生活上の支援等に関し、国等の果たすべき責務を明らかにするとともに、ホームレスの人権に配慮し、かつ、地域社会の理解と協力を得つつ、必要な施策を講ずることにより、ホームレスに関する問題の解決に資することを目的とする。」と規定している。

(14) この流れはサービスの商品化が生活保護行政においても行われるようになってきたことを意味しており、そもそも福祉サービスを商品として位置づけることがよいかという基本的な「問い」があることを押さえておく必要がある。また一歩下がって考えたとしてもその評価のあり方については慎重に指標や評価などをみていかなければならない。例えば、生活保護の廃止件数を指標として援助・支援の満足・成果を総合評価するなど短絡的な評価をすべきではないことなどである。

(15) 1章3節（3）4）は、岡部卓（2010）「ソーシャルワークによる脱─貧困への取組み」『ソーシャルワーク学会誌』第19号、38-39頁を加除修正し、再構成した。

(16) ソーシャルアクションについては、当事者の異議申立てから資源開発、さらに制度改正を目指す活動などいろいろなレベルがある。

(17) 岡部卓（2010）「ソーシャルワークによる脱─貧困への取組み」『ソーシャルワーク学会誌』第19号、39頁を加除修正した。

(18) 4（1）は、岡部卓（2014）『新版 福祉事務所ソーシャルワーカー必携』38-39頁から生活保護ワーカーのソーシャルワークのポイントを取り出した上で、加除修正し、再構成した。

(19) 4（2）1）は、岡部卓（2014）『新版 福祉事務所ソーシャルワーカー必携』全国社会福祉協議会、49-55頁を注(18)と同様に加除修正し、再構成した。

(20) 4（2）2）は、岡部卓（2014）『新版 福祉事務所ソーシャルワーカー必携』全国社会福祉協議会、56-62頁を注(18)と同様に加除修正し、再構成した。

(21) 仲村優一（1978）『ケースワークの原理と技術 改訂版』56-57頁。

(22) 4（2）3）は、岡部卓（2014）『新版 福祉事務所ソーシャルワーカー必携』全国社会福祉協議会、63-68頁を注(18)と同様に加除修正し、再構成した。

(23) 4（2）4）は、岡部卓（2014）『新版 福祉事務所ソーシャルワーカー必携』全国社会福祉協議会、46頁を加除修正し、再構成した。

参考文献

仲村優一（1978）『ケースワークの原理と技術 改訂版』全国社会福祉協議会。
岡部卓（2010）「ソーシャルワークによる脱─貧困への取組み」『ソーシャルワーク学

会誌』第19号,日本ソーシャルワーク学会,27-39頁。
岡部卓(2012a)「生活保護をめぐる状況と社会福祉法人」(特集　社会福祉法人に求められる生活困窮者の支援)『経営協』2012年5月号,全国社会福祉協議会。
岡部卓(2012b)「現代の貧困にどう立ち向かうか―防貧と救貧のパラドックス」日本社会福祉学会編『対論社会福祉学2 社会福祉政策』中央法規出版。
岡部卓(2014)『新版 福祉事務所ソーシャルワーカー必携』全国社会福祉協議会。
岡部卓・六波羅詩朗編著(2016)『新・社会福祉士養成講座16低所得者に対する支援と生活保護制度 第4版』中央法規出版。
岡部卓・新保美香編著(2016)『社会福祉学習双書2016⑦公的扶助論―低所得者に対する支援と生活保護制度』全国社会福祉協議会。
社会福祉法令研究会編(2001)『社会福祉法の解説』中央法規出版。

(岡部　卓)

第2章　生活保護における自立助長と自立支援[1]

1　自立助長と自立支援

　生活保護の目的とは、憲法第25条の理念にもとづき、国が生活に困窮するすべての国民に対し、困窮の程度に応じ必要な保護を行い、その最低限度の生活を保障するとともにその自立を助長することである（生活保護法〔以下、法〕第1条）。

　この最低生活の保障とは憲法第25条の「健康で文化的な最低限度の生活」を指し、経済給付によるものと考えられるが、憲法に規定のない自立を助長するとはどのようなことなのだろうか。

　そこで、本章では生活保護の目的である「自立助長」をどのように考えるのかを踏まえて、生活保護における自立助長と自立支援について検討を行うこととしたい。

2　生活保護における自立助長の導入

（1）旧生活保護法の欠格条項と自立観

　旧生活保護法（以下、旧法）は、旧憲法下の1946（昭和21）年に第90回帝国議会で成立し、1932（昭和7）年より実施されていた救護法は廃止された。

　帝国議会での旧法提案説明では、救護法では「保護の対象が限定的に規定してありますので、生活の保護を要する者を網羅的に保護の対象とすることができず、従って保護の徹底を図り難い憾みがありますので、あらたに生活保護法を制定し、事由の如何を問わず現に生活の保護を要する者に対して差別的又は

第Ⅰ部　生活保護の相談援助・自立支援活動とそれを支える体制

優先的な取り扱いをすることなく平等に保護を行うこととし」たと述べ，救護法に規定されていた制限扶助を改め，無差別平等の内容としたと説明がされている[2]。

しかし，旧法は「能力があるにもかかわらず，勤労の意思のない者，勤労を怠る者その他生計の維持に努めない者。素行不良な者」については，いかに困窮していても保護を行わないという欠格条項が定められていた（旧法第2条）。

その理由について，生活保護法案特別委員会での提案説明では「本法による保護に依存して徒食する怠惰者を生ずることがないよう特に留意する必要がありますので，怠惰な者に対しては保護を行わ」ないと欠格条項の趣旨を述べている[3]。

提案理由書の逐条説明でも「この法律の実施について最も注意すべきことは，この法律による保護に依存して無為徒食する者，所謂惰民を養成することがないように努めなくてはならないことである。英国の救貧法の歴史に徴しても，これに関する対策が最大の論議点であったのである。この点に鑑みて，この法律においても，能力があるにもかかわらず社会的責務を果たさない者には保護をしないこととした」などと惰民養成防止を理由に欠格条項の必要性が明記され[4]，惰民養成が最も警戒を要する問題であることが強調されている[5]。

施行直前の通牒では「本法は生活の保護を要する状態にある者を，その事由の如何を問わず保護するものであるが，国民が徒に本法による保護を頼んで怠惰な生活に流れるが如きこと最も戒めるべきことであるから，よく自立向上の精神を持って，自己の生活を建設するよう指導すること」とされている[6]。

現在の生活保護手帳の前身と考えられる『生活保護法百問百答』第1集では，稼働能力はあるが就職不能のため現に生活困難な実情にある場合でも「稼ぐに追いつく貧乏なし」という訓示の後に，保護を第一義的に考えることは非常に間違った考え方であるとされていた[7]。

また，闇商売の者を正業で生活を営めるように，民生委員が指導の見地から生活保護を適用することは差し支えないか，という質問に対しては，民生委員の生活指導のあり方としては「下の下」であり工夫が足りないとまで述べてい

る。しかし，その指導のあり方は示されておらず，その時々の実情に応じて民生委員らしい指導をしなくてはならないと抽象的に述べるにとどまっている（岡田　1947：66-69）。

　この様に旧法においては，生活保護に「依存」する者を排除するとした「惰民養成の防止」を目的とした欠格条項が規定されており，稼働能力のある生活困窮者を事実上保護から排除していたのである。

（2）生活保護法制定時における自立助長の意味

　日本国憲法の成立，社会保障審議会「生活保護制度の改善強化に関する件」の勧告などにより，旧法の全面的な改正を行うこととなり，1950（昭和25）年第7回国会において現在の生活保護法が成立した。

　厚生省の生活保護法案理由書では「現下の社会情勢に鑑み，生活に困窮するすべての者を無差別平等に保護する生活保護の制度を拡充強化し，国民の最低生活の保障に遺憾なからしめる」として，最低生活保障が目的であるとされているが，自立助長については述べられてはいない。また，「2生活保護法案理由書」では主たる改正点を5項目にわたり述べているが，ここにおいても自立助長については述べられてはいない。

　しかし，「7生活保護法案逐条説明」において「自立を助長する」の意味を惰民醸成の防止のためであると述べ（厚生省社会局　1950：3-4），自立助長の目的を惰民養成防止と考えていた。

（3）法立案者の自立助長の意味

　法制定時の厚生省社会局長木村忠二郎は，生活保護法が成立した直後の1950年に「改正生活保護法の解説」を著している。そこでは，自立助長を法の目的とした趣旨は惰民養成を排除するためであると述べ，保護の補足性（法第4条）についても惰民養成防止から定めたと述べている。

　木村は，社会局長という立場から生活保護行政の運用，実務にも影響を与え，生活保護実務一般についての解説書においても，旧生活保護法の欠格条項の代

替機能としての自立助長を述べている。

　木村の考えは無差別平等の原理（法第2条）により欠格条項が廃止されたことから、「惰民養成を防止」するために「自立助長」を設けたということである。ここで述べられる自立助長とは欠格条項を無差別平等の原理に抵触しないように、変形して導入したということであるように思われる。

　木村と同様に法制定時の保護課長であった小山進次郎は、いくつかの生活保護法の解説書を著し、中でも1950年の『生活保護法の解釈と運用』（1951年に改訂増補版が発行）は、その後も復刻版が刊行されるなど、現在に至るも影響力を有している。

　そこでは、法第1条の目的である「自立を助長する」との文言が新たに入った理由について、惰民防止のためではなく、社会福祉的観点から取り入れたのであると述べ、社会生活に適応した生活を助けることであって、強制をするものではないとも述べている。

　小山の欠格条項を排除する考え方は徹底しており、保護の補足性（法第4条）の解釈においても、法第4条第1項に受給資格を規定する形を採ると、何らかの形で欠格条項を設けなくてはならないため、素行不良についても規定に関係させないように条文上配慮したと説明している。

　生活上の義務（法第60条）でも、生活保護制度の運営で注意することは、惰民を醸成しないことであるが、惰民防止という観点ではなく自立助長という見地から、法第60条を設けたが、法第60条に反しても直接の制裁はなく、旧法の欠格条項とも違い、生活困窮状態ならばまず保護を行うこととしている。小山は自立助長について次のように説明をしている。

　　「法第1条の目的に『自立の助長』を掲げたのは、この制度を単に一面的な社会保障制度とみ、ただこれに伴い勝ちな惰民の防止をこの言葉で意味づけようとしたのではなく『最低生活の保障』と対応し社会福祉の究極の目的とする『自立の助長』を掲げることにより、この制度が社会保障の制度であると同時に社会福祉の制度である所以を明らかにしようとしたの

である。」（小山 1951：84）

　「最低生活の保障と共に，自立の助長ということを目的の中に含めたのは，『人をして人たるに値する存在』たらしめるには単にその最低生活を維持させるというだけでは十分でない。凡そ人はすべてその中に何等かの自主独立の意味において可能性を包蔵している。この内容的可能性を発見し，これを助長育成し，而して，その人をしてその能力に合い相応しい状態において社会生活に適応させることこそ，真実の意味において生存権を保障する所以である。社会保障の制度であると共に，社会福祉の制度である生活保護制度としては，当然此処迄を目的とすべきであるとする考えに出でるものである。従って，兎角誤解され易いように惰民防止ということは，この制度がその目的に従って最も効果的に運用された結果として起こることではあらうが，少なくとも『自立の助長』という表現で第一義的に意図されている所ではない。自立の助長を目的に謳った趣旨は，そのような調子の低いものではないのである。」（小山 1951：92）

　このように，小山は自立助長の目的が惰民防止とは異なることを強調している。しかし，小山は「自立」自体については「公私の扶助を受けず自分の力で社会生活に適応した生活を営むこと」（小山 1951：94）と述べ，生活保護を受けないことであると考えていた。
　国会でも公述人は自立を保護から脱却することととらえ（衆議院厚生委員会公聴会第1号牧野公述人），委員（国会議員）の「自立に向けて暫時向上して，生活保護費を打ち切るようにするのが生活保護法の目的ではないかと思う」（参議院厚生委員会第31号）という発言からも，この自立観が当時の共通認識であったように思われる。
　つまり，法制定時の自立の理解は，生活保護を受給しない状態とのことであり，その上で自立助長が惰民防止か否かとの議論であったのである。

(4) 生活保護行政への影響

　旧法のような絶対的欠格条項を設けなかったことは，現行の生活保護法の特徴のひとつであるが，法の目的である自立助長の意味を惰民防止と考えるか否かについては未整理のままであった。しかし，国会での資料などから考えると，木村の説明が多数の理解であったように思われる。

　「惰民養成の防止」とは，稼働能力の活用努力が不十分と判断した場合には，生活保護に依存しているとされ，保護から排除を行うことである。この稼働能力の有無や稼働の努力は抽象的なものであるため，[8]その判断は恣意的なものになりかねず，稼働能力があると思われた者一般が排除される可能性が生じる。

　このような自立助長の考え方を基にして，「自立」を「公私の扶助を受け」ない状態，すなわち生活保護を受給しない状態と理解されることにより，要保護者を保護から脱却させることが自立助長であるという考えが生活保護行政に生じやすくなった。

　この考え方の影響を受けその後の生活保護行政はすすめられ，自立を保護廃止と狭くとらえることにより，保護の廃止が生活保護の目的とされる理解が生じることとなったのである。

3　貧困の深化と複雑化

(1) 貧困の深化

　バブル崩壊以降に顕在化した，経済的困窮とともにさまざまな課題を有する人たちの増加にもかかわらず，生活保護行政ではその支援に困難が生じていた。すなわち，生活上の複雑な課題を有する人びとの問題を有効に解決することが難しくなり，社会問題化したのである。生活保護費の支給だけではこれらの課題は解決できず，その解決には，保護費の支給と共に社会福祉的支援が必要とされる。

　しかし，自立を生活保護を受給しないことと考え保護廃止を目的と考える生活保護行政では，受給の可否，保護費の多寡等経済的側面にのみに関心が高く

表2-1 「社会的な援護を要する人々に対する社会福祉あり方に関する検討会」報告書（抜粋）

> 3．対象となる問題とその構造
> 　従来の社会福祉は主たる対象を「貧困」としてきたが、現代においては、
> - 「心身の障害・不安」（社会的ストレス問題、アルコール依存、等）
> - 「社会的排除や摩擦」（路上死、中国残留孤児、外国人の排除や摩擦、等）
> - 「社会的孤立や孤独」（孤独死、自殺、家庭内の虐待・暴力、等）
>
> といった問題が重複・複合化しており、こうした新しい座標軸をあわせて検討する必要がある。
> 　このうち、社会による排除・摩擦や社会からの孤立の現象は、いわば今日の社会が直面している社会の支え合う力の欠如や対立・摩擦、あるいは無関心といったものを示唆しているともいえる。
> 　具体的な諸問題の関連を列記すると、以下の通りである。
> - 急激な経済社会の変化に伴って、社会不安やストレス、ひきこもりや虐待など社会関係上の障害、あるいは虚無感などが増大する。
> - 貧困や低所得など最低生活をめぐる問題が、リストラによる失業、倒産、多重債務などとかかわりながら再び出現している。
> - 貧困や失業問題は外国人労働者やホームレス、中国残留孤児などのように、社会的排除や文化的摩擦を伴う問題としても現れている。
> - 上記のいくつかの問題を抱えた人々が社会から孤立し、自殺や孤独死に至るケースもある。
> - 低所得の単身世帯、ひとり親世帯、障害者世帯の孤立や、わずかに残されたスラム地区が、地区ごと孤立化することもある。
> - 若年層などでも、困窮しているのにその意識すらなく社会からの孤立化を深めている場合もある。これらは通常「見えにくい」問題であることが少なくない。
> 　以上の整理は、あくまで例示であって、これらの問題が社会的孤立や排除のなかで「見えない」形をとり、問題の把握を一層困難にしている。孤独死や路上死、自殺といった極端な形態で現れた時にこのような問題が顕在化することも少なくない

なり、社会福祉的支援の視点が後退せざるを得ず、貧困から生じる諸問題に対し有効な援助ができない事態が生じることとなる。

　これらの課題を有する人々の問題を取り上げたものが2000（平成12）年12月の厚生労働省「社会的な援護を要する人々に対する社会福祉のあり方に関する検討会」報告書である（表2-1参照）。

　この検討会報告では、現代の社会福祉の対象を社会的ストレス、アルコール依存症、路上死、孤独死、自殺、家庭内の虐待・暴力等の問題とし、これらが重複化・複合化していると指摘している。

　ここでは、生活保護制度については、最低生活の保障を基本に新たな形の社会的課題をも視野に入れて検証を行う必要があると指摘がされ、社会福祉的機

表2-2 市町村地域福祉計画及び都道府県地域福祉支援計画策定指針の在り方について
（一人ひとりの地域住民への訴え）（抜粋）

> 我が国においては、かつての伝統的な家庭や地域の相互扶助機能は弱体化し、地域住民相互の社会的なつながりも希薄化するなど地域社会は変容しつつある。少子高齢社会の到来、成長型社会の終焉、産業の空洞化、そして近年の深刻な経済不況がこれに追い打ちをかけている。このため、高齢者、障害者などの生活上の支援を要する人々は一層厳しい状況におかれている。また、青少年や中年層においても生活不安とストレスが増大し、自殺やホームレス、家庭内暴力、虐待、ひきこもりなどが新たな社会問題となっている。

能の必要性を強く求め、その充実が諸問題の解決に必要と考えられている。

また、市町村地域福祉計画の策定においても同様の認識が進んでいた。2002（平成14）年1月28日の社会保障審議会福祉部会「市町村地域福祉計画及び都道府県地域福祉支援計画策定指針の在り方について（一人ひとりの地域住民への訴え）」では、地域住民間の社会的なつながりが希薄化し、高齢者、障害者などの生活上の支援を要する人びとの生活は、一層厳しい状況になっていることが指摘がされている（表2-2参照）。

（2）低所得者の厳しい状況

これらの報告に示されている通り、経済的困窮が長期化することで意欲の低下をはじめ生活上のさまざまな課題が生じ、その状態が継続することでより複雑化することになり、さらに経済的状況が悪化することになる。また、地域での孤立、人間関係の希薄さなどが事態をより悪化させることもある。

2011（平成23）年には「生活保護受給者の自殺者数について」が厚生労働省により明らかとされた。それによると、生活保護受給者の自殺率は全国の自殺率よりも高く、その原因としては、生活保護受給者には、自殺の大きな要因と考えられている精神疾患（うつ病、統合失調症、依存症）を有する者の割合が全国平均よりも高いことが考えられると指摘されている[9]（表2-3参照）。

このことは、精神疾患の人たちは低所得者が多く、その生活保障は生活保護が担っている一方で、この人たちの自殺を防止することができていないことをあらわしている。

第2章　生活保護における自立助長と自立支援

表2-3　生活保護受給者の自殺者数について

	生活保護受給者		(参考) 全国	
	自殺者数	自殺率 (生活保護受給 者10万対)	自殺者数	自殺率 (人口10万対)
2009年	1,045人	62.4	3万2,845人	25.8
2010年	1,047人	55.7	3万1,690人	24.9
2011年	1,187人	58.6	3万651人	24.0
2012年	1,227人	58.7	2万7,858人	21.8
2013年	1,225人	57.6	2万7,283人	21.4

出所：厚生労働省社会・援護局保護課「社会・援護局関係主管課長会議資料」2015年3月9日。

　また，子どもをめぐる問題も深刻である。筆者の行った経済状態と不登校発生率の調査では，生活保護世帯の中学生の不登校率は1割を超え，その他の生徒（生活保護も準要保護も受けていない生徒）の4.8倍，準用保護生徒の3.63倍となっている（表2-4参照）。このことから経済状況と不登校とは何らかの関係があるように思われる。

　高校進学率についても，生活保護受給生徒と非保護世帯とでは差が生じている。表2-5は都内A自治体での筆者の調査によるが，2003（平成15）～2006（平成18）年度のどの年度も被保護世帯の生徒は都内全体平均と比べて，全日制高校進学率は低く，定時制高校進学，未進学・就職は高くなっている。

　この被保護世帯の高校進学率が低い傾向は現在も同様である。岡部による全国調査を基にした試算では高校進学率は，全国平均と比べ被保護世帯の進学率は低い傾向が明らかとされている（岡部 2013：30-31）（表2-6参照）。

　このように，経済的困窮が生活上のさまざまな問題を生じるため，経済的困窮者に対する支援とは，就労などにより生活保護から脱却することのみを目的とするのではなく，経済的な給付とともに生活全体を支援することが重要となる。

表2-4 経済状況と不登校生徒発生率（%）

	生活保護受給生徒	準要保護生徒	その他の生徒
中学校	11.58	3.19	2.41

出所：池谷（2008a：15-16）。

表2-5 被保護世帯と非保護世帯の高校進学率（%）

被保護世帯の高校進学率（都内A自治体）

	2003年度	2004年度	2005年度	2006年度
全日制高校	57.0	75.2	71.0	72.7
定時制高校	20.0	11.3	20.4	19.4
未進学・就職	14.0	7.6	13.9	6.5

非保護世帯の高校進学率（東京都）（%）

	2003年度	2004年度	2005年度	2006年度
全日制高校	91.4	91.0	91.2	90.3
定時制高校	3.7	4.1	4.1	4.6
未進学・就職	2.2	2.1	1.9	1.9

出所：池谷（2008b：178）。

表2-6 高等学校進学率（被保護世帯と全国平均）（%）

	2005年度	2006年度	2007年度	2008年度	2009年度	2010年度	2011年度
全国平均	97.6	97.7	97.7	97.8	97.9	98.0	98.3
被保護世帯	78.9	82.0	84.5	90.0	90.7	92.3	92.4

出所：岡部（2013：30-31）を基に筆者作成。

4 生活保護における自立概念の再構築

(1)「自立」の再構築

このような中で生活保護の自立を考える上で大きな転機となったものが，2004年の社会保障審議会「生活保護制度の在り方に関する専門委員会（以下，専門委員会）」報告である。

ここでは「利用しやすく自立しやすい制度へ」という方向の下に検討がされ，生活保護制度のあり方を，経済的給付である最低生活保障を行うだけではなく，生活困窮者の自立を支援する観点から見直すことであった。

専門委員会報告では，生活保護制度のあり方を，最低生活保障とともに，被（要）保護者が地域社会の一員として自立した生活を送ることを支援するものとしている。ここにおける自立支援は次のように，就労自立だけでなく日常生活自立，社会生活自立が示されている。

「自立支援とは，社会福祉法の基本理念にある『利用者が心身共に健やかに育成され，又はその有する能力に応じ自立した日常生活を営むことができるように支援するもの』を意味し，就労による経済的自立のための支援（就労自立支援）のみならず，それぞれの被保護者の能力やその抱える問題等に応じ，身体や精神の健康を回復・維持し，自分で自分の健康・生活管理を行うなど日常生活において自立した生活を送るための支援（日常生活自立支援）や，社会的なつながりを回復・維持するなど社会生活における自立の支援（社会生活自立支援）をも含むものである。」（生活保護制度の在り方に関する専門委員会「生活保護制度の在り方に関する専門委員会報告書」〔2004年12月15日〕）

つまり，自立とは生活保護から脱却することだけではなく，生活保護を受給しながら，生活を維持することも自立であるということであり，このことは、これまでの自立論からの転換とも考えられる。

専門委員会報告を受けて厚生労働省は，生活保護行政においてこのような自立を目的とした支援を積極的に進めることとした。しかし，これらの自立支援はケースワーカー個人の努力や経験などに依存した取り組みだけでは十分な支援を行うことは困難である。そこで組織的，体系的，継続的に支援を行うための自立支援プログラムを自治体ごとに作成し実施することについて社会・援護局長通知[10]（以下，局長通知）を行った。ここにおいて生活保護行政では就労自立，

日常生活自立，社会生活自立が生活保護の目的である自立とされ，その支援を行う自立支援プログラムの実施がすすめられることとなった。

（2）社会生活自立・日常生活自立の重要性

　局長通知では自立支援プログラムの導入の趣旨が示され，被保護者と福祉事務所の現状が述べられている。被保護者は現代社会で生じている貧困の反映としての多様な問題を有しており，福祉事務所の現状では十分な支援が行えない状況があると次のように指摘している。

　　「今日の被保護世帯は，傷病・障害，精神疾患等による社会的入院，DV，虐待，多重債務，元ホームレス，相談に乗ってくれる人がいないため社会的なきずなが希薄であるなど多様な問題を抱えており，また，保護受給期間が長期にわたる場合も少なくない。一方，実施機関においてはこれまでも担当職員が被保護世帯の自立支援に取り組んできたところであるが，被保護世帯の抱える問題の複雑化と被保護世帯数の増加により，担当職員個人の努力や経験等に依存した取組だけでは，十分な支援が行えない状況となっている。」（厚生労働省社会・援護局長通知「平成17年度における自立支援プログラムの基本方針について」〔平成17年3月31日社援発第0331003号〕）

　この認識は妥当と思われる。被保護者の中には就労の有無の問題とは別に，社会生活，日常生活に複雑な課題を有する人びとがおり，またこれらの人びとへの支援方法は一般に確立されていない場合が多く，生活保護ワーカーもその支援に苦慮しているからである。
　例えば，精神障害を理由に長期入院を強いられたため，地域生活に自信が持てない人への退院支援，要介護状態の高齢者などで不衛生な生活をしているが介護サービスを拒む人，昼夜逆転の生活をしているひきこもりの人。これらの人たちに対しては，保護費を支給するだけでは問題の解決にはならないことは明らかである。

第2章　生活保護における自立助長と自立支援

　生活保護では経済給付が重要であるが，経済給付だけでは生活が維持できない人びとも増加しており，本人への経済給付だけでは解決しない生活の困難さが生じているのである（この経済給付のみでは解決できない課題や，その支援の実際については本書第Ⅱ部を参照）。

　そこで，就労自立，社会生活自立，日常生活自立を局長通知で明確に生活保護の目的である自立とし，これらの自立を目指した自立支援プログラムを福祉事務所が幅広く準備し，組織的，体系的，継続的に自立支援を行うこととされたのである。

　専門委員会報告と局長通知により整理された自立の理解と，生活保護からの脱却のみを目的とした従来の自立の理解とではその自立観が根本的に異なり，ここに生活保護行政の自立概念の転換の可能性が生じたと考えることができる。

5　どのような支援が求められているのか

（1）福祉事務所による自立支援のあり方

　専門委員会報告と局長通知により，生活保護の目的である自立は就労自立，社会生活自立，日常生活自立と考えられるようになった。

　それでは，自立を助長するための支援とはどのようなものなのだろうか。

　生活保護ワーカー（福祉事務所）が被（要）保護者への働きかけの根拠としては，法第27条と法第27条の2がある。

　法第27条の2は2000（平成12）年4月に施行された「地方分権の推進を図るための関係法律の整備等に関する法律」により設けられたものである。ここでは，機関委任事務を廃止して，実施に関する事務や事務監査などの事務は法定受託事務とされ，被（要）保護者の自立助長のための相談助言などの援助事務については自治事務とされ第27条の2が新設された（田中 1999：5）。

　法第27条第1項に規定する指導・指示は，福祉事務所は被保護者がその指示に従わない場合には，法第62条第3項により保護の変更，停止又は廃止などの不利益処分をすることができる。

法第62条第3項は法第27条の規定する義務に違反したときなどに適用されるものの，法第27条の2に反したとしても不利益処分の対象とはされていない。生活保護行政の実務でも，自治事務である法第27条の2の助言に従わないことを理由に，保護の停廃止を行うことはできないこととされている（田中 1999：5）。このことは，自立支援の根拠が法第27条によるものなのか，法第27条の2によるものなのかが問題ということであり，自立支援にあたっては，それを拒む者や取り組みが積極的でない被保護者に対して，不利益変更が行えるか否かということになる。

そこで，このことについて就労自立，社会生活自立，日常生活自立を支援する自立支援プログラムを通して検討してみる。

社会福祉法の基本理念にもとづき支援を行う自立支援プログラムが不利益変更を前提とした支援とすると矛盾が生じることとなる。つまり，被保護者の中には日常生活自立，社会生活自立の支援を拒む人や，熱心に取り組まない（取り組めない）人がいるからこそ，これらの支援が必要なのである。例えば，「ひきこもり」のため社会生活に支障がある人への支援において，その人が熱心に改善への取り組みを行わない（行えない）場合に，ひきこもり改善のために不利益変更を背景とした法第27条による指導，指示を行なっても問題解決にはならないばかりか有害ですらある。

自立支援は社会福祉的な支援であることから，その支援は本人の同意を前提とした支援となる。これらの支援に有効な自立支援プログラムは，自治体ごとの地域事情や，社会資源の状況に応じて支援が行われるものであるが，このことは住民に対する自治体の本来の役割であり，自治事務にふさわしいものと考えられる。

このように，自立支援プログラムが自治事務であることから，その働きかけの根拠は法第27条の2と考えることが妥当である。同様に就労自立，社会生活自立，日常生活自立などの支援は法27条の2によるものであり，被保護者が支援に拒否的であっても不利益変更を行うことはできないと考えられる。

このような支援のあり方は自立支援プログラムによる支援方法だけではない。

保護要件に関わる可能性が高い就労をめぐる議論では,「働く意欲が低い」と思われる人が問題となるが,第6章にある通り,このことは「働くか」否かというほど単純なものではない。このような人に対しても,厚生労働省による通知「稼働能力の活用」や最近の裁判例からは,不利益処分を行うことは難しい場合が多く,要保護者の生活歴や状況等の個別の事情を把握,理解したうえで社会福祉観点からの就労支援を行うことが必要となっている(池谷編著 2013；2016)。つまり,生活保護行政における自立の支援はソーシャルワーク等による社会福祉的な支援が行われるべきであり,不利益変更による威嚇ではその課題は解決しない。

このことは,支援にあたっては,被保護者の納得と合意が必要であり,福祉事務所は被保護者が理解,納得できるように支援の必要性や支援方法を十分に説明することが必要ということである。この説明と納得,合意を得ることが支援の重要な要素であり,自立支援にあたってのポイントである。

(2) 一人ひとりに寄り添う支援

生活保護行政では,受給世帯を類型化するものとして「世帯類型」という分類がある。世帯類型の定義は以下の通りである。

- 高齢者世帯：男女とも65歳以上(平成17年3月以前は,男65歳以上,女60歳以上)の者のみで構成されている世帯か,これらに18歳未満の者が加わった世帯。
- 母子世帯：死別,離別,生死不明及び未婚等により,現に配偶者がいない65歳未満(平成17年3月以前は,18歳以上60歳未満)の女子と18歳未満のその子(養子を含む)のみで構成されている世帯。
- 障害者世帯：世帯主が障害者加算を受けているか,障害・知的障害等の心身上の障害のため働けない者である世帯。
- 傷病者世帯：世帯主が入院(介護老人保健施設入所を含む)しているか,

在宅患者加算を受けている世帯，若しくは世帯主が傷病のため働けない者である世帯。
- その他の世帯：上記以外の世帯。

　これは，被保護世帯を高齢者世帯，母子世帯，傷病者世帯，障害者世帯，その他の世帯という世帯ごとの属性を把握する分類である。ところが生活保護行政では被保護世帯に対する支援方法を，この世帯類型を基に検討する場合が多い。しかし，支援の検討にあたっては類型化した統計や数値としての見方ではなくて，その世帯の個別ごとに異なる具体的な生活課題ごとに検討する必要がある。

　例えば，「母子世帯」という類型により支援が検討されることがあるが，実態としてはさまざまな母子世帯がある。生活面については特に課題はなくフルタイム就労を行っている人や，これから適切な仕事を探したいと求職活動中の人もいる。一方で育児があまり上手くできない人や，親子関係に課題がある人，疾病治療を優先する人などである。

　また，「その他の世帯」でも40代で比較的健康であるが失業して求職活動を行っている人がいる一方で，70代の高齢者と40代の重度の障害を持つ人の世帯もある。このように，世帯の類型が生活課題を表しているわけではない。したがって，支援にあたっては世帯類型ではなく被保護者ごとに異なる生活上の課題について検討を行う必要がある。

　生活保護ワーカーの仕事とは，住民一人ひとりの生活課題を把握，理解し，貧困（「経済的自立」「社会生活自立」「日常生活自立」の阻害要因）からの脱却を支援することである。だからこそ，生活保護ワーカーの重要な業務に定期的な家庭訪問があり，居宅内で面談を行うことが強く求められている。

　生活保護ワーカーの支援により，結果的に経済的な自立を得る人もいれば，社会生活自立，日常生活自立を得ても経済的な自立を得られない人もいる。そのような人たちには，最低生活を保障することで，その人にふさわしい社会生活自立，日常生活自立を営むことを支援することであり，そのことが生活保護

の目的にかなったものと考えられる。

　経済的困窮は生活上の諸問題を生じ，それらが長期化することにより人間関係上での課題が生じる可能性が高くなり，これらがさらに経済的困窮を悪化させる。このように時間の経過とともに貧困が質的に深化・複雑化していくこととなる。

　経済的な問題だけであるならば，経済給付（最低生活保障）を行うことにより解決ができるが，生活上の問題，人間関係上の問題が生じている場合には，最低生活保障を行うだけではその世帯の問題解決にはならない場合が多いことから，最低生活保障とともに自立支援が必要となる。

　しかし，生活上の問題，人間関係上の問題は貧困が時間をかけて醸し出してきたものであり，問題が複雑かつ深刻な場合が多い。たとえ経験豊富な生活保護ワーカーであってもその経験や知識だけでは援助が難しい場合も多く，関係機関と連携をした体系的，組織的，継続的援助が必要になる。

　生活保護ワーカーが被保護者の自立に向けた支援を行い，被保護者も精一杯努力をしたとしても，自立の阻害要因は社会問題が複雑に絡み合っていることから，本人や生活保護ワーカーの努力や熱意だけでは自立に至らないことも数多く生じる。

　したがって，貧困は社会矛盾の反映であるという観点と，現状の生活保護行政での自立支援の限界を射程に入れた議論が必要となる。このことが不十分であると，自立できない原因が被保護者個人の問題や生活保護ワーカーの努力や熱意不足というレベルの議論に陥り，貧困問題の議論が「個人の責任」にすり替わる危険性が生じることになる。

　社会が刻々と変化することにより，新たな社会矛盾が生じるとともに既存の社会矛盾と併せて複雑化されていく。そして，その矛盾が貧困として個人に現れることとなるため，被保護者の複雑な生活課題を生活保護ワーカー個人の力量だけで短期間に解決できるものではない。むしろ，生活保護ワーカー個人の力量を超え，その解決には長期化するものが増加しているように思われる。

　生活保護における自立助長，自立支援とは，何か特効薬があるわけではなく，

貧困に陥った一人ひとりに対して向き合い，寄り添いながら，組織的，体系的，継続的にその人にふさわしい自立を獲得することを支援することではないだろうか。

注
(1) 本章は「生活保護法における自立助長の現代的意義―惰民防止から社会福祉的支援への展開」（早稲田大学大学院法研論集131-133号（2009-2010年）を基に加除修正をし再構成したものである。
(2) 「第90回帝国議会生活保護法案資料」11-12頁。
(3) 同前，16頁。
(4) 同前，26-27頁。
(5) 同前，102頁。
(6) 「生活保護施行に関する件」昭和21年9月16日厚生省発社第106号各地方長官宛厚生次官依命通牒。
(7) 岡田（1947：66-69）。岡田の肩書は厚生事務官とされている。
(8) このことについては，池谷編著（2013；2016）参照。
(9) 第4回社会保障審議会生活保護基準部会「生活保護受給者の自殺者数について」厚生労働省社会・援護局保護課，2011年7月12日。
(10) 「平成17年度における自立支援プログラムの基本方針について」平成17年3月31日社援発0331003号。
(11) 就労支援の具体的な事例は，池谷編著（2013；2016）の各実践報告を参照されたい。
(12) 厚生労働省「社会・援護局関係主管課長会議資料」2015年3月9日。

参考文献
池谷秀登（2008a）「不登校児童・生徒と貧困」板橋区教育委員会不登校児対策PT『平成19年度まとめ』。
池谷秀登（2008b）「生活保護現場からみる子どもの貧困―自立と自己実現に向けた福祉事務所の支援」浅井春夫・松本伊知朗・湯澤直美編『子どもの貧困―子ども時代のしあわせ平等のために』明石書店，172-192頁。
池谷秀登編著（2013）『生活保護と就労支援―福祉事務所における自立支援の実践』山吹書店。
池谷秀登編著（2016）『事例から考える就労支援の基礎―生活保護行政とケースワーク』萌文社。

岡田好治（1947）『生活保護百問百答』日本社会事業協会。
岡部卓（2013）「貧困の世代間継承にどう立ち向かうか―生活保護制度における教育費保障の観点から」『貧困研究』第11号，明石書店，30-31頁。
木村忠二郎（1950）『改正生活保護法の解説』時事通信社。
厚生省社会局（1950）「第7国会生活保護法案説明資料，7生活保護法案逐条説明」。
小山進次郎（1951）『改訂 増補生活保護法の解釈と運用』中央社会福祉協議会。
田中敏雄（1999）「生活保護行政の運営にあたって」『生活と福祉』第521号，全国社会福祉協議会，4-8頁。

（池谷秀登）

第3章	生活保護ワーカーの実践環境
	——より良い生活保護ソーシャルワークの実践に向けて

1　生活保護ワーカーの実践を支えるもの

(1) 生活保護ソーシャルワーク実践の価値（目的）

　生活保護制度は「最低生活の保障」と「自立の助長」という機能を有しており，両者は生活保護ソーシャルワークとして，制度の利用者に対して一体的に提供される（表3-1）。2つの目的は論理的には制度論と援助実践論（ソーシャルケースワーク論）として，あるいは社会保障（所得保障）の側面と社会福祉（支援）的な側面に区別され，制度創設時からその本質をめぐっては今日に至るまでの長い間，政策サイド，実践者や研究者サイドから議論が展開されてきた経緯がある。

　また，「自立の助長」（ケースワーク）を社会保障（公的扶助）としての生活保護法（第1条）に取り入れたことをめぐっての解釈は，制度創設時に二分されたまま，今日に至るまで厚生労働省レベルにおいて見解の統一が図られたことはない。しかし，これまでの一連の生活保護適正化施策と厚生労働省による指導・監査の実施内容から推察すれば，制度創設当時の厚生省社会局長であった木村（1950b）の言うところの「この種の制度に伴いがちの惰民養成を排除せんとするもの」「惰民の養成といった弊害を生ぜしめないようにしたもの」であり，その目的は惰民排除のためのものであったとも考えられる。

　その一方で，同じく保護課長であった小山（1950）は，「自立とは凡そ人はすべてその中に何等かの自立独立の意味において可能性を包蔵している。この内容的可能性を発見し，これを助長育成し，而して，その人をしてその能力に相応しい状態において社会生活に適応させることこそ真実の意味において生存

第3章　生活保護ワーカーの実践環境

表3-1　生活保護制度の目的と構造

生活保護制度の目的
① 生活困窮状態にある場合に国家として健康で文化的な最低限度の生活を保障すること（法定受託事務）。
② 非自立状態に陥った者の自立を助長すること（自治事務）。

生活保護制度の構造

保護の開始及び変更	法第24条	目的①	行政処分＋自立助長（ケースワーク）
保護の停止及び廃止	法第26条	目的①	行政処分＋自立助長（ケースワーク）
指導及び指示	法第27条第1項	目的①②	行政処分＋自立助長（ケースワーク）
相談及び助言	法第27条の2	目的②	自由裁量＋自立助長（ケースワーク）

権を保障する所以である」であるとし，「自立の助長」があってこそ真の意味での生存権保障という目的が達成されるとしている。また，同じく社会局の保護課長であった黒木（1953）は「家事の効果的管理ができるようになること，元気と希望を失っている人が，再び勇気を奮い起こし積極的に動き出すよう変身することを助長する」という当時のアメリカケースワークの方法・技術を取り入れ「自立助長」を論じている。黒木は，生活保護の利用者が人間として共通の欲求を持っているという観点から，クライエントの理解と援助の原則，ケースワークの理論と実際を考察した上で，ケースワークを基本とした公的扶助行政の必要性を論じ，第2次世界大戦後の日本のソーシャルワーク発展に貢献したと言われる，当時のアメリカの公的扶助ソーシャルワーク研究者であったシャロット・トール（C. Towle）の影響を強く受け「公的扶助は，民主主義社会の，人間の福祉における責任を具体的に示している。パーソナリティは，成長のための経験を求めているが，それは，欠乏による幅広い問題を解決し，不安などを軽減して，より自由になるためである。ソーシャルワーカーは人間に共通な欲求，人間行動の動機づけ，人間を発達させる要因について知らなければならない」とする旨を著した『生活保護の原理と技術――人間に共通な欲求』（1963年）を村越芳男とともに訳した上で，ケースワークの技術を広く生活保護の実践現場に広めようとする試みを続けた。

なお，自立の概念に関して小山は生活保護から脱却することが「自立」とするのに対して，黒木は保護を受給しながらも「自立」はありうるとの見解を示

した。また,「最低生活の保障」と「自立の助長」との関係では,黒木は「最低生活の保障（経済給付）の過程においても,自立の助長は含まれる,したがって,ケースワークは最低生活の保障（経済給付）の過程でもおこなわれる」としたのに対し,小山は「両者は区別し,ケースワークは最低生活の保障（所得保障）とは別におこなわれる」としている。

　このように見解は異なりつつも,生活保護制度創設当時は「自立の助長」の意味や意義が示され,また,それを具体化するために必要な専門的技術・方法としてのケースワークが当時の厚生省や日本の研究者によって紹介されている。その内容は利用者のパーソナリティを改善し社会的適応を図るという「心理学・精神分析学」を応用した「診断主義学」をベースにしたケースワークが中心であった。その後,仲村（1978a）によって「機能主義ソーシャルワーク」などの諸理論も紹介され,実践への応用も試みられる。しかし,1960（昭和35）年以降は「自立の助長」の概念も含め,現実的なソーシャルワークの実践活動の範囲やその方法,あるいは最低生活保障と自立助長（ケースワーク）の関係についての見解は,厚生労働省の生活保護制度の運営方針や実施要領においても示されることはなかった。また,全国の福祉事務所に対する指導・監査でも「最低生活の保障」に関する事務監査が中心であり,「自立の助長」の意味や意義も含め,ケースワークに関する指導や助言はほとんどされてこなかった。

（2）支援における「ゆらぎ」の存在

　以上のように,「自立の助長」の概念やこれにもとづくケースワークについての見解が何等示されない中で,生活保護のソーシャルワークの過程で利用者に対する援助の志向と行動を決定する際に,生活保護ワーカーの意識の中に「ゆらぎ」としての葛藤が数多く発生し,そうした迷いの中で現実のソーシャルワークの実践が展開されてきた。例えば,生活保護法には貧困に至る過程がいかなるものであっても,現在生活に困窮しているのであれは無差別平等に保護するという制度としての価値規範が存在する。しかし,実際の支援の場面において,制度の利用者がギャンブル依存症であり,いわゆる浪費家や怠惰な者

といわれる状態であったとしたら，援助者は何の「ゆらぎ」も抱かずに法・制度に内在化する価値規範を選択して，生活保護の決定実施をすることができるであろうか。あるいは，年金保険料を支払えなかった要保護者に，年金受給者の支払額以上の生活保護費が税金で支払われることはおかしい，とする価値規範が市民社会において強調されるようになったとしたら，制度上の本来の価値規範を迷わず生活保護ワーカーは選択することができるであろうか。

また，ソーシャルワーク実践の対人援助関係では専門職的価値規範の一つでもある利用者の「自己選択，自己決定」が尊重されるが，生活保護の利用者が自分自身の問題を解決する力を備えていなかったり，まったく自立する力を持ちあわせない状態であったとしたら，利用者の内在する力を信じる（エンパワメント）というソーシャルワークの原則に対して「ゆらぎ」は生じないだろうか。

(3)「ゆらぎ」の意識構造と実践への影響

では，現実的な生活保護のソーシャルワークの場面に発生する生活保護ワーカーの意識の「ゆらぎ」としての葛藤は，支援者の意識構造にどのような変化があって生じるのであろうか。

太田は「社会的行為としての実践は，その出発点に大前提として価値が問われることから始まる。次に，規範としての人間と社会についての知識が，社会問題の認識や理解の基礎になる社会科学的認識を提供すると同時に，実践という活動に不可欠な行動科学的基礎を提供する」とし，価値については「主観的価値」と「客観的価値」に分類し，前者を「思想や文化を内面化した専門家としてのソーシャルワーカーの動機や行動を支える価値観」，後者を「社会生活の各領域での目標を状態として体系的，包括的に把握する客観的指標，つまり社会的価値観ともいえる社会指標である」として，「主観的価値」については「専門的かつ科学的価値でなければならない」と定義づけている（太田 1984：38-39）。

また，平塚はソーシャルワーカーが自らの意識の中で利用者や利用者の問題をどのようにとらえ，具体的援助をどう設定し，実際の支援活動をどう展開し

ていくかということを，個別，具体的に機能させる過程には，生活保護ワーカーの保有する「専門職的価値」と生活保護ワーカーが自己の価値体系としてその生活史の中で築き上げてきた「個人的価値」との相互作用（価値葛藤）が介在するとし，両者の価値のうち援助の志向と実際の援助行動を規定づけるのに重要なのは専門的かつ科学的価値としてのいわゆる「専門職的価値」であるとしている（平塚 1991：105-128）。

現実の生活保護ワーカーが置かれている実践環境においては，専門家としてのソーシャルワーカーの動機や行動を支える「主観的価値」や「専門職的価値」が十分に獲得，確立されない状況にあって，実践過程においてさまざまな「ゆらぎ」が生じてしまい，時としてソーシャルワーク実践に歪みが生じていることは，多くの生活保護ワーカーや公的扶助分野の研究者からもこれまで指摘がなされてきた。

前述のとおり，自立の助長を具体化する生活保護ソーシャルワークには「利用者の自立した生活とその維持向上に努めるべき」，一方では「この種の制度に伴いがちの惰民の養成という弊害を生ぜしめないよう努めるべき」（木村 1950a：49）という２つの価値が内在する。これまで制度としての社会保障に自立助長というケースワークを導入することの是非（岸-仲村論争）（岸 1957）やケースワークの必要性，内実性に関わる諸問題をめぐっての議論は「政策論（社会科学）的系譜」と「技術論的系譜」の立場に分かれて，いわゆる社会福祉本質論争（松田 1979：3-78）として展開されてきたが，いまだ結論には至っていない。

また，厚生労働省による事務処理基準としての生活保護手帳（厚生労働省社会・援護局保護課 2004）（実施要領）には「４．生活保護は，被保護者の自立助長を図ることをあわせ目的とするものであり被保護者の個々についてその性格や環境を把握理解し，それに応じた積極的な援助をたゆまず行うようつとめること」と，２つの制度の目的に沿った実践過程における留意点が示されているのみで，自立の概念も含め現実的なソーシャルワークの範囲やその方法・技術としてのケースワークについては，明確にされていない。このような状況の中

で，自立の助長としてのソーシャルワークの実践は，生活保護ワーカー自らが制度利用者の社会的・身体的「自立」を標榜して具体的な援助方法や援助の範囲を決定して実践を展開してきた。しかし，「専門職的価値」にもとづくソーシャルワークの方法や技術不在でのソーシャルワーク実践においては，ソーシャルワーカー自身に多くの「ゆらぎ」が発生し利用者との関係性や生活保護ソーシャルワークの過程に少なからず影響を及ぼしてきた。それは，時として生活保護の原理・原則から逸脱した行為や利用者の意に反したケースワークが展開されるなど，歪んだ実践の原因になっているともいえる。

(4) 支援に必要とされる専門性 (「専門職的価値」) 確保に向けて

岡田は支援の過程において「原理とか価値がその適用にあたってどのように屈折するか，パーソナリティーとの間のフィードバックによって修正される」（岡田 1979：80）としているが，質の高いソーシャルワーク実践の実現に向けては，この修正過程の中に存在する援助者の意識の「ゆらぎ」を解消させる，あるいは「ゆらぎ」の振幅をできるだけ抑えることが必要となってくるとしている。

現在の生活保護制度は「生活困窮状態にある場合に国家として健康で文化的な最低限度の生活を保障すること」と「要保護者の非自立状態からの自立を助長すること」という2つの目的に向かって運用されているが，これを実施する社会福祉の専門職としての生活保護ワーカーには法と社会生活における公平性，平等性を担保しながら，質の高い，実効性の伴うソーシャルワークを展開していくことが求められている。しかしながら，現実の生活保護ソーシャルワークの実践においては，専門性（専門職的価値）不在の中で実践が展開され，本来の制度の目的が達成されなかった状況があったことも否めない。

こうした状況下，2003（平成15）年3月に専門職的価値規範にもとづくソーシャルワーク実践を具体的に実現するための検討の場として，首都大学東京の岡部卓教授を座長とする「生活保護担当職員の資質向上に関する検討会」が設置された。そこでの検討においては，生活保護ワーカーの援助に関わる知識や

第Ⅰ部　生活保護の相談援助・自立支援活動とそれを支える体制

表3-2　生活保護ワーカー専門職として備えるべき実践の価値・知識・技術

① 必要とされる生活保護の決定実施における専門職的価値規範

業務	専門的な	A　基本となる部分	B　汎用となる部分
保護決定・実施	考え方	・住民が生活困窮に至る社会的背景の理解 ・最低生活を保護するという使命感 ・人権尊重，公正，秘密保持，原理原則の遵守 ・実施機関の実施水準の維持，向上	・地域住民の生活問題を発見し，受け止める対応力 ・利用者の主体性・自己決定の尊重
	知識	・生活保護法等関係法令に対する知識 ・生活保護法の理念，解釈と運用 ・保護の動向，地域の特性，法律の基礎知識	・社会資源に関する知識 ・法理についての理解と法律解釈能力
	技術	・事実認定を行う現場調査・判断能力 ・面接技術，記録の技術 ・制度説明，説明と同意，傾聴と受容への理解	・正確かつ明確なアカウンタビリティ ・傾聴，受容への理解 ・制度を利用者の状況に即して運用していく能力

② 必要とされる福祉相談における専門職的価値規範

業務	専門的な	A　基本となる部分	B　汎用となる部分
福祉相談	考え方	・人は自立する力を内に持っているという考え方 ・利用者を信頼すること ・相手を思いやり理解しようとする姿勢	・利用者の個別性の理解 ・利用者に対する誠実な姿勢
	知識	・ケースワーク業務の法的根拠，実施方法，実施の留意点 ・他法他施策の熟知，公的扶助に関する知識 ・病理・患者に関する知識 ・心理学や精神医学についての基礎知識	・生活問題の発見と理解 ・事例の個別性の理解
	技術	・主訴の明確化 ・面接技術，記録の技術，制度説明，説明と同意 ・客観的に物事をとらえる技術	・関連制度を使いこなす能力 ・論理的な説明力，説得力，洞察力 ・多様な人・機関と連携できる力

出所：厚生労働省「生活保護担当職員の資質向上に関する検討会」2003年3月。

方法・技術をより一層高め援助実践機能を充実するために，生活保護ワーカー専門職として備えるべき実践の価値，知識，技術が整理されて，表3-2のと

第3章　生活保護ワーカーの実践環境

おり示された。

　この岡部らが示した「専門職的価値規範」が生活保護ワーカー一人ひとりに十分に確立されていけば，生活保護ワーカーに発生する「ゆらぎ」の振幅は限りなく抑えることができ，利用者との関係も含め，ソーシャルワーク実践の質の向上が図られることにつながるとされたが，このことをどのように生活保護ワーカーに伝えていくかなど，そのための具体的な手段や方法の提案はされなかった。

　その後，専門職としての価値規範の獲得に向けた動きとして，2005（平成17）年に，生活保護ソーシャルワークの目的，機能と実践に必要な方法・技術が，厚生労働省の設置した「生活保護制度の在り方に関する専門委員会」により明らかにされている。ここでは，「自立の助長」とは別に，生活保護におけるソーシャルワークの新たな自立概念を「自立支援」として，その内容を次のとおり説明している。

　　「自立の支援とは就労による経済的自立のための支援（就労自立支援）のみならず，それぞれの被保護者の能力やその抱える問題等に応じ，身体や精神の健康を回復・維持し，自分で自分の健康・生活管理を行うなど日常生活において自立した生活を送るための支援（日常生活自立支援）や，社会的なつながりを回復・維持するなど社会生活における自立の支援（社会生活自立支援）をも含むものである。」（「生活保護制度の在り方に関する専門委員会報告書」厚生労働省〔2004年12月〕）

　これを受けて厚生労働省は，実施要領の改訂の中でこの３つの自立を目指すための自立支援プログラムの導入実施を各実施機関に対し求め，各福祉事務所ではさまざまな個別支援プログラムが策定されることになった。自立支援プログラムの策定をきっかけに，これまで生活保護の実践現場の中で曖昧になっていた自立の助長業務と，これに必要な専門職的価値に基づくソーシャルワークの方法や技術が具体的なものとして，不十分ではあるが明らかにされつつある。

今後も厚生労働省は自立支援プログラムの策定と実施を制度運営方針の中に明確に位置づけていくとしているが，本プログラムをより実効性の高いものとするためには，プログラム実施に必要な専門的知識と支援者としての専門職的価値をもった生活保護ワーカーの確保と育成を図ることも必要となってくる。そして，そのことを担保していくためには，福祉事務所の実施体制のより一層の整備・強化を図ることが極めて重要となる。そこで，次節では生活保護ソーシャルワークが今日までどのような実践環境の中で展開されてきたのかを明らかにしながら，専門職としてのソーシャルワークの価値規範が生活保護ワーカーに醸成され，生活保護ソーシャルワークが最後のセーフティネットとして十分に機能していくための実践環境はどのようにあるべきかを検討してみたい。

2　生活保護ワーカーの実践環境の現状と課題

（1）福祉事務所の設置から今日まで

　多くの戦争被災者を出した第二次世界大戦終戦後の翌1946（昭和21）年，日本を占領していたGHQは都道府県並びに地方政府機関に対して，生活困窮者の救済を目的とした措置を与えるための単一の全国政府機関を設立すること，公的扶助の実施に対する財政的援助ならびに保護の実施責任体制を確立すること，さらには，扶助の実施の権限を，私的または準政府機関に対し委譲または委任しないこと，救済費については制限を設けないことを要求する覚書『社会救済』（1946年）を日本政府に対し発出した。これを受けて制定された，「国家責任」「無差別平等」「最低生活保障」「補足性」を原理とする現行の生活保護法を運用実施するために，専門的資質を備えた有給の専門職員である社会福祉主事を置く「福祉に関する事務所」が1951年社会福祉事業法（現・社会福祉法）にもとづき設置された。こうして都道府県ならびに各市に誕生した福祉事務所で，生活保護法，児童福祉法，身体障害者福祉法，精神薄弱者福祉法（現・知的障害者福祉法），老人福祉法，母子福祉法（現・母子及び父子並びに寡婦福祉法）の福祉六法にもとづく福祉サービスを対象者に届けるためのソーシャルワーク

第3章　生活保護ワーカーの実践環境

実践が，福祉の援護，育成または更生の名の下に取り組まれることになった。

このようにして，公的責任による保護，援護を果たすための実施機関として誕生した福祉事務所であったが，1980（昭和55）年以降は地方分権化政策と中央社会福祉審議会における社会福祉基礎構造改革の提言にもとづき「21世紀に向けた社会福祉システムの新たな構築」という名の下で再編化が図られることになる。1985（昭和60）年には，「福祉五法の団体委任事務化」が図られ，次いで，1990（平成2）年の「社会福祉八法の改正」では，各市区町村への老人保健福祉計画の策定が義務化されるとともに，高齢者を中心とする福祉保健ニーズへの対応を前提とする，地方自治体ごとのサービス提供体制の整備が図られることになった。また，1993（平成5）年からは，老人ホーム・身体障害者更生援護施設入所などの措置権限が町村へと委譲され，郡部福祉事務所では生活保護，知的障害者，母子及び寡婦，児童の福祉四法関係を，市部福祉事務所は生活保護などの福祉六法関係，町村役場は老人と身体障害者の福祉二法を担う体制へと再編化が図られている。

さらに，国の地方分権推進委員会において検討が進められてきた，①機関委任事務の廃止，②権限の委譲の推進，③必置規制の緩和，などが盛り込まれた「地方分権一括法」が1999（平成11）年7月に成立，2000（平成12）年4月には高齢社会の到来による介護需要の高まりに対応すべく介護保険法が施行され，措置制度から契約利用方式を導入した「介護保険制度」が多くの課題を内包しつつ開始された。また，同年6月には，「措置制度の見直し」「介護保険制度の円滑な実施」「地方分権の推進」などを改正趣旨とした，社会福祉事業法，障害者福祉関係法などの一括改正を含む「社会福祉の増進のための社会福祉事業法等の一部を改正する等の法律」が成立している。

これら一連の改革により，従前の措置制度は解体され，高齢者福祉の領域では介護サービスの提供システムを従来の行政主導型から社会保険方式を基にした利用者とサービス事業者間の契約にもとづく民間主導型とし，さらに，母子福祉関連では母子福祉施設の利用を事業費補助方式へ，障害者福祉分野では，障害者更生施設・授産施設を支援費支給方式へと転換された。一連の社会福祉

各制度の改革には，当然のことながら，今日まで「第一線の福祉現業機関」として位置づけられてきた福祉事務所の再編化も併せて図られることになり，具体的には，「地方分権一括法」の成立により，福祉事務所の設置基準や地区担当員の担当ケース数が標準化されるなど，福祉事務所・社会福祉主事制度に関する法的規制の緩和がされ，最低生活保障制度の要である生活保護法については，給付事務としての法定受託事務を除く，相談・助言業務などの自立支援を中心としたケースワーク業務は自治事務へと変更されたのである。

バブル経済の崩壊以降，長引く不況と景気低迷の中で，ここ十数年は，生活保護を受給する世帯が急激な上昇を続けている。当然のことながら，こうした状況に対しケースワーカーの増員が必要であるにもかかわらず，社会福祉法では福祉事務所へのケースワーカーの設置基準やケースワーカーの担当するケース数の標準化が図られるなど，地方自治体の行財政改革の煽りを受けた多くの福祉事務所では職員が大幅に不足する現状となっている。

（2）社会福祉主事（生活保護ワーカー）の設置から今日まで

1950（昭和25）年GHQの指示により，社会保障制度を確立するための新生活保護法が制定され，責任を持って法の実施を行うために，民生委員に代わり有給専門職員としての社会福祉主事が補助機関として設置された。社会福祉主事は地区担当制，総合性，専門性の三原則にもとづき，児童福祉法，身体障害者福祉法，身体障害者福祉司三法ジェネリックワーカーとしてソーシャルワークの実践を担うことになる。生活保護業務においては，社会福祉法第15条で，①指導監督を行う所員，②現業を行う所員，③事務を行う所員が定められている。指導監督を行う所員は，同条第3項で「所の長の指揮監督を受けて，現業事務の指導監督をつかさどる」とされており通常，査察指導員と呼ばれている。現業を行う所員は，同条第4項で「所の長の指揮監督を受けて，援護，育成又は更生の措置を要する者等の家庭を訪問し，又は訪問しないで，これらの者に面接し，本人の資産，環境等を調査し，保護その他の措置の必要の有無及びその種類を判断し，本人に対し生活指導を行う等の事務をつかさどる」とされて

いる。査察指導員およびケースワーカーは，共に「社会福祉主事」でなければならない。査察指導員およびケースワーカーに求められる「社会福祉主事」は，社会福祉法第19条において，「社会福祉主事は，都道府県知事又は市町村長の補助機関である職員とし，年齢20年以上の者であつて，人格が高潔で，思慮が円熟し，社会福祉の増進に熱意があり，かつ，次の各号のいずれかに該当するもののうちから任用しなければならない」と規定されている。条文中の「次の各号」の主なものに，大学，専門学校で厚生労働大臣が指定した科目のうち，3科目以上履修し卒業したものという項目がある。いわゆる「3科目主事」と呼ばれる資格者であるケースワーカーの定数としては，同法第16条で，都道府県の設置する福祉事務所では，被保護世帯の数が390世帯以下であるときは6人とし，被保護世帯数が65世帯を増すごとに，これに1人を加えた人数となっている。

　現行制度開始から70年近くの月日を経た今日においても，社会福祉主事は福祉事務所のソーシャルワーク実践の重要な担い手として位置づけられている。とりわけ，生活保護ワーカーは貧困とこれに関わるさまざまな生活課題を抱えた利用者に対して，利用者の状況や能力，可能性に応じて，広く日常生活や社会生活面で自立した生活が送れるように支援していくことが要請されている。そして，ソーシャルワークの実践にあたっては生活保護制度とその運用に関する知識，さらにはソーシャルワークの理論や技術の理解，これらを基盤とした社会福祉としてのソーシャルワーク実践における価値と倫理を持つことが求められている。

　社会福祉の各制度は，戦後の約70年間，福祉事務所が主体となって実施されてきたにもかかわらず，現行の社会福祉法が定めるところの，福祉事務所の設置基準や職員の配置基準ならびに専門機関としての機能を果たすための有資格者の配置については，制度発足以来，未整備の状態が続いている。また，福祉事務所現業業務の従事者の多くから，専門性の確立が強く求められているにもかかわらず，そのための職員体制や実施体制は依然として脆弱な状態にある。

　2016（平成28）年4月現在，生活保護受給者数約215万人，保護世帯数約163

万世帯，保護率1.70‰と1995（平成7）年度以降急激な上昇を続けている。こうした状況下，2009（平成21）年現在，全国に設置されている福祉事務所1,242カ所のうち，保護世帯に対応する生活保護ケースワーカーが不足する福祉事務所は414カ所であり，社会福祉主事資格の取得率は査察指導員では74.6％，現業員では74.2％となっている。また，査察指導員と現業員の経験年数をみるとそれぞれ全体の6割以上が3年未満の者となっている。生活保護ワーカーの場合経験年数1年未満の者の割合は，全現業員のうち25.4％を占めている。福祉事務所内においては，4人に1人が生活保護業務を初めて行う職員ということになる。

　2014（平成26）年に実施された埼玉県における福祉事務所の実施体制に関する調査においても，調査対象となった39市の福祉事務所の生活保護ワーカーの平均勤続年数は1.9年，また，1人当たりの生活保護ワーカーが担当するケース数の平均は91世帯と大変厳しい実施体制であることが明らかになっている。

　このように，査察指導員，現業員の配置不足，経験不足の状況下，自立支援プログラムによるソーシャルワークを含む，専門性に裏づけられた生活保護のソーシャルワーク実践を実施していくのは現状の実施体制では極めて困難との声が多くの生活保護現場から出されている。そして，このような厳しい実施体制の中におかれた生活保護ワーカーが燃え尽きてしまうような危機的状況が各地の福祉事務所でみられるようになってきている。

（3）生活保護ソーシャルワーク実践に向けての新たな取り組み

　生活困窮者や生活保護受給者の増大する中で，生活困窮者対策と生活保護の見直しに総合的に取り組むべきことが，2013（平成25）年8月「社会保障審議会生活困窮者の生活支援の在り方に関する特別部会」から提起され，2013（平成25）年12月，生活困窮者自立支援法（平成25年法律第105号。以下，法）が成立し，2015（平成27）年4月から具体的な支援が全国で実施されることとなった。新しい生活支援体系における生活困窮者自立支援制度の諸施策は，生活保護の受給の有無を問わず，生活困窮者すべての社会的経済的な自立と生活向上を目

指すものとし，次の4つを各施策の基本的視点としている。

1）自立と尊厳

すべての生活困窮者の社会的経済的な自立を実現するための支援は，生活困窮者一人ひとりの尊厳と主体性を重んじたものでなければならない。人々の内面からわき起こる意欲や幸福追求に向けた想いは，生活支援が依拠するべき最大の拠り所であり，こうした意欲や想いに寄り添ってこそ効果的な支援がすすめられる。

2）つながりの再構築

生活困窮者が孤立化し自分に価値を見出せないでいる限り，主体的な参加へ向かうことは難しい。一人ひとりが社会とのつながりを強め周囲から承認されているという実感を得ることができることは，自立に向けて足を踏み出すための条件である。新たな生活支援体系は，地域社会の住民をはじめとするさまざまな人びとと資源を束ね，孤立している人びとが地域社会の一員として尊ばれ，多様なつながりを再生・創造できることを目指す。そのつながりこそ人びとの主体的な参加を可能にし，その基盤となる。

3）子ども・若者の未来

生活困窮の結果，子どもたちが深く傷つき，若者たちが自らの努力では如何ともしがたい壁の前で人生をあきらめることがあってはならない。それは，この国の未来を開く力を大きく損なうことになる。生活支援体系は，次世代が可能なかぎり公平な条件で人生のスタートを切ることができるように，その条件形成を目指す。

4）信頼による支え合い

新しい生活支援の体系は，自立を支え合う仕組みであり，社会の協力で自助を可能にする制度である。したがってここでは，まず制度に対する国民の信頼が不可欠となる。制度に対する国民の信頼を強めるため，生活保護制度についての情報を広く提供し理解を広げつつ，信頼を損なうような制度運用の実態があればこれを是正していく必要がある。

そして，具体的支援は以下の7つの分野で展開するとしている。

① 相談支援

生活困窮者への包括的・個別的支援の出発点となり，早期的・継続的支援を成り立たせる支援の中核である。

② 就労支援

求職活動や就労に必要な能力形成への支援で，相談支援の拠点とハローワークや公共職業訓練機関，福祉事務所，社会福祉法人，NPOや社会貢献の観点から事業を実施する民間企業などのいわゆる社会的企業の連携などで進められる。

③ 多様な就労機会の提供

直ちに一般就労が困難な生活困窮者に対して，社会的企業などが中心となって多様な就労機会を提供する。

④ 居住確保支援

居住の確保は自立を支える活動の基盤でもある。家賃の補助や賃貸住宅の情報提供，住宅の提供などの支援が必要である。

⑤ 家計相談支援

生活再建のための貸付などを行うと同時に，生活困窮者の生活力を高めるためにも，家計管理などについて支援をする。

⑥ 健康支援

生活の基礎となる健康の保持・増進，疾病の予防および早期発見などについて支援を行う。

⑦ 子ども・若者の支援

生活困窮家庭の子どもたちや若者の未来を開くための，学習支援や進学支援などを行う。

以上の7分野からなる事業が生活困窮者に対する具体的支援策として，2015（平成27）年から全国の福祉事務所において開始されている。そして，これらの制度は，生活困窮への支援を抜本的に強化するもので，生活困窮者が抱える複合的な課題に対応して包括的かつ効果的に相談支援を行うことが必要であるという理由で，支援のための手引き（マニュアル）が「自立相談支援機関の設置

と運営の手引」として，社会保障審議会「生活困窮者の生活支援の在り方に関する特別部会報告書」(2013〔平成25〕年1月25日）の中で提示された。そこにおいては，インテークから終結までの支援プロセスごとに必要な帳票を含めた事務処理的な手続きについてはかなり詳細に示されている。しかしながら，生活保護ワーカーが最も必要としている情報の一つでもある，利用者それぞれが抱える問題やニーズに対して，具体的にどのように支援していくかという，支援の方法までは明示されていない。

3　より良い生活保護ソーシャルワークの実践活動に向けて

(1) 実施体制の整備

　公的専門機関としての福祉事務所に設置される社会福祉主事は国家責任において国民の生存権を保障することを具体的に表現するために作られたシステムであるが，社会福祉事業法（現・社会福祉法）に規定された福祉事務所の設置基準，職員数や有資格者数は制度が発足して以降一貫して守られず，不完全，未整備な状況の中で今日に至っている。こうした状況下，福祉事務所内においては職員に余裕がなくなり，ベテラン職員から経験の浅い職員へノウハウの引継ぎを行うことも困難になり専門職的価値を獲得した職員が育たない職場環境に陥っている。福祉の仕事は，いうまでもなく人間相手の仕事であり，短期間に人材を育てることは難しい。査察指導員や経験豊かなベテラン職員からのアドバイスを受けて，相談援助技術などの専門職的価値の獲得が必要であるにもかかわらず，そのための実施体制が未整備のままであり，その結果，職員の育成はもとより，制度の利用者の自立につなげる取り組みもおろそかになってしまっている状況も少なからず認められる。

　さらに，昨今では「ホームレス自立支援法」「配偶者からの暴力の防止及び被害者の保護に関する法律」ならびに「児童虐待の防止等に関する法律」などの福祉関連法，そして，最近になって「生活困窮者自立支援法」「子どもの貧困対策推進法」が成立し，利用者の自立を支援するために必要な措置を講ずる

ことが各法において明示されるなど，福祉事務所の生活保護現場に対してさらなる機能強化が求められている。今後も，生活保護の実践現場においては必然的に自立支援システムの構築と自立支援に向けソーシャルワーク機能の充実を目指すことになるが，そのためには，最低でも社会福祉法に規定される標準担当ケース数を上回ることのないよう，担当職員を質的・量的に確保して脆弱な実施体制を見直していくことが必須条件となる。変化する現状に応じた内実の伴う職員体制や専門性の担保など，専門機関としての量的質的な拡充整備が図られ，すべての福祉事務所が利用者の生活権と人権を保障していくための「第一線の福祉現業機関」になることが要請されているのである。

（2）専門性の確保

　21世紀を迎え福祉国家から福祉社会への転換を目指して，「人間，家族，社会，国家の関係性を合理的かつ公正に，そして，信頼に基づく社会システムに変えていくこと」を理念とする社会福祉の基礎構造改革が進められている。社会福祉の専門性の向上を目的に社会福祉士や介護福祉士，精神保健福祉士，さらには介護支援専門員（ケアマネジャー）など社会福祉従事者の資格制度化が図られ，社会福祉の実践に対する現実的な役割期待が益々高まる中，社会福祉の支援実践はソーシャルワーク，そして社会福祉業務の従事者にはソーシャルワーカーという名称が社会的に承認されつつある。また，これまでのソーシャルワーク実践は公的機関や社会福祉法人の専門職員体制による運営に限定されていたが，介護保険制度や支援費制度をきっかけとして，営利を目的とする事業者などで構成される民間セクターや地域住民を主体とするボランティア団体あるいはNPOなどの第三セクターへとその実践主体は広がりをみせてきている。

　このように，ソーシャルワークをめぐる環境が大きく変化する中で，ソーシャルワークの各実践現場においては，より高い専門性の確保と支援の質の向上が求められている。これまでは十分な実施体制や専門性が担保されない中で，現実のソーシャルワークは実践を担うソーシャルワーカー自らの専門性向上に

向けた絶え間ない努力の中で支えられてきたといっても過言ではない。しかしながら，最近では支援を必要とする者が増え，これに対応する業務量の著しい増加や十分な実施体制が準備されない中で，ソーシャルワークにおける専門性を十分に発揮することができない状況が続いている。こうした状況下，従来の措置制度を基本にしたパターナリスティック的な援助から，生活の困難を抱えた人自身の自己決定・自己選択を尊重した契約にもとづく支援が要請される中で，実際に問題を抱えた人への具体的アプローチを，いつ，誰が，どのように展開していくか，そのことを含めた実効性の高い具体的支援方法についてのさらなる検討が必要とされている。

　生活保護においても，経済的問題に加えて，不安定な生活基盤から生じる家庭不和，家族間の虐待，鬱病，自殺企図，アルコール・薬物依存，あるいは孤独や社会的排除などの複雑かつ複数の問題を抱えて相談に訪れる人びとの数も年々多くなっている。現在の福祉事務所の相談体制だけでは，これら深刻な生活問題を抱える人びとへの対応は困難であり，関連する専門機関との連携，あるいは多職種の専門職との協働による支援がこれまで以上に生活保護ワーカーに求められている。利用者にとっても生活保護ワーカー自身にとっても，人としての尊厳を取り戻し，豊かな人生を再び取り戻すためのより質の高いソーシャルワーク実践が要請されている。

　これまでの検討においては，こうした支援を阻害する要因の一つが，支援を規定する価値規範の選択時に発生する支援者の意識の「ゆらぎ」であることが判明した。この生活保護ワーカーの「ゆらぎ」の解消を図るためには，生活保護制度，政策主導型の事務処理マニュアル的な実践理論ではなく生活保護ソーシャルワークにとって必要な，科学性，客観性，さらにはアート性に着目しながらの，独自の生活保護の実践理論の構築がなされ，全福祉事務所の生活保護ワーカーがこの理論を現実のソーシャルワーク実践に適用することで，専門性にもとづくより質の高い支援が実現されることになるのではないだろうか。では，そのために必要な実践の知（理論）とはどのようなものなのだろうか。

(3) 実践（経験・臨床）知（理論）の確立

　生活保護ワーカーのミッションは，憲法第25条の理念にもとづく政策・制度としての社会福祉を，具体的な支援として制度利用者に提供していくことであり，支援の目的を達成するために，生活保護ワーカーは利用者との間にいかに良好な「支援関係」を取り交わし，その機能を有効かつ十分に機能させることが，生活保護ワーカーにとっての重要な実践課題となっている。実際の援助の場面においては，生活保護ワーカーが利用者との間に「支援関係」を成立させ，その関係を安定的に継続させるためには，インテークあるいはアセスメントの段階から支援の終結まで，利用者が抱く支援に対する期待意識と支援者側の支援の志向と支援行動が一致していることが求められる。実際の活動場面においては，時として利用者との「支援関係」にすれ違いや歪みが生じ，支援が中断してしまうということは，生活保護ワーカーであれば誰もが幾度となく経験している。国民の生存権を保障することを目的とする生活保護ソーシャルワークを例にとれば，こうした状況は利用者の側に時として生命に関わるような事態をもたらす場合もあり，「良好な支援関係」は生活保護ソーシャルワーク実践を展開する上での大きな課題になっているのである。

　ところで，良好な支援関係の下での質の高い実践を展開していくには，実践科学としてのソーシャルワーク理論の構築が必要となる。しかしながら，生活保護のフィールドにこれまで提示されてきたソーシャルワークの実践方法は，生活保護の現場に適応したソーシャルワーク理論ではなく，制度，政策理念にもとづく事務処理マニュアルの提示であった。とりわけ，生活保護ソーシャルワークの実施過程においては，福祉的裁量が生活保護ワーカーに求められる中で「ゆらぎ」が生じてしまう場面が随所にみられる。例えば，バイスティックの「自己決定の原則」では，自己決定を行うことを利用者の権利とするが，利用者の権利としての主張が，生活保護法によって制限を受けるような場合について，支援者としていずれの価値規範を選択して支援を展開するか迷うことがある。また，利用者が地域社会と自分のパーソナリティーから利用できる適当な資源を見つけることができたとしても，その地域社会や社会資源に存在する

価値規範と利用者の自己決定の主張に食い違いがあったときには，どのように自己決定を尊重するか迷うことがある。こうした状況の中で，最終的な決断を下す際には，生活保護ワーカーの判断，評価，行為などの拠るべき基準の多くはワーカー自身の経験知に依るところが多い。

ソーシャルワーカーが専門職として機能を遂行する上での指針として作成されたソーシャルワーク倫理綱領，日本においては，日本ソーシャルワーカー協会，日本医療社会事業協会，日本精神医学医ソーシャルワーカー協会において作成されているが，いずれの倫理綱領にも，ソーシャルワーカーの具体的援助行為・行動についての規定はない。

実際の生活保護ソーシャルワークにおいても，国の示す一応の事務処理基準はあったとしても，ソーシャルワークのほとんどは支援者の主体的判断に委ねられている現状がある。利用者の問題をどうとらえ，支援の方向性をどのように設定し，具体的支援行動をどのように展開するかという過程においても，ほとんどが支援者の主体性にもとづく判断の中で決定される状況にある。

秋山はソーシャルワークを，人のもつ価値，感性，技術を駆使した洗練された行動による，創作もしくは創造的行為としてアートの側面から論じている。とりわけ，ソーシャルワーカーの主体性に関しては「ワーカー自身の知性，価値，経験，感性などの融合による，主観の世界に生まれる産物」であり，「主体性の根源は人の独創性，固有性からから生まれるアートであるといっても過言ではない」とする（秋山 1992：140）。生活保護ソーシャルワークにおける援助者の主体性による自由裁量的な行為も，アートの世界による創造的行為に共通するところが多分にあるように思う。

秋山はまた，「ソーシャルワークは人間関係（援助関係）を基軸にしてクライエントの環境との相互関係に関わり，ワーカーが環境の中の人々との人間関係を用いて環境の改善を追求していく，科学的実践行動体系とみなすことができる」（秋山 1992：142-143）と定義するが，その一方で「人間関係は多様な意識，価値，信念，情緒との複雑な相互作用である。現場における実践の現実は，定式化した方法や技術だけで，進歩的展開が期待できるほど容易なものではない。

一人ひとりの人間がすべて違うように，そこに生まれる人間関係も一つとして同じものはないはずである。したがって，ワーカーの感受性，思考や機転，経験を基にした洞察的予測などによって，より効果的な方途や技術の組み合わせや発案を行う，機知や裁量が求められる」(秋山 1992：142-143) とし，その機知や裁量には固有の独創性，すなわちアートの側面が尊重されるべきとしている。

　日本の生活保護ソーシャルワークの現場においては，前述の通り，現在に至るまで科学性や客観性を重視した実証的研究によって支えられた支援理論は提示されてきたとは言えず，実践の多くはソーシャルワーカーの経験や感性など援助者の主観性を重視したアートとしてのソーシャルワークに支えられてきた現実がある。

　かつて，生活保護制度策定者の厚生省（現・厚生労働省）社会局長，小山進次郎は生活保護における自立助長の業務（ケースワーク）が生活保護法で規定していない理由を次のとおり述べている。

　　「生活保護制度の運営を考える場合，特に注意しなければならないことは，生活保護法の法律的理解を深めるだけでは十分ではないということである。この法律が社会保障法としての建前をとっていることと，もう一つは法律技術上の制約によりケースワークを法律で規定することが至難であることのために，この法律の上では金銭給付と現物給付とだけが法律上の保護として現れている。したがって，現実には保護として行われ，かつ，被保護者の自立指導の上に重要な役割を演じているケースワークの多くが法律上では行政機関によって行われる単なる事実行為として取り扱われ法律上何等の意義も与えられない。これはともすれば生活保護において第一義的なものは金銭給付や現物給付のような物質的扶助であるとの考えを生じさせがちであるけれども，ケースワークを必要とする対象に関する限り，このように考えることは誤りだと言わざるを得ない。」（小山 2004：95-96）

小山の言葉を言い換えれば，生活保護のソーシャルワークはソーシャルワーカー一人ひとりがもつ経験知や臨床知により支えられている。しかしながら，これを普遍化しマニュアル化することは困難である，というところであろうか。事実，生活保護ソーシャルワークを含め，日本のソーシャルワークを，経験知や臨床知というアート性の高い領域から理論研究をしたものはほとんどなく，現行生活保護制度の策定から今日まで，生活保護ソーシャルワークについての具体的支援の方法は提示されてこなかったのである。

　今日，虐待を受けた子どもや暴力の被害女性の複雑な状況に，どのように関わるべきなのか，生活保護ワーカーは常に苦悩している。あるいは，高齢の親から年金を奪う息子と，それでも息子を庇いながら自らの人生を悲観する高齢者の様子を見て，「ゆらぐ」ソーシャルワーカーが数多くいる。生活保護実践に直ちに活用できる知，援助方針と援助計画の策定に向けて，なにが重要であるかについての方向づけが科学的にできるような知などをソーシャルワーカーは「いま」正に必要としている。

　生活保護ソーシャルワークに「いま」必要な実践の知とは何か。このことを明らかにするためには，戦後70年間，多くの社会福祉主事により取り組まれてきた生活保護の実践活動の体系化の方向を探り出すことから始めることが必要なのではないだろうか。そのためには，第Ⅱ～Ⅲ部に掲載された生活保護ワーカーによる事例を詳しく検証し，生活保護ワーカーの実態と実践の状況を明らかにすること，次いで，生活保護ソーシャルワーク実践の具体的な内容を客観的に分析・評価し，有効な方法，技能などを明らかにすること，こうして得られた実践の知を生活保護ソーシャルワークに携わる生活保護ワーカー一人ひとりに伝えていくことが，生活保護ソーシャルワークの現場に必要とされているのではないだろうか。

注
(1)　市の設置する福祉事務所においては，被保護世帯数が240以下であるときは3人とし，被保護世帯数80を増すごとに，これに1人を加えた人数，町村の設置する福

祉事務所においては，被保護者世帯数が160以下であるときは2人とし，被保護世帯数が80を増すごとに，これに1人を加えた人数とされている。このように，都道府県設置の場合1人当たり65世帯，市町村の場合1人当たり80世帯とされている。この数は，1999（平成11）年の地方分権一括法に伴う社会福祉事業法の改正時に，「法定」数から「標準」へと変更された。

参考文献

秋山薊二（1992）「援助の戦略と技術」太田義弘・秋山薊二編著『ジェネラル・ソーシャルワーク――社会福祉援助技術総論』光生館，115-154頁。

岩田正美（1995）『戦後社会福祉の展開と大都市最底辺』ミネルヴァ書房。

江口英一編（1981）『社会福祉と貧困』法律文化社。

太田義弘（1984）「実践の構成要素」太田義弘・佐藤豊道編『ソーシャル・ワーク――過程とその展開』（社会福祉入門講座②）海声社，38-39頁。

岡田藤太郎（1979）『社会福祉とソーシャルワーク――ソーシャルワークの探究』ルガール社。

岡部卓（1993）「変革期における福祉事務所の課題と展望――措置権町村移譲と福祉事務所『再編』」『社会福祉研究』第56号，鉄道弘済会，2-8頁。

岡部卓（1994）「これからの福祉事務所――福祉事務所改革の動向と今後の展開」『社会福祉研究』第59号，鉄道弘済会，39-47頁。

岡部卓（2000）「生活保護と福祉事務所――課題と展望」『月刊福祉』8月号，全国社会福祉協議会，30-33頁。

岡部卓（2001）「制度改革とこれからの福祉事務所――生活保護を中心として」『社会福祉研究』第80号，鉄道弘済会，54-61頁。

岡部卓（2003）「公的扶助と援助方法」岩田正美・岡部卓・杉村宏編著『公的扶助論』（社会福祉士養成テキストブック⑩）ミネルヴァ書房，130-155頁。

岡部卓（2014）『改訂 福祉事務所ソーシャルワーカー必携――生活保護における社会福祉実践』全国社会福祉協議会。

岡村重夫（1983）『社会福祉原論』全国社会福祉協議会。

岡本民夫（1973）『ケースワーク研究』ミネルヴァ書房。

小野哲郎・白沢久一・湯浅晃三監修（1997）『シリーズ・公的扶助実践講座第1巻～第3巻』ミネルヴァ書房。

木村忠次郎（1950a）『改正 生活保護法の解釈』時事通信社。

木村忠次郎（1950b）『生活保護法の解説』時事通信社。

岸勇（1957）「公的扶助とケースワーク――仲村氏の所論に対して」『日本福祉大学研究紀要』第1号。

籠山京（1978）『公的扶助論』光生館。
黒木利克（1953）『社会福祉の手帳─続社会福祉主事』中央法規出版。
黒木保博・松本恵美子ほか（1988）『対人援助』（minerva 社会福祉基本図書③）ミネルヴァ書房。
厚生省社会局庶務課編（1953）『福祉事務所運営指針』全国社会福祉協議会連合会。
厚生省社会局庶務課編（1971）『新福祉事務所運営指針』全国社会福祉協議会。
厚生労働省社会・援護局保護課（2004）『生活保護手帳』社会福祉振興・試験センター。
古賀昭典編（1997）『新版 現代公的扶助法論』法律文化社。
小松源助・仲村優一・根本博司・畠山龍郎編（1985）『多問題家族へのアプローチ』（社会福祉実践シリーズ①）有斐閣。
小山進次郎（1950）『改訂増補 生活保護法の解釈と運用』中央社会福祉協議会。
小山進次郎（2004）『改訂 増補生活保護法の解釈と運用』（復刻版）全国社会福祉協議会。
嶋田啓一郎（1980）『社会福祉体系論』ミネルヴァ書房。
生活保護自立支援の手引き編集委員会編（2008）『生活保護自立支援の手引』中央法規出版。
中央法規出版編集部編（2014）『改正生活保護法・生活困窮者自立支援法のポイント─新セーフティネットの構築』中央法規出版。
中央法規出版編集部編（2016）『社会保障の手引─施策の概要と基礎資料 平成26年版』中央法規出版。
トール，シャロット／村越芳男訳，黒木利克監修（1963）『公的扶助ケースワークの理論と実際 人間に共通な欲求』全国社会福祉協議会（黒木利克監修〔1955〕『生活保護の原理と技術』生活保護制度研究会，の改訂版）。
仲村優一（1978a）『ケースワークの原理と技術 改訂版』全国社会福祉協議会。
仲村優一（1978b）『生活保護への提言』（全社協選書⑫）全国社会福祉協議会。
仲村優一（1980）『ケースワーク教室─自立と人間回復をめざして』有斐閣。
仲村優一（2002）『社会福祉の方法─ケースワークをめぐる諸問題』旬報社。
仲村優一監修，野坂勉・秋山智久編（1981）『社会福祉方法論講座Ⅰ─基本的枠組』誠信書房。
長友祐三（2007）「生活保護に関するよくある質問」杉村宏編著『格差・貧困と生活保護』明石書店，12-71頁。
長友祐三（2007）「不適切な運用が生活保護制度をどのようにゆがめているか」杉村宏編著『格差・貧困と生活保護』明石書店，52-157頁。
長友祐三（2011）「知っておきたい生活保護制度の仕組み」六波羅詩朗編著『ケアマ

ネ業務のための生活保護Q&A』中央法規出版。
長友祐三（2012）「生活困窮者就労支援」『月刊福祉』8月号，全国社会福祉協議会，52-53頁。
長友祐三（2007）「変動する社会と生活保護制度改革のゆくえ」『社会福祉研究』第99号，鉄道弘済会，2-9頁。
長友祐三（2013）「低所得者と就労支援」社会福祉士養成講座編集委員会編『就労支援サービス』（新・社会福祉士養成講座⑱）中央法規出版，82-110頁。
バイスティック，F. P.／尾崎新・福田俊子訳（2006）『ケースワークの原則 新訳版』誠信書房。
平塚良子（1991）「ソーシャルワークの価値に関する試論的展開」『社会福祉学』第32巻第2号，日本社会福祉学会，105-128頁。
松田真一（1979）「社会福祉本質論争」真田是編『戦後日本社会福祉論争』法律文化社，3-78頁。
六波羅詩朗（2014）「公的扶助と社会福祉援助活動」「新版・社会福祉学習双書」編集委員会編『公的扶助論―低所得者に対する支援と生活保護制度』（社会福祉学習双書 ⑦）全国社会福祉協議会。
『生活保護手帳』中央法規出版，各年版。
平成27年3月6日付社援地発0306第1号『生活困窮者自立支援制度に関する手引き策定について』。

（長友祐三）

第Ⅱ部　生活保護ソーシャルワーク実践の現場から

第Ⅱ部　生活保護ソーシャルワーク実践の現場から

　長引く不況に加えて世界的金融不況により経済は失速低迷し，仕事を必要とする人びとが街にあふれている。とくに非正規労働者の大量失業と，その生活破綻が大きな社会問題となっている。こうした状況下，生活保護ソーシャルワークには，「個人や家族の経済的問題（最低生活保障）」の解決とともに，「心身の障がい・疾病」「社会的排除や摩擦」「社会的孤立や孤独」などの生活問題を抱える人びと，あるいは「虐待」「孤独死」「餓死」など危機的状況に置かれた人びとの問題解決を図ることが要請されている。そして，これを実現する生活保護のソーシャルワーカーには，専門職としての価値・知識・技術などの専門性を獲得することが求められている。

　2016（平成28）年4月現在，全国の生活保護受給者数は約215万人，その増加する保護世帯の人びとに対応する福祉事務所の生活保護ワーカーの負担は年々増大している。東京都の各福祉事務所での平均在職年数は約3年，さらには，そもそも社会福祉の分野に全く関わったことのない，あるいはソーシャルワークについて学んだこともない者が突然配属され，翌日から80ケース以上を担当する。そして，職場内，職場外における十分な研修や経験豊富な生活保護ワーカー，あるいは査察指導員からの教育を含めたサポートを受ける機会も十分保障されず，専門性不在の中での業務が常態化している福祉事務所もある。こうした厳しい実践環境の中にあっても，自らの専門性を高めるために日々弛まぬ努力を続け，困難かつ複雑な生活課題を抱えた人びととの自立に向け，専門性を惜しみなく発揮しながら日々の実践に取り組む生活保護ワーカーもいる。

　第Ⅱ部ではこうした厳しい労働環境下，支援が難しいとする課題に直面しつつも，高い専門性を発揮しながら実践活動を続けてきた5人の生活保護ワーカーの事例を紹介する。各事例では発生するそれぞれの生活課題に対し生活保護ワーカーがどのように向き合い，自立に向けてどのような方法を使いソーシャルワークを展開してきたのか詳しく説明され，併せて生活保護ソーシャルワークの支援のポイントが提示されている。

第4章では,「生活保護ワーカーは限られた時間の中で,何十件という対象者の方の支援にあたらなければならない。…(中略)…それゆえに,支援の成果や結果を急いで求めてしまいがちである。殊に,DV被害者世帯の支援にあたっては,対象者の心的外傷が深く回復に時間を要することが多いため,中々自立の兆しが見えにくい。人が変化するのには時間がかかると長期的に支援する必要性を意識しながら対象者の方と関わっていくこと」が重要とする。

　第5章では,「当事者が抱える課題は,地域の人も同じ問題を抱えているととらえるべきである。生活保護ワーカーの主な仕事は,金銭給付によるものに思われがちである。しかし,それは,当事者に関わっていく糸口にはなるものの,生活保護制度を使って,どう当事者を支援していくかは生活保護ワーカーの力量にかかっている」とする。

　第6章では,「必要なのは働く意欲を奪われた当事者一人ひとりの訴えに寄り添い,それぞれに何が課題かを理解した上で就労支援相談員やNPOなどの関係機関と丁寧に連携して支援していくこと」が重要とする。

　第7章では,「精神面や経済面,生活面のサポートをすることも忘れてはいけない。地域のさまざまな社会資源を広く活用し,養護者の介護負担の軽減,心身の安定が得られるような支援が求められている」とする。

　第8章では,「生活保護ワーカーの関係機関とつながる力に対象者は安心感をもつのである。関係機関の焦点の当て方やアプローチの違いをふまえ,方向性の共有は支援する上では欠かせない。生活保護ワーカー自らが福祉事務所の役割を果たすことで,役割分担,連携,協働を図ることが支援チームとしてできるようになり成果が生まれる」とする。

　5人の報告者が語るように,近年,生活保護の実践においても,経済的問題に加えて,不安定な生活基盤から生じる複雑かつ複数の問題を抱えて相談に訪れる人々の数が年々多くなっている。ソーシャルワークをめぐる環境が大きく変化する中で,生活保護ソーシャルワークにおいては,利用者にとってもソー

シャルワーカー自身にとっても，人としての尊厳を取り戻し，豊かな人生を再び取り戻すための，より質の高いソーシャルワークの実践が要請されている。

　生活保護の実践は，毎日が新しい気づきとさまざまな感動を伝えることができる，他にはない創造的（クリエイティブ）な仕事でもある。その一方で，多くの人の生活と人生そのものに向き合う仕事であるが故に，現実の支援においては思い悩む場面が多々あると思われる。第Ⅱ部の5人のソーシャルワーカーからの報告は，多くの生活保護ワーカーのみなさんが抱える支援の際の葛藤としての「ゆらぎ」の振幅を押さえることに役立つとともに，明日からのよりよい生活保護のソーシャルワークの実践に向けての貴重な示唆を与えてくれるのではないだろうか。経験知や臨床知など，豊富な実践知を獲得した生活保護ワーカーにより提示された，これら優れた実践事例を熟読し，生活保護ワーカーのソーシャルワークへの理解を深め，専門性の追体験をすることで，全国の生活保護ワーカーをはじめとした福祉関係者のみなさんの専門性がより一層高まることのきっかけとなることを期待したい。

（長友祐三）

第4章 DV被害者への支援

1　DV被害者と生活保護支援

　DV（ドメステイック・バイオレンス）について，DV防止法（配偶者からの暴力の防止及び被害者の保護等に関する法律）では，「配偶者からの暴力は，犯罪となる行為をも含む重大な人権侵害であるにもかかわらず，被害者の救済が必ずしも十分に行われてこなかった。また，配偶者からの暴力の被害者は，多くの場合女性であり，経済的自立が困難である女性に対して配偶者が暴力を加えることは，個人の尊厳を害」していると指摘し，この暴力とは身体的なものだけではなく，心身に有害な影響を及ぼす言動も含まれると規定している。

　都道府県は配偶者暴力相談支援センターの設置を義務づけているが，ここでの相談件数は年を追うごとに増加しており，婦人相談所，婦人保護施設，母子生活支援施設の入所理由は，いずれも夫などの暴力が一番高くなっている。

　DV被害者世帯は，加害者側から離れてもなおその支配的関係から逃れられず，社会生活に支障をきたし続けている。長きにわたるDVにより，被害者の自尊心はそがれ，低い自己肯定感の下，就労をはじめとした社会活動に踏み出しても中々継続できない。このようなDV被害者に対して，生活保護はどのような支援を行うことができるのだろうか。

第Ⅱ部　生活保護ソーシャルワーク実践の現場から

2　3人の子どもがいる母親への離婚・就労支援

（1）申請に至るまで
1）婦人相談所からの相談
　Aさん世帯の申請は，婦人相談所相談員からの情報提供がきっかけであった。
　婦人相談所とは，売春防止法第34条にもとづき各都道府県に設置された相談機関である。元々は売春を行うおそれのある女子の相談，指導，一時保護などを行う施設であったが，2001（平成13）年4月に成立したDV防止法により，配偶者暴力相談支援センターの機能を担う施設の一つとして位置づけられ，配偶者間の暴力についての相談・保護にあたっている。婦人相談所には一時保護所が設置されており，保護期間中は施設内にて衣食その他必要な給付を受けることになる。
　Aさんは，夫のDVにより婦人相談所で一時保護され，その間，家庭裁判所へ保護命令を申し立て，離婚調停を起こし，当面の生活について母親の下へ身を寄せることになったのである。保護命令とは，配偶者からの暴力で生命・身体に重大な危害を受ける恐れのあるとき，被害者を保護するために家庭裁判所が出す命令で，4種類の接見禁止命令と1種類の退去命令とがある。
　婦人相談所でのカウンセリングではAさんも子どもも精神的に不安定であるとの所見であり，世帯の安全性確保の観点から，当面は母宅での同居が望ましいとの話があった。提供書を受理した同日，婦人相談所相談員同行の下，Aさんが来所相談し，即日申請となった。

2）Aさん世帯について
　Aさん世帯は30代後半の女性と3人の子どもからなる母子世帯である。結婚後，数年経過した頃より，前夫からの言葉の威嚇や支配的な言動が目立つようになったという。前夫は工具でAさんは専業主婦をしながら3人の子どもを養育していた。前夫は特に暴言が酷く，子どもの前でも椅子を蹴飛ばしたりテーブルを強く叩いて威嚇したり，子どもを突き飛ばしたり物を投げつけたりする

などの暴力行為もあった。

　それらの言動の原因をAさんは自身の至らなさだと思い込み、日々前夫の顔色を伺いながら生活し、徐々に家に閉じこもりがちになっていった。結婚して5年目には精神的不安定で歩くこともできない状態になっていた。婦人相談所に一時保護される直前には、前夫からの暴力で両手首を切る自傷行為に至った。Aさんの様子を不審に思った母親が偶然にも自宅訪問し現場を発見したことで幸い一命を取り留めたが、もう身も心もボロボロの状態であった。3人の子どもたちを抱えたままでこれ以上我慢することができず、母親とともに警察へ相談に行ったところ、婦人相談所を紹介され、一時保護に至ったのである。

（2）生活保護申請から受給決定まで――前夫からの揺さぶり

　生活保護申請を受けて、生活保護ワーカーは新規実地調査のためAさん宅を訪問した。Aさんは、相手が誰であるか慎重に確認しドアを開け、周囲に対し敏感に反応している様子があった。面談中は、前夫からの屈辱とそれに対する強い憤りを涙ながらに表出し、心身の不安定さが伺えた。

　保護申請受理後数日経過して、Aさんより申請を取り下げたいと相談があった。申請以後、前夫から連絡があり数回会ったようで、執拗に復縁を迫られており、Aさんの行動により前夫側へ迷惑が掛かっていると一方的に言われたため、申請を取り下げたいと考えたようである。電話口の声からも非常に動揺している様子があり判断能力が落ちている様子が伺えたため、母親とよく相談した上で、来所するよう伝えた。

　数日後、母親とAさんが相談のため来所した。Aさんはニット帽を被っていたが、Aさんのロングヘアは明らかに短髪になっていることがわかった。

　Aさんは、連日に渡る前夫とのやり取りについてメモを残しており、それを見せながら話してくれた。メモは日付と時間、前夫とどういう話をしたのかが記載され、いたる個所に「怖い」という文字があった。前夫はAさんに対して、メールや電話で1日に数回接触を図っていた。Aさんが保護命令申し立てと離婚調停を起こしたことに激昂し、取り下げるよう揺さぶりをかけてきていたの

である。

　前夫は，Aさんが家庭裁判所へ申し立てたことに対して，当初は「恥をかかされた，周囲に迷惑をかけるな」とか「子どもをよこせ」と脅しをかけていたが，数日後，「ひどいことを言ってすまない。言い過ぎた。お互いに気持ちを持ち続けよう」と優しい言葉をかけてきた。Aさんは，前夫が反省して，自分のいうことも理解してくれたのかなと思ったそうである。

　Aさんは仕事をしておらず無収入だったので，子どもを抱えたまま今後の生活に不安を持っていた。前夫からの優しい言葉を信じ，「子どものために元に戻ろう」と，その言葉の翌日，前夫宅へ行き実際に会って話をしたそうである。すると，前夫は一変して，「やり直すなら反省として頭を丸めろ」とバリカンでAさんの長い髪をバッサリと丸刈りにしたのである。Aさんが前夫に感じた優しさはすぐ吹き飛び，ただただ恐怖で泣き，抵抗できず，何回も謝ったそうである。そして，恐怖でどうしようもなくなり，婦人相談所の一時保護中に起こした保護命令申し立てと離婚調停を取り下げたとのことだった。

　数日後，前夫から電話があり，家庭裁判所から保護命令申し立ての取り下げの書類が届いたこと，「これから一緒に頑張ろう」という話があったそうである。ところが，その翌日の電話では，前夫が子どもたちを引き取り，お互いはしばらく別居する，Aさんにはオンボロのアパートを準備するから，そこでしばらく反省しろ，と言ってきたのであった。

　度重なる前夫からの執拗な連絡と身勝手な言動に振り回され，Aさんの精神状態は危機的な状況だった。生活保護ワーカーは，まず安全に生活できる場所を確保する必要があること，経済的なことは生活保護を受給すれば解決できることを伝え，保護申請取り下げを思いとどまってもらった。

　前夫からの揺さぶりが続く中，Aさん世帯の身の安全を最優先すべき状況だったので，当面は母親宅で生活し，安全確保したのちにアパートを借りることにした。世帯は母親を加えても要保護状態であったが，母親は保護受給意思がないこともあり，母親を世帯分離した上で保護開始を決定した。

（3）保護申し立て

1）前夫と面談

　生活保護受給決定後，Ａさんの希望もあり，DV 被害者専門の心療内科通院を開始した。前夫からの揺さぶりは継続し，電話のほか離婚届けや，Ａさんの荷物が一方的に郵送されてくるなど，その行動はエスカレートしていき，Ａさんの心的不安を助長しているのは明らかであった。そこで，生活保護ワーカーは査察指導員と協議し，Ａさんの承諾を得て，前夫と面談を行うこととした。

　前夫宅の近くの飲食店にて査察指導員同行の下，前夫と面談を行った。福祉事務所が関わっている理由を説明し，Ａさんの精神状態が不安定なことから，しばらくそっとしておいてほしいことを伝えた。

　前夫は自身のDVを全面的に否認し，離婚の意思を示すものの，子どもの親権は渡さないと主張した。また，Ａさんの行動により，前夫のみならずその家族にも迷惑が掛かっているのが耐えられないと主張。前夫より，前夫側家族の言い分も聞いてほしいとの訴えがあり，後日再面談を持つこととなった。

2）前夫とその家族と面談

　査察指導員同行の下，前夫宅にて前夫，前夫両親，前夫妹と面談を行った。所としてＡさんたち世帯をそっとしておいてほしいと伝えた。

　前夫側の両親は前夫ほど感情的ではなく，離婚については当事者が決めることと話し，妹は離婚するにしても経済的に前夫の方が養育能力あり，子どもは前夫側で引きとるべきであると法的解決を主張した。この場でも，前夫側の離婚の意思は固まっていることが確認できた。

3）前夫からの接触

　前夫側と面談して約2週間経過したころ，Ａさんの母親から連絡があった。前夫が突然Ａさん宅に押し掛け，Ａさんの知人の女性を使い，呼び鈴を鳴らさせ，母親が玄関を開けるなり，前夫が割り込み，直接話をさせろと要求してきたのである。運よく在宅していた母親が対応し，その場は切り抜けたものの，Ａさんは動揺して怯え泣いていたそうである。

　生活保護ワーカーは母親へ早急に警察への巡回依頼を行うこと，今後もこの

ようなことが繰り返されることが予想されるため，法的に解決することが一番望ましいと助言した。数日後，Aさんは家庭裁判所へ離婚調停申し立てを行った。今後不成立も予想されることから，法テラスを通じて弁護士を依頼し，費用立て替えの制度を活用することとした。

それから1週間ほど経ったある日，Aさんとその母親が福祉事務所に相談のため来所した。Aさんの母親の車両に発信機が仕掛けられていたというのである。

ここ最近，自宅が見張られたり人につけられたりしているような気配を感じていたため，念のため母親が家や車両に盗聴器や発信機などがないか探したところたまたま見つかったとのこと。すぐに警察署に連絡し，警官に見てもらったところ追跡用の発信機であることを確認。発信機はまだそのままにしているとのことだったため，生活保護ワーカーと査察指導員が母親の車両を見せてもらうと，底に発信機らしきものが3つ取り付けられているのが確認できた。Aさんはショックで状態不安定であり，母親は激しく憤っていた。

相談後，Aさんたちはそのまま警察署へ向かい，刑事同行の下で修理工場にて発信機を取り除いてもらった。そして，刑事より早急に保護命令申し立てを行うよう助言を受け，その日に婦人相談所にて申し立て書類を提出した。

（4）離婚調停

1）離婚調停開始と保護命令申し立て不成立

Aさんより，第1回目の離婚調停の日程と担当弁護士が決定したと報告があった。また，保護命令申し立てについては，一度Aさんが取り下げたことと，現在は前夫より直接的な問題行動がないため，現時点での保護命令は無理であると婦人相談所から説明があったとのことであった。

Aさんは非常に動揺し不安な様子であったため，調停当日は生活保護ワーカーも同行することにした。Aさんが保護受給を開始してから，約4カ月が経過していた。

2）調　　停

　生活保護ワーカーと査察指導員が同行し，Aさんと家庭裁判所へ向かった。Aさんは家庭裁判所へ向かう車中でも，子どもが前夫に奪われないかという不安に駆られ，時折何度も生活保護ワーカーに「大丈夫でしょうか」と尋ねてきた。その度に生活保護ワーカーは，「心配しないでいいですよ。ありのままの気持ちをきちんと伝えることが大切です」と伝えた。そして代理人の弁護士もついているから，深呼吸をして落ち着くよう，Aさんにアドバイスした。

　家庭裁判所に着くと，裁判所職員の配慮で3階に前夫側が，2階にAさん側がというように双方が会わないように工夫がなされていた。査察指導員と生活保護ワーカーは控室で待機し，Aさんは代理人であるB弁護士とともに準備された部屋に入った。

　B弁護士はAさんよりも少し若い，明るい印象の女性弁護士で，不安な表情を見せるAさんに「心配しなくて大丈夫ですよ」と優しく声をかけ，不安を取り除こうとする様子が見られた。

　第1回目の調停はこれまでの経緯について，調停委員が双方から事情を聞き，今後それぞれがどのような方向に進んでいきたいのか聞き取りが行われた。調停委員の足音が廊下に響く度にAさんは落ち着かない様子であった。

　無事，1回目が終わり，前夫を先に退所させたのち，Aさんとともに帰路についた。帰りの車中でも，Aさんは，相手に子どもが奪われるのではないかという不安を言い続けていた。生活保護ワーカーが「弁護士さんは，何も心配いらないと話していましたよ」と伝えると少し表情が柔らかくなったように笑顔になった。

　第2回調停も生活保護ワーカーが同行した。前夫側は自身の方が経済的に養育能力あるとして，子の親権を主張してきた。

　調停委員からこれまでの生活歴や生活状況について聞き取りがあった。Aさんは，相手が経済的な話を出してきたことに対して，「自分が生活保護を受けることが不利にならないか，今すぐにでも仕事を探して調停に臨まないと，負ける」と焦った様子で取り乱した。B弁護士からは，「生活保護だから養育で

きないということにはなりませんよ。現に、今、あなたが3人の子どもをちゃんと育てていらっしゃるでしょ、もっと自信を持って、強い気持ちを持たないといけませんよ」と励まされ、Aさんは泣きながら頷いていた。

第3回調停の前日、Aさんから福祉事務所へ電話があった。前回、B弁護士から強い気持ちを持ってと言われ、Aさんなりに考え、第3回調停からは、Aさん自身で裁判所へ行くという連絡であった。Aさんは落ち着いた様子であった。

翌日行われた第3回調停から、Aさんは生活保護ワーカーの同行なしで家庭裁判所へ行けるようになった。その後も調停は月1回の頻度で開かれていった。

調停の合間、Aさん宅には家庭裁判所から家庭裁判所調査官の家庭訪問が行われた。また、前夫からの訴えで、離婚後または別居中に子どもと一緒に暮らしていない親が子どもと面会などを行う面接交渉も数回行われたが、5回の調停を経て離婚調停は不成立に至った。調停の後半は前夫側が欠席を繰り返し、これ以上話を続けても相手は誠意を見せず、話し合いが進展しないとのB弁護士の進言もあり裁判で決着をつけることになったのである。裁判費用については、法テラスに相談し、終結するまで支払猶予手続きを行った

Aさんより、以前よりも少し精神的に楽になってきたこと、多くの人びとに支援してもらい自信がついてきたこと、そろそろ自立に向けて、気持ちも切り替えながら考えたいと思っているとの相談があった。

これまで母親宅に一時身を寄せていたが、「いつまでも居候するわけにはいかないし、アパートで親子4名の生活を始めたい」ということで、新居探しもスタートし、母親の近くで子どもたちも転校しないで済む場所という条件のアパートがすぐに見つかった。

生活保護ワーカーはAさんのある意味で自立の一歩が始まったと感じていた。Aさんは自分でいろいろと家財を調達したり、棚なども自作したりするのが楽しいと話し、精神状態も落ち着きを取り戻しつつあった。

（5）離婚裁判そして離婚成立へ

1）離婚裁判

　家庭裁判所にて第1回裁判が開かれた。生活保護ワーカーもAさんに同行し裁判所へ向かった。B弁護士が代理人として出廷し，Aさんは生活保護ワーカーとともに傍聴席に座った。前夫側は弁護士を立てておらず，前夫本人が出廷していた。

　家庭裁判所には事前にAさんの訴状（申立書）とそれに対する前夫の答弁書が提出されており，裁判官より答弁書に対する質問がいくつか行われた。その中で前夫側は離婚を了承すること，事実認否で泥沼の争いを望まないとの発言があったため，裁判官より話し合いによる解決を促す和解勧告が出され，急遽，話し合いに変更されることになった。

　離婚裁判では，裁判所が法律上定められた離婚の原因があるかどうかを審理して判決を出す。Aさんたちの場合は，双方が話し合いにより譲歩し合うことで，合意により離婚を成立させる和解離婚の方法をとることになったのである。以後は傍聴不可となったため，生活保護ワーカーは退席し，B弁護士からの報告を待つことにした。

2）和解離婚成立

　第1回裁判の後，福祉事務所にB弁護士から話し合いの経過について報告があった。前夫側からは離婚了解，親権・養育権もAさんに与えること。その条件として，月2回の子どもたちとの面接交流，子ども1人当たり月2万円の養育費支払いが提示されたとのことであった。

　その後，B弁護士はAさんと協議し，第2回裁判において，前述した前夫側の条件で和解成立し，和解離婚となった。離婚裁判および離婚調停にかかった費用については，費用を立て替えている法テラスへ償還免除申請を行い，免除決定を受けることができた。

（6）DV が残したもの

1）求職活動開始

　和解離婚により，離婚や親権・養育費についても一段落し，Ａさんは社会的自立に少しずつ近づいているように思えた。離婚成立し親権が決定したことで，支給が保留されていた児童手当や児童扶養手当の受給，また，前夫からの養育費の振込も開始されたことで経済的にも少しずつ自立しはじめていた。

　Ａさんは福祉事務所や生活保護に対してとても感謝している，自立していくために仕事をしていきたいと言葉にするようになっていた。そこで，生活保護ワーカーはＡさんが定期通院中であった心療内科へ病状調査を行い，就労の可否について確認した。

　当時，Ａさんの通院頻度はそれほど多くなく，３カ月に１度の通院であった。定期的に内服の必要な眠剤や安定剤の処方はなく，頓服として弱い眠剤が処方されていた。Ａさんの診断名はうつ病と心的外傷後ストレス障害（PTSD）であった。離婚成立したことで，心理的にも安定，生活意欲も感じられるようになり，主治医としても就労開始してもよいとの所見であった。

　生活保護ワーカーは病状調査の結果をＡさんに伝え，それを受け，Ａさんは求人誌を活用して求職活動を開始した。しかし，育児と両立できる仕事が中々見つからず，面接をしても不採用になることが何回も続いた。Ａさんの努力を実らせたいと，生活保護ワーカーは福祉事務所とハローワークが連携して就労支援プランを策定し就労支援にあたる生活保護受給者就労支援事業を活用し，ハローワークの専門員の支援につなげる準備をしていた。真面目なＡさんの姿から，生活保護ワーカーとしても，今のＡさんにとっては就労につなげることが一番の支援であると考えていたのである。

2）気づかなかった心の傷

　求職活動を開始して２カ月経過した頃から，Ａさんの病状悪化が見られるようになった。定期訪問や来所時にも不眠の訴えや，また焦燥感が強くなっているのが見られた。話を聞くと，前夫からのDVが夢に出てきて睡眠が取れず眠剤の量を増やして処方してもらっているとのこと。

処方薬を見せてもらうと、眠剤だけでなく安定剤の処方も開始しているのを確認した。体調が悪く、日中もボーっと過ごしている様子があり、生活保護ワーカーから見ても現時点でＡさんが仕事のできる状態には思えなかった。そこで、生活保護ワーカーは就労支援をいったん中断し、Ａさんの病状安定を優先に支援を切り替えることにした。

前夫のDVによる心的ダメージは、Ａさんだけでなく子どもにも及んでいた。Ａさんと前夫が離婚調停中の時期より、Ａさんの子ども（Ｃさん）は児童相談所のカウンセリングを経て、心療内科通院を続けていた。両親の離婚で板挟みになったことで、情緒不安、不眠、ボーっとした症状が現れており、適応障害と診断された。月１〜２回の頻度で通院し、プレイセラピーや箱庭療法による治療を行っていた。Ｃさんは、不登校傾向などの学校生活における問題はないものの、口数が少なく笑顔がなく表情に乏しい印象であった。

前夫とＡさんたち世帯が生活していたころ、前夫は子どもたちにしつけと称し、長時間の正座や説教の強要をしていた。愚痴を言ったりだらだらすると棒でたたいたりつねったりすることもあったようである。前夫からＡさんへ暴力が及んだ時には、Ｃさんが「お母さんをいじめるな」とかばう場面も度々あったと、後にＡさんは話している。Ａさんのみならず、Ｃさんの病状安定・回復を図ることが必要になっていた。

生活保護ワーカーの助言でＡさんは主治医と相談し、自立支援医療（精神通院医療）申請、受給決定し月１回の定期通院にてカウンセリングを受けることになった。また、Ｃさんについては、月１回のカウンセリング継続し、ストレスの原因の改善、対処ができるよう支援していくことを主治医と確認した。

3）定期訪問

Ａさん世帯の定期訪問では、生活状況の把握として、起床・就寝時間の確認、日中の過ごし方のほか、食事をきちんと作れているかを確認することに特に注意を払った。心療内科や精神科通院中の母子家庭世帯の場合、母親が朝起床できないことで子どもも起床できず登校できないことや、起床しても朝食抜きのまま子どもが登校していたりすることがある。

Aさんの場合，朝の起床は問題ないものの，眠剤の影響で日中ボーっと過ごしている日が多くなっているようであったが，母親の協力も得ながら家事・育児をこなしていた。それは少し神経質すぎるほどのこなしぶりであった。調停・裁判を経てようやく親権を得たこともあり，前夫から養育不十分と言われるのを恐れていたのかもしれない。

生活保護ワーカーはAさんに対し，定期通院や服薬管理はもとより，基本的な生活リズムを崩さないよう助言した。前夫と子どもたちとの定期的な面接は継続して行われていたが，面接の度にAさんの心が不安定になっていることが伺えた。

4）手帳取得・就職へ

Aさんより精神障害者保健福祉手帳を申請したいと相談があった。この頃からAさんは就労したいという気持ちが再び高まっていた。手帳を取得し，障がい者枠での求職活動をしてはどうかという主治医からの勧めもあり決意したようであった。後日，等級1級で決定が下りた。

Aさんは早速ハローワークにて障がい者枠で求人登録し，3カ月後には就職を決めてきた。職種は飲食店での調理補助員で，週5日のパートタイムだったので，育児と両立できることにAさんは非常に喜んでいた。Aさんは「不安もあるが頑張ってみる」と話し，その嬉しそうな表情と前向きな様子に生活保護ワーカーもAさんを激励した。仕事は順調で，周囲も母子家庭であるAさんを気遣い，土日を休みにしてくれているようであった。Aさんは夢中で仕事に取り組んでいた。定期訪問時には，「毎日，沢山のことを覚えなければならないが楽しい」と終始笑顔で話していた。

ところが，仕事を始めて2カ月経過した頃から，Aさんが仕事の不調を訴え始めた。頑張って仕事を覚えようとしているが，職場で「まだこれくらいも覚えてないの」などと言われ，とてもショックを受けたAさんは，このままでは試用期間の3カ月で辞めさせられるのではないかと思い，逆に自身から「使えないなら首にしてください」と告げたとのことであった。苦労して就いた仕事だったので，生活保護ワーカーはAさんを慰留したが，Aさんの表情は硬く，

気持ちは揺るがないようであった。
　結局，Aさんは2カ月余りで仕事を退職した。退職直前にはストレスで安定剤の処方量も増えており，主治医と相談しての結論であった。
　5）広がる後遺症
　Aさんが退職後，生活保護ワーカーは病状調査を行い，主治医より助言をもらった。主治医からは，就労可能との所見。ただし，男性の威圧的な態度にパニックを起こす恐れが高いため女性の多い職場にすること，急な求職活動は望ましくないため避けることの2点が条件として付された。
　生活保護ワーカーは病状調査の結果をAさんに伝え，求職活動は焦らず行うように伝えた。Aさんは安堵した様子を見せつつも，障がい者枠での就労に前向きな姿勢を示していた。
　Aさんの状態は一進一退の状態を繰り返していった。「自宅付近に不審車両があり前夫の仕業に違いない。外出が怖い」と落ち込んだ声で訴えてきた日の翌日には，明るい声で福祉事務所へ来所し収入申告書を提出したりと，躁鬱の波が激しい様子が見られるようになっていた。また，長らく通院していた心療内科を突如転院したり，急な求職活動や転居相談を行ったりと衝動的な行動も増えていた。後に，その時期にAさんが前夫に復縁を求める連絡を取っていたことがわかった。

（7）繰り返される調停
　1）履行勧告・調停
　前夫から面接交流についての履行勧告が起こされた。履行勧告とは調停や和解で決まったことが守られない場合に，その調停をした家庭裁判所に申し立てることにより，家庭裁判所が電話や書面などで「決まったことを守りなさい」と勧告してくれる制度である。
　それに対し，Aさんは面接交流の変更を求めて調停を起こした。Aさんと前夫は和解離婚時に面接交渉権について取り決めをしていた。その内容は，面会の頻度や，場所，宿泊の有無，電話やメールなど面会以外の交流についてのも

ので和解調書として定められていた。前夫と子どもたちは，毎月2回の面会，うち1回は半日，残りの1回は宿泊を行うことが定められていたが，Aさんは，面会を月1回半日のみにし，宿泊をなしとする変更を申し立てたのである。

和解から数年経過し，子どもたちも成長し，友人との関係を大切にしたい年齢になっており，前夫との面会よりも友人との交流を望むようになっていた。子どもたちが面会を嫌がっていたことや前夫の仕事の都合で，実際に宿泊を伴う面接交流は2年ほど実施されていなかった。Aさんは，和解条項で決められたこととはいえ，子どもたちの意思に反してでも面接を行うことに疑問を感じて面接交流の変更を求めたのである。

Aさんの申し立てに対して，前夫はAさんの精神状況に振り回され面接交流が途絶えている，またCさんの適応障がいもAさんの精神的不安定さが影響しているのではないか，Aさんの精神状態の調査を求めるといった，Aさんの精神疾患を問題視して反論してきた。

4回の調停を経てなお，双方の言い分はまとまらず，家庭裁判所調査官の家庭調査が行われた。調査官は初めにAさんを交えて子どもたちの生活状況や好きな教科，友人との遊びなどについて話をした後，Aさんを外出させた上で，子どもたち一人ひとりと個別面談を行った。

調停は前夫側の欠席により不成立のまま終結したため，自動的に審判手続きに移り，後日審判結果が通知された。面接交流の内容は若干の変更が認められたものの，Aさんの求めた内容通りにはならず，月1回の半日の面会と2カ月に1回の宿泊が決定した。Aさんは納得した終わり方でなかったこともあり，気持ちの整理がつかない様子であった。

Aさんより，家庭裁判所調査官の調査報告書を見せてもらった。報告書からは，子どもたちは，前夫との交流を拒否しているといった様子ではなく，むしろAさんと前夫双方が仲違いしている状況に心を痛め，関係が少しでも改善するように子どもながらに双方に気を使っている様子が伺えた。また，子どもたちが願い事として共通に挙げたこととして「お母さんと一緒に暮らすこと」があった。

第4章　DV被害者への支援

　Aさんは，前夫がさまざまな策を講じてAさん世帯の生活を脅かすのではないか，子どもたちを取られてしまわないだろうか，いつも心に不安を抱えていた。生活保護ワーカーは，「何も恐れる必要はないですよ。子どもたちはAさんと生活することを望んでいます。今はAさんが強い気持ちを持たなければならない時です」と伝えた。そして，今回，勇気を持ってAさんから調停申し立てを行ったことをねぎらった。DVによるPTSDを抱えているAさんにとって，直接顔を合わせないとはいえども，調停の場で前夫側と争うのは相当の心的負担であったと思慮されたからである。

　子どもたちの気持ちを優先し，今回決まった通りの面接をしっかり履行していくよう助言した。Aさんは，涙ぐみながら「わかりました」と呟いた。

2）6年経っても完治しない後遺症

　Aさん世帯は現在も保護受給中で受給開始してから6年が経過している。受給当初より世帯の生活環境は安定してきたものの，Aさん自身はDVによる後遺症に今なお悩まされている。直近の病状調査では就労不可の所見に変更されたため，現在は治療に専念している。

3　支援事例を振り返って

　Aさん世帯の当初の課題は，まず身の安全を確保することにあった。次に，離婚を成立させ親権を得ること，養育費を獲得することであった。そして現在は，体調を維持しながら，子どもたちの養育にあたることである。就労はもう少し次の段階だと考えている。

　Aさんは，さまざまな支援機関の協力を得ながら，離婚調停，裁判を経て母子4人での安全な生活を得ることができた。前夫と子どもたちとの面会は継続しており，その存在を意識せざるを得ない状況があるため，まだまだAさんが不安に襲われることは多々ある。しかし，数々の苦難を乗り越えてきた今，Aさんは前夫にNOの意思を示し，それをどう実現するか，その方法を見つけて解決するまで力を取り戻してきた。

Aさん世帯のようにDV被害者世帯は，加害者側から離れてもなおその支配的関係から逃れられず，社会生活に支障をきたし続けている。長きにわたるDVにより，被害者の自尊心はそがれ，低い自己肯定感の下，就労をはじめとした社会活動に踏み出しても中々継続できない。それが，本人の自立を阻害してしまうのである。筆者は，DV被害者を支援する上で最も深刻な問題はそこにあると感じている。

　生活保護ワーカーとして当事者の支援に関わる中で，中々変化の手応えが感じられないことに歯がゆさを感じることが多々あると思う。また，「ようやく物事が上向きに行きそうになっているのに」とか「こうすればよりうまくいくのに」といった支援者側の気持ちとは逆行した行動を対象者の人がとることもあり，がっかりしてしまうこともあるのではないだろうか。

　筆者が生活保護ワーカーとして気づいたことは，人は急激な変化を嫌うものだということである。社会的に「間違っている」「よくない」行動様式も，利用者自身にとってはすでに癖になっていて，それを直し，変えていくのは容易でないのだと思う。

　生活保護ワーカーは限られた時間の中で，何十件という利用者の支援にあたらなければならない。筆者もそうであるが，それゆえに，支援の成果や結果を急いで求めてしまいがちである。殊に，DV被害者世帯の支援にあたっては，対象者の心的外傷が深く回復に時間を要することが多いため，中々自立の兆しが見えにくい。「人が変化するのには時間がかかるのだ」と長期的に支援する必要性を意識しながら利用者と関わっていくことが求められていると考える。

参考文献

『社会保障の手引　平成26年度版』中央法規出版。
日本DV防止・情報センター編（2002）『DV防止法　活用ハンドブック』朱鷺書房。
長谷川京子・佐藤功行・可児康則（2005）『弁護士が説くDV解決マニュアル』朱鷺書房。

（玉城夏子）

第5章　心の病に苦しむ人への支援

1　心の病に苦しむ人にとっての生活保護とは

　経済的に困窮した状態は，今後の生活に不安を与え，人の考え方や行動，生き方をマイナス方向に大きくゆがめてしまう。時にはうつや依存症など精神疾患を抱える状況を生み出している。

　最後のセーフティネットといわれる生活保護は，心の病を抱える人びとを支える制度となっているのだろうか。さまざまな不安を抱えている人びとにとって，「安心」を与えられるものになっているのだろうか。

　また，生活保護ワーカーはそのような人びとを支える担い手になっているのだろうか。そのようなことを問題意識として持ちながら，自分の仕事を振り返ってみたい。

2　精神疾患を抱えながら地域で生活している母子家庭への支援

（1）母一人子一人の母子家庭

　40代のAさんは，学齢期の子どもと2人暮らしの母子家庭である。仕事の関係で夫と知り合い結婚したが，精神的に不安定となり仕事も辞めざるを得なくなった。その後，買い物依存で多額の借金を作り自己破産する。そのことをきっかけに，夫とは離婚し，子どもはAさんが引き取った。しかしながら，精神疾患を抱えているAさんは継続して働くことができず，児童扶養手当だけでは生活に困ったため，保護受給に至った。

　生活保護受給後は，体調が優れない状態で無理に仕事をして人間関係でのト

ラブルから眠れなくなったり，食事が摂れなくなったりすることで，精神科病院へ入院し，状態が落ち着いたら退院する生活を繰り返してきた。

　Aさんは県外出身のため，近くに頼れる親族がおらず，入院中は離婚した夫に子どもを預けている。また，障害年金を受給し，状態が良い時には就労による収入も得ながら，不足する分を生活保護費で補いながら，日々の生活を送っている。

（2）入退院を繰り返す母親

　担当者が支援しはじめた前後は，Aさんが精神的に不安定になると，病院の精神科に入院し，生活保護費が入院基準に変更になって減らされる前に，1カ月以内で退院してくることを年に数回繰り返していた。その度に子どもや前夫，Aさんを支援している関係機関が対応に追われ，振り回される状況であった。

　そこで，Aさん親子が安心して地域の中で安定した生活が送れることを長期的な支援目標として，まずは，Aさんが精神的に不安定になる要素である，①金銭管理の問題，②体調に合った働き方ができずに頑張りすぎてしまうこと，③子どもの問題，④近隣等人間関係でのトラブルに対し，それぞれの機関が役割分担をしながら，支援を行っていった。

（3）病状の安定を図る

　精神的な疾患を持っている人にとって，病状の安定を図ることは生活していく上で一番の課題となってくる。病気の影響もあり，当事者は自らの状況を正しく把握して伝えることが十分にできない場合が多い。そのため，周囲の人が当事者の状況を的確にとらえることが支援を行う上では必要になってくる。

　幸いAさんは，病院の主治医や精神保健福祉士をとても信頼していたので，服薬と通院による治療を継続して行うことができていた。そこで，生活保護ワーカーが家庭訪問や電話でAさんとやりとりする中で，気になる様子が見られたら，病院の精神保健福祉士に必ず連絡を入れるようにした。事前に主治医へ状況を伝えてもらうことで，生活場面などでの状態も把握してもらいながら

治療を進めてもらうことができた。

　また，地域の保健師も関わっていたので，頻繁に生活保護ワーカーが訪問しなくても状況を把握することができた。

　精神的な疾患を抱える人に関わっていく上で，保健・医療機関との協力関係が得られることは，とても大きな意味を持つ。特にAさんが不安定になったとき，医療機関にすぐにつなげることで，入院が必要かどうかの判断が可能となる。また，生活保護ワーカーが困った時に専門的な助言が得られる相談先があることは，安心してAさんに対応ができることにつながっている。

（4）生活の安定を図る──日常生活や経済的な不安の解消

　Aさんは，元々苦手なことに加え，体調が悪くなると，食事を作ったり，掃除や洗濯をしたりなどの家事ができなくなってしまっていた。

　そこで，行政の障害福祉担当者が中心となって，障害福祉サービスの利用調整を行い，ホームヘルパーに家事援助をしてもらうことになった。それにより，Aさんの精神的・身体的負担が軽減し，食事作りに必要な買い物などできる範囲のことは自分ですることができるようになった。

　さらに，きちんとした食事を摂れることや掃除が行き届いている生活環境は，Aさんだけでなく，子どもにとっても重要なことである。生活基盤を整えることは精神的な安定にもつながり，必要不可欠な支援であると考えられる。

　Aさんの定期的な収入は，生活保護と障害年金であった。しかし，年金は2カ月に1回の振り込みであるため，次回の年金振込みまでお金を残して，計画的にお金をやりくりすることが難しかった。

　そのため，手持ちのお金が少なくなると，支払いを先延ばしにできるツケや分割払いで物を購入していた。また，生活費に困ると知人にお金を借りて，何とか生活保護費の支給日まで過ごすようにもなっていた。次第に，先送りにした支払いが積み重なって，収入以上の支出が必要になる状況となっていた。

　その結果，生活保護費が支給されても，お金が知人への返済やつけの支払いに回ってしまい，食費など必要な物にお金を使うことができず，生活に困って

しまう状況が続いていた。

　そこで，社会福祉協議会が行っている福祉サービス利用の手続きや日常的な金銭管理の支援を目的とした「日常生活自立支援事業」を利用し，その専門員に関わってもらうことになった。Aさんと一緒に，返済の優先順位をつけながら整理してもらい，収入に応じて計画的にお金を使えるよう支援を行った。

　当初は，相談もせずに物を購入し，支払いの段階で初めて専門員に相談し，その後始末をしてもらうような様子が見られた。時間をかけて丁寧に関わりをもってもらう中で，徐々に専門員との信頼関係もできてきた。一緒にお金の使い方を考えてもらうことで，Aさんは少しずつではあるが，収入の中でやりくりすることや，限られたお金の中で，優先順位をつけながら必要な物にお金を回していくことができるようになってきている。

　金銭管理がうまくできない利用者に対し，生活保護ワーカーが直接介入していくことも方法としては考えられる。しかし，利用者にとっては自分の生活のすべてを「管理・監視されている」と抵抗がある場合も多いのではないだろうか。専門員が間に入ることで，利用者の意思を尊重しながら支援を行う状況を作ることが可能になると考えられる。

（5）就労意欲への支援

　Aさんは，自分で働いて収入を得たいという気持ちは強かった。しかしその一方で，日常生活や社会生活においてさまざまな問題を抱えており，仕事を継続するための安定した環境が整っていなかった。さらにAさん自身が現在の状況を正しくとらえる力が不十分であるため，Aさんができると思っていることと，実際にできることとのギャップが大きかった。

　精神障がいをオープンにせずに働き始め，しばらくは続くが，無理をしてしまうことで結局は体調を崩し，1カ月くらいで仕事を辞めることを繰り返してきた。また，先を見通す力が弱いため，どうしても自分の思いで先走り，目先のことに捕らわれて，後先考えずに行動に移してしまうことで失敗を繰り返す状況が続いていた。

生活保護ワーカーの関わりの中で，Aさんが求職活動をする前に，どうして仕事を続けることができなかったか，自分の現状を認識できるように，振り返ってもらうことを行った。その中で，Aさんが望む生活のイメージを明らかにし，どうしたらそれを実現することができるのか，小さな目標を一緒に立てることで，目先のことしか考えられないAさんの視点を少し先に移し，見通しを持つことができるような働きかけを行った。

　目標の設定は，1カ月の短期間から始めて，次は3カ月，半年とスパンを伸ばしていく中で，成功体験を積み重ねることで，達成感を味わってもらい，次につなげていくような関わりを心がけた。

　このような支援を行っても，Aさんには中々理解してもらえず，繰り返し根気よく付き合っていく必要があった。また，生活保護ワーカーが支援していくだけではAさんに受け入れてもらうことは難しかった。そこで，ハローワークの障がい担当者や相談支援事業所の相談員，病院の精神保健福祉士と情報を共有し，各職種のそれぞれの役割を活かして連携しながら支援を行った。

　同じような対応を複数の機関が繰り返し行うことで，Aさんも現状に対して少しずつではあるが理解を示しながら，行動できるようになってきている。以前は，仕事を探すときにも収入が多く得られる一般就労にしか気持ちが向いていなかった。支援を行ったことで，今の自分では一般就労は難しいとの認識に至り，通常の事業所で働くことは困難な障がい者が雇用契約にもとづいて就労する機会の提供などを行う「就労継続支援A型事業所」で働くことができている。

　自分の病気や障がいの状態に合せながら働くことができることは，当事者にとって，自分の能力を十分に活かすことができ，自信となって，精神的な安定にもつながっている。仕事を通じて，自分のことを認めてもらえる居場所ができたことで，Aさんからは「この仕事を続けたい」という言葉が聞かれるようになった。

（6）子どもへの支援と母親への養育支援

　Aさんは子どもとの母子依存関係が強く，Aさんが調子を悪くすると子どもにも登校しぶりが出てくるなど，お互いに不安定になってしまう状況が見られた。Aさんが育ってきた家庭環境の問題もあり，子どもが「学校に行きたくない」と言うと，どのように対応したらよいかわからず，さらに調子を崩してしまうことが多かった。

　そのため，小学校の養護教諭が中心となってAさんの相談相手になりながら支援を行った。困ったときや不安になったときに，相談できる相手がいることで，Aさんもうまくできないながらも，落ち着いて子どもに対応することが少しずつできるようになった。

　子どもについては，時には個別対応を行うなど，学校において見守りや支援を行った。生活場面での力を子ども自身に付けてもらうことを念頭に置いて，自分で衣類を洗ったり，簡単な食事を作ったりできるような具体的な声かけや指導を行った。子どもが自分でできることが増えることで，Aさんの子育てに対する負担も軽減され，養育支援にもつながった。

　子どもとの個別面接や学校へのフォローを行う機関として，児童相談所も関わり支援を行った。子どもの言動に振り回されてしまうAさんに対し，児童心理司が個別面接で把握した特性を踏まえて，子どもとの接し方について具体的に助言しながら，Aさんの子育てに対する不安軽減を図った。

　また，Aさんが子どもへの対応で困った時にできるだけ抱え込んだり，負担に思ったりしないように学校にもフォローを行ってもらった。

（7）地域からの孤立を防ぐ

　Aさんは他の人とのコミュニケーションがうまく取れないため，近隣とトラブルになることも多かった。そのことでストレスがたまり，不安を抱えて眠れなくなったり，食事を摂れなくなったりすることで体調を崩す状況が生じていた。また，近くに頼れる親族もいないため，Aさん自身も孤立感を抱いて，ますます状態が悪くなる状況であった。

しかし、Aさんに関わりを持っている各機関は、地域住民の中に直接介入していくことが難しく、結局は不安や訴えを聞きながら、冷静に対応するようAさんに助言することしかできなかった。

そこで、地域住民との橋渡し役として、地区の民生委員に支援してもらった。しかし、元々県外出身であるAさんに対して理解を得られることは難しく、一度何か問題などが起こると地域での受け入れを拒否されてしまい、関係修復までには至っていない。そのことをAさん自身も感じてしまうため、近隣とのトラブルに過剰に反応し、体調を崩してしまう状態が続いている。

いかに地域住民に当事者の病気や障がいの状態を理解してもらい、地域の中で受け入れ体制や協力関係を築いていくかが今後の課題となっている。

3　地域全体を対象とした長期的な支援

Aさんが抱える問題や課題に応じて、いくつもの機関が支援を行っている。その中で、生活保護ワーカーとして、次に挙げる事柄に重点を置いて支援を行うよう心がけた。

（1）利用者を中心とした支援

利用者を支えるネットワークを構築していく上では、各機関の役割分担にその人を合わせるような支援にはならないよう注意しながら、利用者を中心とした支援体制を作っていくことが重要である。

支援者の思いで先走りせず、相手のペースに合わせて、時間をかけて利用者と一緒に考え、共有し、自己決定を促していくことが、支援のプロセスにおいては重要になってくる。時には、苛立たせられるような言動を利用者が行っても、支援者側は感情的にならず、適度な距離を置いて関わりを持って行くことで、利用者を中心とした支援が可能になると考える。

また、さまざまな課題や問題を抱える利用者を支援していく場合には、どうしてもできないところや問題となるところに目が向きがちである。しかし、そ

うすることで，利用者との関係も悪くなり，支援がうまくいかないこともある。当事者の長所や強み，魅力もきちんとアセスメントした上で，利用者が抱える問題や課題を整理し，どの課題から解決していくか優先順位をつけながら，目標を設定し，そこに至る方法を考え，うまくいかなかった部分を振り返りながら，支援することが必要である。

さらに，利用者の良い面を見つけて，わずかな成長も評価していくことで，利用者自らが課題解決に主体的に関わる能力を引き出し，自立に向けた支援を行うことが可能になる。

（2）関係機関との役割分担

利用者は複雑・多岐に渡る課題を抱えているため，生活保護ワーカーだけが支援を行っていくことには限界がある。関係機関とのネットワークを活かしたチームアプローチや専門職同士の連携と役割分担がとても重要になってくる。それは，各機関の担当者が異動したとしても，支援が継続されていくシステムが構築されていくことにつながる。

いろいろな機関が関わることで，多面的な支援ができるメリットは大きい。しかしその一方で，関わっている機関が多くなることによって，すべての機関と常に情報を共有していくことが困難な場合が生じることがある。

Aさんの場合は，自分の思いを通すため，意識的か無意識的かわからないが，他の機関に「こう言われた」と自分の都合の良いように伝えることで，結果的に周囲を振り回し，巻き込もうとする行動が見られた。

そのため，ケース検討会議や電話などで他の機関との情報共有を意識的にこまめに行うよう心がけた。それは，関係機関が連携していく上では必要不可欠なことである。それだけでなく，自分の見立てが正しいのかどうか確認したり，支援していく中で対応に迷ったときにお互い相談したりする場ともなっていた。それによって，利用者に関わることで生じる負担が軽減され，利用者にきちんと向き合っていくことができるようになった。そういう意味でも，情報の共有はとても大切なことである。

また，それぞれの機関の限界から支援に隙間が生じてしまい，ネットワークがうまく機能しない場合がある。その問題を解決するためには，まずは自分が利用者に何ができるか考え行動に移し，お互いが少しずつ自分の枠を広げていきながら，支援のネットを重ね合わせ，みんなで協力し，知恵を出し合っていくことが重要であると考える。その積み重ねが，当事者を支援していく連携体制の構築につながっていくのではないだろうか。

（3）長期的・地域全体を見据えた支援

　Aさんの事例においては，利用者世帯だけでなく，離婚した夫と子どもとの親子関係，入院した時に頼れる存在である離婚した夫とAさんとの関係は継続していた。また，地域の中で生活していくことで生じている問題も多かった。そのため，Aさんや子どもに対する個別的な支援を行うだけではうまくいかない場合も出てきていた。

　利用者世帯だけでなく，それを取り巻く親族や利用者が住んでいる地域全体も支援の対象としてとらえ，支援していく視点が重要である。利用者が地域で安心して生活していくためには，周囲の人も利用者が抱えている病気や障がいを理解して対応していくことが求められる。

　支援者は，利用者と地域の人々との関係つくりを意識しながら，社会的孤立を生まない地域づくりを行っていくことを見据えた支援が必要である。

　また，子どもを抱えている場合は，利用者の自立だけでなく，子どもが成長してどのような人生を歩み，新たな生活を送っていくとよいのか，子ども自身の自立を見据えた長期的な視点での関わりも重要になる。

　子どもの成長に合わせて，関係する機関や支援の内容も変わってくるが，常に各関係機関は子どもが大人になったときのあるべき姿をイメージしながら，その時々に必要な支援を行っていく必要がある。そのことが，将来的には世帯の自立につながり，貧困の再生産を生み出さない社会を構築していくことにもつながっていくのではないだろうか。

（4）生活保護ワーカーの役割

　Aさんの事例の場合，利用者に合わせた包括的な支援のコーディネートは，相談支援事業所の相談員が行っている。また，Aさんや子どもに対する具体的な支援は各関係機関が担っている。当初は，生活保護ワーカーとして何を支援していくとよいか，すぐには思い浮かばなかった。

　改めて整理してみると，利用者を支えるネットワークの一員として，利用者の生活の一部に関わりながら，生活全体を視野に入れ，共に生活を見守り支援していく役割を担っていることが考えられる。

　そのような中で，次のことに心がけて支援を行った。

① Aさんの気持ちを受け止めながら，抱えている問題や課題を整理すること。
② いろいろな要求を出してくるAさんに対し，生活保護制度の中で支援できることとできないことを伝えていきながら枠組みを設定すること。
③ 問題行動ではなく，そうしなければならなかった背景に目を向けること。
④ 目の前のことしか考えられず，すぐに行動に移そうとするAさんに寄り添いながらも，依存が強いAさんに振り回されないよう少し距離を置いて関わること。
⑤ 相手を認め，信じて，継続して支え続け，決して見捨てないこと。
　また，当事者にとってどんなことが支援になるのか，どんな制度を利用し，どんな機関を巻き込んでいくとよりよい支援につながるのかを考えながら，継続して丁寧な関わりを行うことを意識した。

　しかしながら，どうしても日常業務の忙しさに流されてしまい，何か問題が起こったときにしか動かない対応となってしまいがちである。そのような場合，対応が後手にまわることで，利用者に振り回された徒労感だけが残ってしまう。支援者側も成功体験を積み重ねいくことが良い支援をしていくためには必要不可欠なことである。

また，生活保護の行政機関としての限界を知ることで，どんな機関と一緒に支援していくとよいかが見えてくる。生活保護ワーカーとして利用者に対し，どこまで何ができるのかを理解しておくことも必要なことである。

　さらに，生活保護ワーカー自身が関係機関とつながっていなければ，利用者を関係機関につなげていくことは難しい。日頃の業務の中で，関係機関との連携の積み重ねがあって初めて，利用者への支援体制が構築されていくことになる。

4　支援事例を振り返って

（1）貧困の再生産・世代間連鎖

　不安定な現代社会において，貧困の再生産・世代間連鎖を断つことが大きな課題となっている。事例の場合は，身近な大人がAさんであるため，子どもにとっての大人のロールモデルが不在となっていた。子どもが成長するに従って，どのように社会性を身に付けさせていくかが問題となってくる。

　そのため，生活保護世帯の子どもが大人になるまでの長期的な視点・目標を持って，早期に関係機関が支援していくことが必要になってくる。具体的には，Aさんに対する支援が，Aさんの子どもの成長につながるような支援を行うこと，子どもが大人になったときのあるべき姿をイメージしながら関わっていくことが重要ではないだろうか。

　しかし，関係機関の個別支援だけでは限界がある。貧困の再生産・世代間連鎖を断つための支援策が国においても実施されてきている。それを地域の中で利用者に合った支援が行えるよう，柔軟に使いこなしていく力量が生活保護ワーカーに求められていると思われる。

（2）地域社会からの孤立

　家族や親族，地域社会からの孤立ももう一つの大きな課題である。特に人の動きが少ない地域では，一度何らかの問題を起こしてしまうと，利用者だけで

なく家族・親族も生活しづらい状況になってしまう。そして結果的に地域から出て行かざるを得なくなり，利用者が家族・親族とは疎遠になる状況が見られる。

　周囲の人びとも支援している関係機関と同じように，利用者への対応の仕方に困ったり，悩んだりしている。また，社会的に求められるあるべき姿を利用者に望んでしまうことで，時には衝突してしまうこともある。

　支援を行っていく場合には，家族や地域の人びとも支援の対象としてとらえる視点を持ちながら，周囲の人に，病気や障がいについての適切な情報を提供し，理解を深めてもらうことが必要になってくる。地域の中でいかに精神障がい者への理解不足からくる偏見や誤解を克服していくか，関係機関のネットワークの中に，利用者と地域とのつながりを再構築していく仕組みをどう取り入れていくかが重要である。

　Aさんが住んでいる地域は，関係機関が限られるため，関係者同士でお互いに顔の見えるネットワークが作りやすい状況であった。そのため，Aさん家族を中心として支援者同士が協力し，地域の中でAさんが安心して生活できるようなネットワークを構築していくことが可能であった。

　一方で，利用できる社会資源は限られているため，制度の枠組みや用意されたサービスだけでネットワークを作っていくことは支援に限界ができてしまう。事例を通して新しい支援体制を構築していく中で，Aさんに対する固有のネットワークだけでなく，そこに住む人びとが暮らしやすい地域を作っていくことを念頭においた体制を構築していくことも生活保護ワーカーに求められる役割ではないだろうか。

　今後は，地域社会の中で利用者への理解者や協力者を増やしていくこと，精神疾患や生活上の問題を抱えている人も，社会の一員として受け入れられる社会やシステムを作っていくことが課題である。また，地域社会の中で利用者がどのような役割を担っていけるのか，当事者の居場所をどのように作っていくのか，その仕組みづくりを誰が担っていくのかが課題であると思われる。

（3）自立を支えるために

　事例を通して，病気や障がいを抱えた利用者は，さまざまな問題を抱えて地域の中で生活している状況が伺える。しかし，その問題を，自助努力で解決していくことは無理であり，利用者が抱える課題は，地域の人も同じ問題を抱えているととらえるべきである。

　生活保護制度は，最低生活費を基準として対象者を選別しているので，生活保護ワーカーの主な仕事は，金銭給付によるものに思われがちである。しかし，それは，利用者に関わっていく糸口にはなるものの，生活保護制度を使って，どう利用者を支援していくかは生活保護ワーカーの力量にかかっている。

　支援の内容は利用者との関係性の中で生じてくることも多いため，一律にこうあるべきというものはないが，ある程度の支援の質を保証するため，地域社会の中で，利用者の自立を支える仕組みを構築していくことが求められている。

　どんな人も，人生の中で，たとえ失敗したり，つまずいたりしたとしても，立ち直ることができるよう，寄り添いながら支援していくことが，生活保護ワーカーには求められており，そのような社会を目指していくことが利用者の自立を支えることにつながるのではないだろうか。

（小林かおり）

第6章　働く意欲を奪われた人への支援

1　生活保護における就労支援

　生活保護行政では就労支援が大きな課題となっている。就労支援にあたり，稼働能力があることが前提となるが，「稼働能力」自体が抽象的であり単純に「ある」「ない」と割り切ることができないものである（池谷 2013）。
　利用者の中でも稼働能力，稼動意欲があり，就職活動のスキルを持つ人は福祉事務所に頼らずとも自らハローワークなどで就労先を探してくることができる。そのような人がいる一方で福祉事務所での支援を必要とする人は就職活動・就労にあたって何らかの課題を持つ人が少なくない。これらの人びとは，そこに至るまでの経過があり，その支援は単に経済的な自立を求める就労支援だけでは不十分であるだけでなく，場合によってはその人の状況を悪化させる可能性もある。
　そこで雇用状況が構造的に厳しい中で，一人ひとりに寄り添い，それぞれの人が持っている課題を理解した上で行われる生活保護の就労支援を考えてみたい。
　本章では，稼働年齢層で稼働能力，稼働意欲のいずれもがありながら不採用が重ねられるうちに働く意欲が減退していってしまったAさん，同じく年齢，能力，意欲はありながらも長年の服役により就労機会と意欲を失ってしまったBさん，病気で通院し，生活保護利用による一定の安定した生活でかえって働くことに躊躇してしまったCさん，の3つの事例を取り上げる。

2 健康だが職歴に長期間空白のある人への支援

(1) 保護開始に至るまで

　地方都市で育ったＡさんは高校卒業後，大学進学のために上京。実家から仕送りとアルバイトを経験しながら大学を卒業した。在学中には「何となく出遅れてしまった」ため就職活動はせず，就職先が決まらぬまま大学卒業となったが，田舎に帰るよりも都内で仕事を探す方が賢明だとしてＡさんは実家には帰らず，単身生活を続けた。

　しかし，大学卒業後もＡさんは就職活動をせず，実家からの毎月の仕送りで生活し，それが10年続いた。いよいよ実家からの仕送りも限界となり，郷里の両親が福祉事務所へ同行し生活保護申請を行った。

　若くして大病を患うなどして（それが精神疾患と診断されるかどうかは別として）ひきこもり状態にあるために就労困難である子どもを（同居，別居を問わず）親が扶養・援助していることは往々にあることから，保護申請がなされた福祉事務所の生活保護ワーカーはＡさんに働くことが困難な傷病や精神的課題があるのではないかと考えた。

　しかし，Ａさん本人の答えは「傷病などは一切ない」というばかりであった。確かに生活保護ワーカーとの面接においてもＡさんは非常に丁寧な敬語を用いて会話し，外出が困難になるようなこともなく，特段就労を困難にするような身体的・精神的課題（就労阻害要因）はないように見受けられた。

　保護申請後の調査の結果，Ａさんには活用できる稼働能力はあるようであったが，現にそれを活用して生活費を得られる雇用の場（直ちに働いて給料が支払われる場）はなく，これまで生計を維持する唯一の手段であった両親からの仕送りもなくなったことにより，生活保護が開始されることとなった。

(2) 就労支援プログラムの利用開始

　生活保護開始によって，Ａさんの最低生活は保障されることになった。それ

と同時に、傷病など目立った就労阻害要因のないAさんに対し、生活保護ワーカーは就労支援を行うことを第1と考え、また、Aさん本人も「これまで年金や蓄えから仕送りしてくれていた高齢の両親に合わせる顔がない」と言って何よりも就職を希望したため、「就労支援プログラム」を利用することとなった。「就労支援プログラム」では、生活保護利用者の就職のみを目的とはせず、就労を通したやりがい・生きがいの実感、ライフステージのステップアップ、社会や人とのつながりの回復・構築など個々の状況・能力に応じた自己実現を図っていくことを目的としている。

具体的には「就労支援プログラム」を6つのメニューに分け、就労意欲が高く自発的に就職活動が行える対象者の他、自発的な活動では就職が困難な対象者、さらには就労意欲が減退し、就労の前準備から支援を必要とする対象者、までをも支援することとし、「稼働収入を得たことにより保護費が削減・廃止された」という効果のみならず「来所・面接・報告などの時間を守れるようになった」や「適切な身なりで面接に臨めるようになった」ことなども「自立」として評価することとしている。

Aさんは就労支援プログラムの6つのメニューのうち、福祉事務所の就労支援相談員による支援を受けるメニューを利用することとなった。具体的には、Aさんは毎週福祉事務所で就労支援相談員と面接を行い、具体的な求人の紹介や履歴書の書き方などの助言を受け、生活保護ワーカーには毎月「求職活動状況報告書」と「収入・無収入申告書」という2枚の書類を提出するのである。

この「求職活動状況報告書」とは毎月の求職活動の具体的状況を記入するもので、例えば「〇日にはハローワークに行って"△社"という印刷業の面接日時を手配してもらった」や「×日は求人誌で見つけた"□社"という清掃パートの面接に行ったが、不採用とされた」などといった内容を一覧表のような形で記入してもらうものである。

「収入・無収入申告書」は、収入の有無、有の場合の種類と金額、無しの場合のその理由（例えば「求職を重ねたが、採用に至らなかったため」や「体調を崩し、療養していたため」など）を記入してもらう書類である。

また，就労支援相談員も月毎にAさんへの支援・面接内容を（生活保護ワーカーの書く記録とは別に）記録し，生活保護ワーカーに供覧することとなった。つまり生活保護ワーカーはAさんから提出される2枚の書類で毎月の求職活動と収入状況の確認を行う他，就労支援相談員から供覧される就労支援記録でその状況把握，支援を行うこととなったのである。

（3）就労支援プログラム利用後

　就労支援プログラムを利用開始したAさんは，毎週の就労支援相談員との面接にはその約束日時を守り，同相談員から勧められた求人に職種を問わず積極的に応募した。当初は生活保護から経済的に自立が果たせるような高い給料への求人に応募を重ねていたが，不採用が続くうち，収入が低いアルバイト・パート雇用にも応募するようになった。

　しかし，Aさん本人の熱心な求職活動とは裏腹に，求職は不採用が続くばかりで1年が経過した。次第にAさんはアルバイト・パート雇用への応募を止め，その他常用雇用への応募数も減り，さらに相談員との約束日時にも現れなくなった。

（4）支援方法の見直し

　就労支援相談員よりAさんの様子を聞いた生活保護ワーカーは，Aさんを福祉事務所に呼び，面接を行った。生活保護ワーカーは稼働年齢層で病気もないAさんが1年も就職できないのは「本人が仕事を選り好みしている」「働く努力をしていない」のではないかと考え，なぜアルバイトすら採用されないのか，なぜ応募すらしないのか，とAさんに強く問い詰めた。

　また，毎月提出されていた「求職活動状況報告書」から求職活動の日数が減少していることを取り上げ，求職に対する熱心さが見られないとも伝えた。

　しかし，Aさんは「申し訳ありません」と詫びるばかりで他に言葉はなく，その日の面接を終えた。

　Aさんとの面接後，生活保護ワーカーは就労支援相談員より当初積極的に求

職活動を行っていたAさんは不採用が続くにつれて顔色が悪くなってきたこと，「不採用の理由がわからずに困っている」とAさん本人が漏らしていたこと，また，これまでの求職面接で大学卒業後の空白期間について尋ねられるとAさんは窮して返答することができず，それに対し相談員もどう助言していいかわからなかった，などと聞き，Aさんを問い詰めた自分は間違っていたのでないかと考えるようになった。

　就労支援プログラムによる1年間の支援において「就職」という目的は達せられず，さらにAさん本人の就労意欲が減退していることも明らかであったため，生活保護ワーカーは今後「就労意欲喚起事業」での新たな支援を行うことを考えた。

　「就労意欲喚起事業」とは，就労意欲や生活能力・就労能力が低いなどの就労に向けた課題をより多く抱える生活保護利用者に対して，①就労意欲喚起のためのカウンセリング，②生活能力（生活習慣・社会マナーなど）向上のための訓練，③就労能力（パソコン操作・機械操作など）向上のための職業訓練，④職業紹介，⑤就労活動支援，⑥離職防止支援など，就労意欲の喚起を図るための支援を，福祉事務所が，民間職業紹介事業者，NPO法人などに委託して実施し，既存の就労支援策と併せて，生活保護利用者の更なる就労支援策の充実を図る事業として厚生労働省が導入されたものである。

　これは「就労支援プログラム」のメニューの一つであり，就労の前段階である就労意欲の醸成・喚起や当事者の社会参加を目標とし，その主体は福祉事務所より事業委託されたNPOが行い，具体的には同NPOがパソコン教室や就職セミナー，キャリアカウンセリングを行うほか，利用者同士の交流事業や職場体験・ボランティア活動などを行っている。

　当初，積極的に求職活動を行っていたAさんは，不採用が続くことで自信を喪失し，そのことで就労意欲が減退してしまったのではないかと生活保護ワーカーは考え直し，就労意欲や自己肯定感の喚起・回復がまず必要ではないかと考えたのである。

　その後日程を調整し，生活保護ワーカーは就労支援相談員を交えてAさんと

福祉事務所で面接を行い，前回の面接時に強く言い過ぎてしまったと謝罪し，また，不採用が重ねられる中で精神的に落ち込んでしまわないかと声を掛けた。前回は「申し訳ありません」と話すばかりのAさんであったが，重い口ながらも「不採用が続くことで自分は社会から必要とされず，その存在価値がないように感じた」「不採用や電話連絡で断られたことのみを求職活動状況報告書へ記入していくことで精神的にとても辛くなった」「応募をしてもまた不採用になると思うと尻込みしてしまう」「面接での受け答えを，どうしたらよいかわからない」などと話し，「できれば，これまでと違う方法での求職や支援をお願いしたい」などを話した。

生活保護ワーカーは考えていた「就労意欲喚起事業」の利用をAさんへ提案し，Aさんもそれを希望したため，同事業を利用することとなった。

（5）就労意欲喚起事業利用後

Aさんは「就労意欲喚起事業」の利用を開始し，NPOのパソコン教室や就職セミナー，利用者同士の交流事業などに積極的に参加し，生活保護ワーカーへの毎月の求職活動状況報告書の提出を続けた。

「就労意欲喚起事業」では，これまでの福祉事務所の中での支援にはなかったキャリアカウンセリングをはじめ，週1～3回以上の面接によりAさんとの細かく丁寧なやりとりが重ねられ，利用前に比べてAさんの顔色は良くなり，自信を取り戻したように見えた。このキャリアカウンセリングとは個人にとって望ましい職種，キャリアの選択・開発を支援するカウンセリングであり，ハローワークなどで実施されることが多い。

これまでの福祉事務所でのやり取りではどうしても「支援者」と「利用者」，「給付する側」と「受益する側」という，ともすると上下関係とも思われる立場にならざるを得なかったが，「就労意欲喚起事業」の中でのAさんは他の利用者との交流やNPO職員によるカウンセリングなどの並列な関係の中で自信を取り戻したようにも考えられた。

「就労意欲喚起事業」の利用から半年が経過した現在もAさんは就職には

至っていないが，Aさんの顔色は良く，NPOの利用やハローワークでの求職を続け，Aさん本人も「(NPOの)あの場があってよかった」「助かった」と話している。

(6) 支援事例を振り返って

　生活保護利用開始当初は熱心かつ積極的に求職を行っていたAさんだが，不採用が続く中で精神的に落ち込み，求職活動が停滞した時期があった。この時，生活保護ワーカーは「応募数が減少した」「就労支援相談員との来所約束を守らなくなった」というAさんの行動のみを見てAさんを問い詰め，「なぜ応募数が減少したのか」「なぜ来所約束を守らなくなったのか」というAさんの心理的・内面的側面を考えようとしなかった。

　その後，就労支援相談員からの言葉で求職活動を停滞させている他の要因があるのではないかと考え，生活保護ワーカーは違う視点でのアプローチをすることになった。しかし，これはAさんとの面接を行う前に生活保護ワーカーと就労支援相談員が密に話し合いをしていれば最初から気づけていたことかもしれない。Aさんの言った「不採用が続くことで自分は社会から必要とされず，その存在価値がないように感じた」と同じように「就職失敗を理由とする若者の自殺率が増えている」との報道やAさんと同じような声を他の生活保護利用者からも聞くことがあり，求職活動に熱心であればあるほど不採用が続くことで精神的に追い詰められ，意欲を失うことを理解する必要がある。

　また，Aさんへの就労支援は手詰まりとなった後に，「就労意欲喚起事業」を利用し，その支援の新しい糸口が見出せたように思えるかもしれない。しかし，稼働年齢層で傷病や家族の養育・介護など働くことが困難となるような就労阻害要因は特にないAさんが，1年半以上の支援において「就職」という結果には結び付いていない。年齢にも健康にも問題がなく，本人に強い意欲があるにもかかわらずに就職できないという原因は，学歴や職歴，その他Aさん本人の自己努力だけの問題ではないと考えられる。これは社会全体の景気，雇用

状況が密に関わっていることであり、かつての高度経済成長期やバブル期のような好景気の時代であれば、Aさんの状況は変わっていた可能性が高い。

今後は自信や意欲を取り戻したAさんが再度それらを喪失することのないよう、さらにはさらなる自信や意欲を持てるようAさんの思いや気持ちに寄り添った支援を行っていく必要があるだろう。そのためには目の前の生活保護利用者一人ひとりを丁寧に見るだけではなく、貧困や生活苦の社会的背景、その構造なども理解していくことが必要だと思われる。

3 累犯服役により社会的身分を喪失した人への支援

(1) 保護開始に至るまで

Bさんは幼少時に両親が離婚し、高校からは全寮制の高校へ進学。高卒後は数年工員として働いたが、以後は定職に就かず窃盗などの犯罪を繰り返し、50代まで刑務所と出所後も犯罪を繰り返す生活をしてきた。

最後の服役を終えて出所する際、生活できる蓄えや収入のあてはなく、家族との音信も途切れていたBさんに保護観察所の職員が生活保護の利用を勧めた。

軽い不眠症状こそあるものの、高齢でもなく、働ける容態の自分が生活保護を利用できるとは思っていなかったが、他にあてはなく、刑務所より発行された在所証明書（服役期間の書かれた証明書）を手に、Bさんは30代の一時期に住んでいたことのある地域の福祉事務所へ生活保護申請を行った。

Bさんは服役中に得た報奨金のほとんどを福祉事務所までの交通費と出所後の食費で消費してしまっていたため所持金は1,000円程度しかなく、寝泊りできる住居もない、いわばホームレス状態での保護申請であったため、生活保護ワーカーはBさんと相談をして宿所と食事が提供される「無料低額宿泊所」への入所を手配した。

「無料低額宿泊所」とは社会福祉法第2条第3項に規定されている第二種社会福祉事業の第8号「生計困難者のために、無料又は低額な料金で、簡易住宅を貸し付け、又は宿泊所その他の施設を利用させる事業」にもとづき設置され

る施設である。Bさんは保護申請の当日に手配された同所へ入所し，保護開始となった。

（2）社会生活自立の回復

　保護開始後，生活保護ワーカーはBさんへ今後の希望を尋ねた。Bさんは不眠と虫歯による通院治療を希望する他，「働きたい。しかし，これまでの経歴では雇ってくれる会社があるとは思えない。また，身分証明書も保証人も連絡先となる携帯電話も一切持たない身分ではなおさらだ」と話した。生活保護ワーカーも，確かにこれまでの経歴と現在の状況では，雇用先があるとは思えないと考えた。

　生活保護ワーカーは本人の希望する通院治療の他，まずは身分証明書や連絡先となる携帯電話の整備などが必要だと考え，住民登録の回復（住民票の設定）をBさんへ勧めた。多くの場合求人面接の数日後に本人へ採否連絡がなされるが，連絡先となる電話を持たない場合は採用されることは難しく，また，社会保険や雇用保険などが完備された会社ほど，就職の際に保証人などを求めることがあるためである。

　これまで住民票の手続きなどしたことがないBさんは，その回復に何の意味があるのかわからなかったが，生活保護ワーカーから住民票の設定により身分証明書となるマイナンバーカード（個人番号が書かれた公的な身分証明書）の作成が可能になること，今後の就職や賃貸住宅の契約などには身分証明書が必要だということを説明され，その手続きを進めることとした。

　Bさんは戸籍謄本の取り寄せや住民票の設定手続きを生活保護ワーカーとともに行い，身分証明書としてマイナンバーカードを作成し，同カードを基に携帯電話を購入した。

（3）就労支援に至るまで

　住民票の回復と携帯電話の購入を順調に済ませたように見えたBさんに，生活保護ワーカーは就労支援を始めることとし，求職活動を始めることを勧めた。

しかし，生活保護ワーカーの思いとは裏腹にBさんは将来への不安を強く訴えるようになり，これまで睡眠薬のみが処方されていた精神科からは精神安定剤などの向精神薬も処方されるようになった。Bさん自身「なぜこんなに不安になるのかわからない」と言い，「働きたいとは思うが自分のような人間を雇ってくれる所はない」「どうせ誰にも看取られずに死ぬだけだ」と厭世的な言葉を繰り返すようになった。

生活保護ワーカーはBさんの厭世的な言を否定や拒否はせず，指導・指示や高圧的な態度と受け取られぬよう，Bさんの思いを受け止めることに努めた。また，それと同時に「将来どうしたいか」を聞くことに努め，「働けるなら働きたい」というBさん自身の前向きな発言に焦点を当てて面接をすることに努めた。その中で，不安を抱えながら直ぐに求職活動を行うよりも，「就労意欲喚起事業」を利用しての就労準備を通院服薬と並行して行うことを提案し，Bさんもそれを希望した。

以後，Bさんは「就労意欲喚起事業」を積極的に利用し，ボランティア活動や交流事業で生き生きとした表情を見せている。

（4）支援事例を振り返って

刑務所出所直後のホームレス状態で保護申請をしたBさんは，家も収入もなく要保護状態であったが，自身が生活保護を利用できるとは思っていなかった。また，生活保護利用開始後に身分証明書や携帯電話購入などの社会的身分の回復・就労準備を進め，いよいよ求職活動を行う段階が近づくにつれてBさんの不安感は増大し，精神的に不安定になった。

ともするとBさんは「働けるのに働かず，その努力を忌避している」とも考えられるかもしれない。しかし，Bさんは人生の半分以上を刑務所で過ごすという生活が続き，さらに相談先となる友人・親類もいないため，社会からの疎外感を誰よりも感じており，不安感から働くことへの意欲を喪失した状態にあったのではないだろうか。

長年一般就労したことのないBさんには「働く」ことの具体的イメージやそ

れに達するまでの過程・方法もイメージすることができず，何をどうしたらよいのかわからずに不安感が増幅していったように思う。

　Bさんの支援にあたっては「自立」を「経済的自立」とだけ考えていてはBさんの思いには気づくことはできなかったと考えられる。また「社会生活自立」「日常生活自立」を含めたものとする幅広い観点からの「自立支援」が必要となり，今後の支援においても本人の生きづらさや不安感を積極的に受け止め，それを一緒に解決を図る姿勢での支援が必要と思われる。

4　就労意欲はあるが病気を抱えている人への支援

（1）保護開始に至るまで

　Cさんは中卒後に調理職として就労開始し，以後，調理師免許はないものの，調理師補助として職場を変えながら単身生活を維持してきた。当初は正社員としての雇用であったが，時を重ね職場が変わるうちに雇用形態は契約社員やパート雇用など，不安定なものに変わっていった。

　最後の勤務先の派遣契約を期間満了で退職した後，失業給付を受給しながらハローワークなどで求職を重ねたが，次の職場が決まらぬままに失業給付は受給期間満了となり，生活保護を申請した。

（2）保護開始後の支援

　保護開始と同時に，Cさんは経済的理由で通院を中断していた糖尿病と前立腺肥大での通院を再開した。生活保護ワーカーはその通院と並行しての求職再開と就労支援プログラムの利用を勧めたが，Cさんは「体調回復を優先したい。折をみて求職していく」として独力での求職を希望し，就労支援プログラムの利用は希望しなかった（自立支援プログラムの根拠は生活保護法第27条の2「相談及び助言」であり，従わない場合に不利益変更のありうる同法第27条「指導・指示」とは異なる。そのため，自立支援プログラムへの参加・利用は強制・命令しうるものでなく，利用には本人同意，本人希望が前提となる）。

以後，2～3カ月に1度，Cさんと生活保護ワーカーは福祉事務所内や家庭訪問での面接を続けたが，主にその内容は通院状況の報告で求職活動については「求人誌を見ている」という回答程度で具体的な求職は行っていないように思えた。

また，Cさんからは「持病の前立腺肥大のために頻尿であり，頻繁にトイレに立つ状態では雇ってもらえない」との言葉があったが，生活保護ワーカーは「とにかく可能な限り働いてください」と言うばかりであった。

（3）担当員変更による変化

Cさんは継続通院しながらも一度も就労することなく，生活保護開始より2年が経過した。その頃，担当生活保護ワーカーが変更となり，Cさんと新しい担当生活保護ワーカーは，改めてこれまでの経過と今後について話し合いを持つこととなった。

生活保護ワーカーはCさんへ「今後どうしたいか」「10年後どうしていたいか」「あと働けるとしたら何年か」などと投げ掛けた。ところが，Cさんからは「自分の年齢では働ける年数は残り限られているので少しでも働きたい。このまま病院と家の往来をするだけの生活では仕方ない」との返答があった。

生活保護ワーカーはCさんへ再度就労支援プログラムの利用を勧め，年齢からはこれまで経験のある調理職の他，50代以上でも求人のある警備員や清掃などへの求職も検討するよう助言した。「経験のない仕事は不安が大きい。まずは自分のやり方で求職したい」とCさんは話し，自発的に求職を行うこととなり，生活保護ワーカーは毎月その報告を求職活動状況報告書で貰うことにした。

また，Cさんからは就労を開始すると保護が打ち切りになるのではないかと質問され，就労後直ちに保護廃止になることはなく，保護費を超過する収入を継続的に得られるようになれば廃止となり，収入をどのように認定するかを生活保護ワーカーは説明した（勤労収入については，所得税・交通費・各種保険料などの必要経費の他，国の定めた「基礎控除」額を控除した金額を収入として認定し，最低生活費と当該収入認定額の差額が保護費として支給される。この収入認定額が継続的

に最低生活費を超過する状態となれば，保護廃止となる）。

（4）就労開始と当事者による振り返り

　生活保護ワーカーとの話し合いの後，Cさんから求職活動状況報告書の提出はなかったが，求人面接の日時とその結果については随時来所して報告があった。生活保護ワーカーは初めは求人応募したことを評価，激励し，次に面接が決まったことを同じように評価，激励した。また，不採用の連絡であった際には気を落とさずに頑張るよう励まし，その報告をしてくれたことに感謝の言を添えるようにした。

　2カ月後，Cさんは自宅近くの食堂でパート採用され，明るい表情で報告に来所し，以下のように振り返った。

　　「失業給付では再就職できずに生活保護を受給し，自分が情けなくて仕方なかった。また，頻尿の身で求職するのも憚られ，どうしたらよいかわからない時期が続いていた。さらに一方では生活保護により一定の安定した生活が送れており，このままで良いと思ってしまう一面もあった。しかし，5年先10年先を考えたときに，このままではいけないと一念発起した。不採用が続いても生活保護ワーカーの励ましに精神的に腐らずに頑張ることができた。」

（5）支援事例を振り返って

　当初の担当生活保護ワーカーは就労支援プログラムの利用を勧める以外には具体的な就労についての助言はなく，Cさん本人の訴える不安感への傾聴もなかった。また，就労すればすぐに生活保護が打ち切られるかもしれないという誤解にもとづいたCさんの不安と保護受給により一定の安定した生活が送れているということも，結果的に当事者の就労意欲を減退させるものになっていた。

　これらは生活保護ワーカーによる制度の正しい説明と適切な助言があれば防げたものと考えられる。雇用されるかどうかはその時々の雇用情勢や雇用先の

都合による所が大きいことから，Cさんが生活保護により最低生活が保障され，その最低生活を変えたくないという思いもやむをえないものと思われる。

5　就労支援を阻害する要因

　3つの支援事例に共通していえるのは，いずれも利用者たちは働く意欲はありながらもその思いとは裏腹な結果が続くことで，意欲が次第に奪われていったことである。このような中，生活保護ワーカーはその意欲の回復や向上を図るための支援を行い，ただ単に「働きなさい」と言っただけではないということである。

　かつての高度経済成長期やバブル期のように本人が希望さえすれば働くことができ，最低生活費以上の賃金が見込まれる雇用情勢，社会環境であれば「働きなさい」という一方的，ともすると高圧的な指導で解決が得られる場合もあったかもしれない。

　しかし，現在の社会情勢ではそのような方法では解決は得られず，必要なのは働く意欲を奪われた利用者一人ひとりの訴えに寄り添い，それぞれに何が課題かを理解した上で就労支援相談員やNPOなどの関係機関と丁寧に連携して支援していくことである。生活保護ワーカーは増加する業務の中で，そのように当事者と寄り添う時間が取れずに苦慮している。例えば，就労支援を行う中での求職活動状況報告書は，その中身を精査・確認し時間をとって話し合う余裕はなく，書類のやり取りだけに終始していることが多いこともある。このような生活保護ワーカー側の置かれた問題が，十分な支援を行えない一つの要素でもあることの認識は必要であるように思う。

参考文献
　池谷秀登（2013）『生活保護と就労支援──福祉事務所における自立支援の実践』山吹書店。

（横田　敏）

第7章　高齢者への支援

1　虐待・認知症などの問題を抱える高齢者の増加

　急激な高齢化が進む中，高齢者に対する介護放棄や施設における身体拘束，介護心中などの社会的背景から2006（平成18）年4月に「高齢者虐待の防止，高齢者の養護者に対する支援等に関する法律」（以下，高齢者虐待防止法）が施行された。2006（平成18）年の法施行以降，虐待の相談・通報件数は増加の一途を辿っている。厚生労働省による2014（平成26）年度高齢者虐待対応状況調査では，養護者による虐待1万6,140人のうち，最も多いのが「身体的虐待」で65.3％，次が「心理的虐待」41.9％，「経済的虐待」21.6％，「介護等放棄」24.8％であった（重複あり）。要介護施設従事者による虐待でも，「身体的虐待」が63.8％，次が「心理的虐待」43.1％，「介護等放棄」16.9％（重複あり）と深刻な社会問題と化し，虐待による被害者・加害者双方へのサポートが求められている（厚生労働省労建局「平成26年度高齢者虐待の防止・高齢者の養護者に対する支援等に関する法律に基づく対応状況等に関する調査結果」）。

　また，高齢化とともに，認知症の高齢者も急速に増加している。2012年9月に公表された厚生労働省認知症施策推進5か年計画（オレンジプラン）では2005年に189万人であった認知症は，2020年には410万人に達するといわれている。認知症は，当事者の苦しみだけでなく，その家族などにも精神的，身体的，経済的にも大きな負担となっていることが多い。

　さらに，最近では心の病を抱える高齢者の数も増加し，自宅がゴミ屋敷になっている高齢者や被害妄想の強い高齢者など，精神症状が強く地域での生活に支障をきたしている事例なども増えつつある。こうした状況下，認知症や高

齢者の精神疾患に対する予防を含めた支援は極めて重要であると考えられるが，支援のための専門知識や技術を持った人材は不足しており，今後，支援者の育成が急務となっている。

　本章では，虐待の問題，さらには認知症，精神疾患を抱えた高齢者に対して，現在の生活保護ではどのような支援を行っているのか，3つの事例を通じて考察してみたい。

2　虐待が疑われる高齢者への支援

(1) 相談から申請へ

　Aさん（80歳，女性）は50歳の長男との二人暮らし。自家居住。脳梗塞のほか高血圧症，糖尿病，脳血管性認知症などの既往歴あり，自宅療養中。片麻痺あり，障害手帳3級取得。要介護認定1の判定を受けているが，介護サービスは受けていない。存命の弟がいる。月額4万円の年金収入がある。同居する長男は以前仕事に就いていたが，現在は不就労，定期収入はない。近隣に住む民生委員から「時折，長男が大声を出し，実母（Aさん）を罵倒している」「最近は病院にも行けていない」「自宅に時折様子を見に行くが長男は実母のことを話したがらない」様子であり，虐待を心配する声が地域包括支援センターに届いた。民生委員からは，高齢者であるAさんを療養介護していた夫は1年前に交通事故で他界し，以後，長男は障がい・認知症を患う実母の身の回りの世話などを行ってきたようだが，日常の介護や仕事上のストレスから親子関係が悪化していたとの話があった。

　虐待と疑われる事案であったので，地域包括支援センターと区担当所管である地域ケア担当課が連携し，区職員である地域ケア担当課職員と保健師がAさん宅に訪問した。初回訪問時に長男は外出不在であったが，自宅内にいると思われるAさんは応答ないため，接触できなかった。民生委員からの情報によりAさんの弟（遠方に居住：長男の叔父）と連絡が取れ，「最近は姉（Aさん）と交流は乏しい状態。時折電話をするが甥（長男）からは特に変わった様子はな

い」との話を受けている。

　翌日，Ａさん宅に民生委員の同行協力を得て再訪問。長男および本人在室を確認。室内は整理が行き届かず，奥の部屋にＡさんは寝ていた。話を聴くと「母親（Ａさん）との生活に疲れている。以前から仲が悪く，口喧嘩が絶えない。母親の面倒はもう見られない。入院させるなり，好きにしてほしい」とのことであった。生活費のことを尋ねると「母親の年金は手放すが，父親の交通事故補償金はこの１年間の母親のお世話料であり，自分のもの。補償金も残り僅かであるが，その後は自宅を売却して自分の生活費に充てたい（自宅は以前Ａさんの亡夫名義であったが夫他界後に長男名義に変更）。自分の生活は自分自身で何とかする」と地域包括支援センター職員にも民生委員にも拒否的な態度をとる。軽い認知症を患うというＡさんに面会するが，Ａさんからは「心配ないから……」と長男の前では多くを語らない。多少怯えている様子も見られた。

　長男にはＡさんへの在宅介護サービス導入による介護負担軽減への提案を行うが，「一緒にいること，介護の世話をするのがもはや嫌である」と語気を荒げる。長男の在宅介護の協力が得られそうになく，Ａさんのショートスティ利用などの短期保護を含めた一時分離を検討したいことを提案し，長男も了承した。

（２）アセスメントからプランニングへ

１）ケア会議を開催

　帰庁後に関係者会議を開催。虐待（暴言などによる心理的虐待，介護放棄によるネグレクト）事案と思われ，地域ケア担当課，地域包括支援センター，高齢福祉課，障害福祉課に加えて生活保護担当課も加わることとなる。会議では介護放棄などによるＡさんの健康状態の確認，長男との一時分離による親子関係修復の可否などを確認するため，当面はＡさんの短期入院を要するとの判断を行い，近隣の連携病院に入院を図った。以後，長男の心身の状態を判断しながらショートスティや介護保険施設への入所を検討していくことの確認を行った。

2）Aさんの意向を再確認

　翌日，Aさん宅を訪問した際，Aさん自身からも「しばらく長男と離れて生活をしたい」との申し出があり，長男同意の下連携病院への入院を図った。入院費についてはAさんの年金と長男からの支援で賄うことを確認した。Aさんの入院後に，長男との再面談を行う予定であったところ，長男とはその後連絡が取れない状況となった。

　地域ケア担当課から今後のAさんの生活費・医療費などの相談を受け，生活保護担当課での生活相談に至った。長男の携帯電話に連絡するが不通状態だったので，Aさんの弟に現状を説明し，当面の入院費用の支援は可能となる。入院後，Aさんからは「夫死亡後の長男の協力には感謝する半面，在宅生活での長男からの暴言に心身とも疲弊していた。最近は食事も満足に摂れず，外出機会もなく家に閉じこもりであった。近隣の方には身内の恥だから窮状は言えなかった。長男との生活はしばらく考えたくない」という話を聞く。幸いにも認知症は軽く，意思判断能力は相応に保持されていた。

（3）インターベンションからモニタリングまで

　約1カ月の入院でAさんの心身状態は徐々に回復し，半身麻痺を抱えながらも杖を用いて自力歩行は安定してきた。入院中に介護認定の区分変更申請を行い，介護度は「要介護2」に変更された。連携病院からAさんの退院に向けた生活相談が地域ケア担当課に連絡が入るが，長男とは入院後連絡は途絶えたまま。Aさんの弟からは「入院時の支援は可能であるが，老夫婦で年金生活者であり，退院後の支援は困難」との回答を受ける。実家に戻る選択肢はあったがAさんの「しばらく長男が戻るかもしれない実家には帰りたくない」との訴えを尊重し，退院後の生活について関係課で相談，調整を図った。

　その結果，退院後はAさんのリハビリ継続を兼ねて介護老人保健施設に入所を図り，Aさん単身世帯での生活保護申請を受け，生活支援を行うこととなった。音信不通となり，Aさんとは別世帯扱いとする長男に関しては，引き続き連絡を図り，親子関係修復への相談を試みることとしたが，Aさんの所在につ

第Ⅱ部　生活保護ソーシャルワーク実践の現場から

いては心身回復過程の影響を踏まえて当面長男には明かさない対応を取ることになった。地域ケア担当課に介護老人保健施設への入所相談を依頼し，1週間後に隣県にある介護老人保健施設への入所を機に，Aさんから生活保護申請を受理した。長男はその後も実家に戻ることもなく，所在はつかめない状況にある。

（4）支援事例を振り返って
1）虐待の事実確認および早期保護，関係機関との連携

　虐待事例においては，地域から通報があった場合の相談・調査確認体制や安全確保のため関係機関との連携がスムーズに運ぶよう，体制を整えていく必要性がある。また，虐待を受けていると思われる高齢者本人と養護者（本事例では長男）双方の生活面や心身面，両者の関係などについて情報を収集して事実確認し，どのような対応が今求められているのかを他職種と協議していく基盤が欠かせない。本事例は地域の要となっている民生委員が長男の言動を不安視し，地域包括支援センターに長男の虐待を懸念する通報が寄せたことで，高齢者虐待防止法による訪問調査，養護者である長男への虐待・放任への事実確認，速やかな安全確保への検討，早期保護に至ったものである。高齢者の一時保護を要するかどうかの協議の段階から経済的な支援の必要性を考慮して，生活保護担当課にも関係者会議出席への要請を受け，情報が提供された。養護者や他の親族の協力如何では生活保護法にもとづく支援も視野に入れる必要性があり，早期段階からの連携が進められた事案と考えられる。

2）被虐待高齢者の安全確保・心身安定に向けた支援

　高齢者の生命または身体に重大な危険が生じているおそれがある場合には，現地調査を行い，高齢者が置かれている環境や立場をとらえ，少しでも虐待が疑われる面があれば，まずは短期入所施設への一時保護などの安全確保を進めていくことが求められる。高齢者が認知症などで意思判断能力が低く緊急を要する場合はやむを得ない事由として，市町村は老人福祉法による措置も可能である。被虐待高齢者の実情をとらえ，心身の安定に向けた行動が欠かせない。

民生委員の関わりにあるように，地域での見守りや声かけが一つの安全網として機能していくことが，高齢者の安心ある生活面には欠かせないものと再認識させられた。はかなくも虐待による生活不安が生じた本事例では，慎重かつ速やかな高齢者の安全確保が取られた事案と考えられる。

3）養護者への支援

一方で，高齢者虐待防止法による措置が取られたことへの戸惑い，養護者が被虐待高齢者の入院・入所などの生活分離で養護者自身の生活に支障が生じたり，精神的な支えを失ってしまう懸念もある。

虐待を行っていたと思われる養護者側にも相応の事情が潜んでおり，養護者への精神面や経済面，生活面のサポートをすることも忘れてはいけない。本来の家族支援が得られるよう，地域のさまざまな社会資源を広く活用し，養護者の介護負担の軽減，心身の安定が得られるような支援が求められているといえる。

長男の所在がつかめない中での高齢者への生活支援の一助として，生活保護制度が活用されている。虐待による家族分離をどの段階まで継続するのか，長男の所在判明後において長男が扶養義務者として果たせる領域をどう見極めるのかなど，課題は山積している。生活保護による経済的支援は可能となるが，長男の行動如何ではAさんの生活環境の調整が必要となってくる。長男への支援は引き続き関係機関の協力の下進めていくこととし，Aさんと長男双方の見守りが必要である。

4）支援の方法

まず，高齢者本人や養護者からの電話での相談や来所相談，関係者からの連絡・通報の後には，必要に応じて速やかに居宅を訪問して事情を把握することが必要である。具体的な対応は，連携協力体制の下で協議し行動する。普段から夜間や休日の連絡・緊急保護体制をとり，関係機関との連携ができるようにしておく。必要に応じて個別ケース会議を開く。また，訪問時は，複数の職員で居宅を訪問し，自らの立場を伝え信頼関係を築く。養護者をねぎらい，安心感を持ってもらうように話を引き出す。虐待者（養護者）の訴えを受容的態度

で聞き，否定的な発言をせず，批判的な視線を向けないことが重要である。

　高齢者本人と養護者双方の心身面・生活面，また両者の関係などについて情報を収集して事実確認をし，どのような対応が必要かを他職種と協議することとする。対応方法としては，①居宅での相談援助や社会資源活用と継続的見守り，②一時分離（短期保護などの利用や医療機関への一時入院）と家族の休養・支援，③介護保険を利用した入所による分離，④措置入所による緊急分離，⑤その他の方法（DV防止法の保護命令，市町村独自の保護など）が考えられる。

5）虐待の原因

　介護者の気持ちが強くない限り，虐待は起こりやすく，介護者を精神的・身体的に介護負担を緩和するための啓発と支援体制が重要といえる。介護負担が原因であれば，デイサービスやデイケア，ショートスティなどの介護サービスの利用が有効である。しかしながら，介護サービスの利用を拒否する高齢者は少なからず存在し，そのために介護者の負担は持続し，増大することにつながる。また，虐待の原因の一つに，家庭内での人間関係が悪化している場合があり，関係改善が見込まれなければ短期保護などの一時的な分離も検討が必要といえる。

　また，経済的困窮が高齢者虐待につながる場合もある。身体的虐待や心理的虐待も複合的に起こり得るが，介護者による年金・預金などの金銭搾取など高齢者への最低生活そのものが脅かされる事例もある。経済的虐待は介護者の失職などによる経済的問題を抱える場合が多く，加害者を含む経済的支援が重要となる。家族の介護離職や高齢者夫婦双方が互いの介護を負う「老老介護」，認知症の人が認知症の人を介護する「認認介護」などの事例が多くなっている。

3　認知症高齢者への支援

　認知症高齢者は，記憶障がいが進行していく一方で，感情やプライドは残存している。認知症高齢者の特性をよく理解して，本人の人格を尊重し，その人らしさを支えることが介護の原則である。認知症高齢者本人のそれまでの生活

や個性を尊重しつつ，高齢者が安心して過ごせるような環境や雰囲気をつくる。高齢者のもつ世界を受け入れ，情緒的安定を図り，心身の力を最大限に発揮して充実した暮らしを送ってもらうことができるよう，生活そのものをケアとして組み立てていくことが重要である。

（1）相談から申請へ

　Bさん（80歳，女性）は2年前に夫が他界し，賃貸アパートで単身生活を続けてきた。近所付き合いは少なく，息子2人は遠方に住んでいるため交流は希薄であった。特段大きな持病はなかったが，1年程前からもの忘れが顕著となり，行き慣れていた友人宅や催し物会場に行くにも苦労するようになった。最近は着衣の乱れや異臭もあったが，Bさんはさほど気にはしていなかった。一人暮らし登録をしていたため，近隣の民生委員がBさん宅に立ち寄った際，家主から「最近，様子がおかしい。時折，訪問販売などの勧誘業者を見かけたり，隣室者と口論もある。家賃も2カ月ほど遅れている。夫が存命の頃はこんな方ではなかったのに……」と心配していた。

　民生委員は幾度かBさんに声を掛け，生活に困窮していた様子であったことから地域包括支援センターに相談。経済的にも困窮していたことから民生委員が同行し生活保護相談に至った。Bさんから事情を伺うが要領を得ず，Bさんの記憶と合わせて遠方に住む次男から聴取した。3人姉妹の末っ子。尋常小学校卒業後，実家の農業を手伝った後，20歳の時に上京。会社の寮に住み込み，和裁の仕事に就いていた。25歳の時に夫と見合い結婚し，2子（息子2人）を設けた。夫は飲食業や土建業など職を転々としていたが，その傍ら本人も内職しながら生計を立ててきた。

　生活保護相談時は生活苦を訴えていたが，生活への介入には当初抵抗感を示した。言動にも認知症と思われる記憶障がいや不安・焦燥感が強く，初回相談時には民生委員や地域包括支援センター職員のほか保健師同席にて面接を実施した。知人がいることで気分的にも落ち着きを取り戻す。生活状況を尋ねると，「夫が亡くなってから寂しい日々」「家賃だけ面倒を見てもらえれば後は自分で

何とかする」「病気はないから身体は大丈夫」と話す。

　民生委員の協力もあり，家賃の遅延や訪問販売契約の債務があるとの訴えがあり，「年金だけでは生活が大変」と生活に困窮している状況を確認。要保護状態であることから生活保護の申請を勧めるが，「生活保護はとんでもない」「家賃だけ助けてほしい」と生活保護申請には抵抗感が強い。面接相談時に次男の支援を仰いだが，遠方であることや仕事多忙を理由に具体的な援助には至らず。Bさんの生活保護申請には「どうかお願いしたい」との親族の意思を確認した。

　生活保護申請はBさんの扶養義務者である次男からの申請も可能であるが，今後の生活支援を行う中でBさんの申請意思は必要不可欠である。Bさんの認知症は伺えるが低位であり，意思・判断能力は相応にあることから丹念に生活の立て直しが必要なことを説明し，生活保護申請に至った。

（2）アセスメントからプランニングへ

　保護開始調査において，室内は訪問販売契約で購入した物品が山積みとなり，加えてゴミも散乱し不衛生な状況であった。Bさんは「あまり気にはならない」と平然とした対応。認知症の進行が現在の生活状況の悪化を来たしており，本人を説得してまずは被保護者自立促進事業を活用し，室内清掃を開始した。当初は室内介入・整理を拒んでいたが担当者や保健師の手伝いを機に次第に関係性も良好となり，近隣の精神科に受診同行，前頭側頭型認知症と診断された。合わせて保健師による訪問保健相談を開始し，要介護認定を申請，「要介護1」の認定を受けた。在宅生活を安定して送るには介護サービスは必須であり，週2回の訪問介護を先行実施。当初は拒んでいたデイサービスも民生委員をはじめ知人からの誘いにも応じるようになり，介護サービスを追加した。

（3）インターベンションからモニタリングまで

　福祉事務所に配置される高齢者支援員には介護サービス開始までの間，服薬確認や通院同行支援，Bさんの聞き手としての協力を依頼し，Bさんは次第に

心を開き始めるきっかけとなった。初回面接相談時にBさんが心配していた訪問販売契約に係る催告に関しては消費者センターに相談同行し，悪質商法への専門相談を受けた。認知症状を抱えた中でもすべてを契約無効にはできず，本人の残債務は次男および長男への協力を依頼することとした。

　介護支援専門員や訪問介護ヘルパー，高齢者支援員，保健師の介入で体調は低位ながら安定し，生活保護受給により経済的な問題も解消されたことから本人は次第に表情も穏やかとなり，対人関係も改善されていった。関係機関の協力も大きな支援であったが，地域の民生委員や知人らの手助けも大きな原動力となった。Bさんは認知症を抱えているが，介護の手助けを得ながら，引き続き住み慣れた地域での在宅生活の継続を望んでいる。

（4）　支援事例を振り返って
1）生活状況の把握

　生活上の支えとなっていた方の離別・死別による喪失体験から安定していた生活が一変することは多い。加えて身体的機能の低下や傷病による健康不安，対人関係が狭まり孤立感が深まるといった環境変化も連動する。本事例でのBさんは，2年前に夫を亡くし，喪失体験をきっかけに近隣との交流も希薄化し，孤独感・不安感を増幅させていたと推測できる。最愛の夫を亡くした精神心理的側面，単身生活によりさまざまな生活上の負荷が出現したことが密接に関連し，認知症の進行，悪質な勧誘や日常生活上の混乱を招いたものである。

　地域での見守りによって民生委員が高齢者の生活面の変調を把握し，相談窓口への円滑な移行につながったことが，生活上の課題を早期に把握できた要因と感じられる。引き続き，Bさんの生活面に寄り添いながら認知症状の進行面に注視し，生活安定に向けた支援が必要と感じられる。

2）多職種連携の必要性

　高齢者の抱えるニーズは複雑で多様である。さまざまな要因を抱えた高齢者のニーズに対応するためには，複数の専門職による課題に応じたサービス提供が必要となる。介護保険サービスでケアマネジメントを担当するのは介護支援

専門員の役割であるが，高齢者へのサービスを総合的に把握し，関係調整を行うのは，生活保護ワーカーをはじめ他の専門職がその役割を果たすことも考えられる。

多職種連携は連絡・調整やサービス利用のための協力にとどまらず，1人の高齢者の生活の質の向上のために行われるものであり，各専門性が発揮できるよう互いの専門性を尊重し合えるチームアプローチで援助していくことが求められる。本事例では，今後の支援においては親族の協力が不可欠と思われ，精神的な支えや生活関与への協力依頼，親子関係の改善に向けた支援の工夫も必要と感じられる。

3）支援のあり方

高齢者は困難に直面したことで一時的に混乱し，現状を冷静に受け止めることができないものである。支援者は混乱している高齢者本人の気持ちに寄り添いながら，高齢者の望む暮らしを見つける手助けが必要である。高齢者の状況に応じたさまざまな支援・的確な介入により生活意欲が高まるよう，高齢者自らの生活の目標を見出せるような支援が必要と思われる。時には高齢者自身が望む暮らしがさまざまな要因で困難なこともあると思われるが，現在の生活面で優先すべきことの意識づけを可能な限り丁寧に進めていく，丹念にわかりやすい言葉で説明を行っていく配慮も必要である。

また，認知症を抱えている高齢者には判断力の障がいなどにより自己認識が困難なことも多い。高齢者自身の自尊感情にも留意しながら親族や後見人などのサポートをしていくことも必要である。また，認知症を患う（疑いのある）Bさんの意向を尊重する中で「今，何が必要なのか」を丁寧に説明することも重要である。

さらに，生活保護ワーカーは，利用者が，認知症になったことへの驚き，戸惑い，恐れ，悔しさ，進行する症状への無力感などを感じていることを理解し，安心して生活できる関係性の形成と維持に努め，高齢者を取り巻く介護環境にも働きかけて，生活を支え暮らしを組み立てることが重要である。大切なことは，認知症高齢者に対して問いただしたり，否定したりしないこと。受容の態

度で対応し，言動の背景や原因を考えて，それを満たすようなケアをすることである。

さらに家族への支援として，家族の認知症に対する受容は，無理に現実に向き合わせるのではなく，その時々の感情に歩調を合わせて共感し，見守り，また，家族の介護が継続できるように，家族介護者が計画的に休みがとれるようにする予防的ケアの導入を検討することも重要である。

4　精神疾患を抱えた高齢者への支援

（1）相談から申請へ
1）80歳女性からの手紙
　Cさん（80歳，女性）は現在介護老人福祉施設に入所している。50歳の時に，福祉事務所宛に生活保護を受けたいとの手紙を送付したのがきっかけで，生活保護を受けることになった。手紙には，多方面から嫌がらせを受けていること，普通の人びとには到底理解できない悪質な動きや組織が暗躍していることなどが綴られているビラが同封されていた。生活保護開始時は老朽化著しいアパートで単身生活をしていた。開始調査時においても不穏な動きや被害を訴える感情（妄想）は強く，聴き取りは難航し，Cさんの扶養親族である姉にこれまでの経過を確認した。

2）これまでの生活
　Cさんは3人姉弟の次女。弟は既に他界。結婚歴なし。女学校を卒業後に教員免許を取得し，主に小学校教諭として生計を立ててきたが，40歳頃から被害妄想が出現したため，就労も不安定となった。日常生活の中でCさんが感じ取る被害感や不穏な動きに対する焦燥感を周囲では到底理解できず，その疎外感から手当たり次第，知り合いに電話を掛けまくる，などの不審・奇妙な行動が続いた。

　45歳の頃に姉が警察の協力依頼を得て，都内の精神科病院に入院した。病名は統合失調症。退院後に産休代替などで教員として再就労したが，次第に落ち

着き感がなくなり病状が再発，以後2回の入退院を繰り返す。病識はなく，服薬の中断により病気の再発を招いた。最近の2年間は就労実績がなく，貯えで生活してきた模様である。姉から見ても被害妄想は顕著であり，姉妹間での会話も成り立たないなどの社会性・現実性の喪失感が強い。被害を訴える行動に落ち着き感はなく，ビラの内容には一切触れたがらない。生活保護開始当初から関係構築の困難性を感じた事案である。

　Cさんのアパートには数世帯が居住しており，他の住人は，Cさんの一人言や奇妙なビラを押しつけられるなど困惑感を抱いていた。

（2）アセスメントからプランニングへ

　Cさんは体型的にも痩身であり，経済的に窮していたことがわかる。生活保護費が支給されても十分な食事摂取には結びつかず，専ら被害を近隣に訴えるビラの作成費，遠方まで訴えに行くための交通費などに消費されてしまう状況であった。

　保護開始時は精神的な疾患を抱えていることから受診指導を行った。開始時当初は姉が幾度かCさんとの関わりをもってくれたが，Cさんの交流拒否感が強くなり，次第に親族との関係は疎遠となった。地域でも奇妙な行動は知られているが声を掛けても反応がなく，普段の交流機会はない状況にある。保健師による保健指導には，「生活費の援助があれば自分の生活は心配ない。身体は悪くない」と受診の勧めにも応じない。2回の入院歴には「姉が自分のことを嫌って閉じ込めたもの」と病識の欠如から服薬の必要性も見受けられない。当面は定期訪問などで様子を見ていくこととなるが，自宅で会うことは滅多になく，不在票を投入。Cさんは翌日には必ず来所し，周囲の不穏な行動を訴えるビラを差し出す。生活面を問うが「大変なことが起きているから」と自身のことに介入されることを拒否する。

　保健師や福祉事務所嘱託医，都内の総合精神保健センターへの相談を図り，Cさんが今後の社会生活適応に不自由を感じたときに関係性を構築し，治療に結びつける働きかけを行うよう助言を受ける。

Cさんの療養指導が効果的に進められなかった要因として，①被害を訴える奇妙な行動は続くが自傷他害に結びつく重大な問題行動がなかったこと（周囲がCさんの行動に慣れたことで黙認が続いたこと），②加齢に伴うADL面での不安がなく，低位ながら身辺自立が続いていたこと，③中途で親族との交流が途絶え，連携が維持できなくなったこと，などが挙げられる。

　以上のことから，当面の援助方針を「生活状況を注視しながら関係構築の機会を探り，治療および生活状況の改善を図っていく」とする。

（3）インターベンションからモニタリングまで

1）Cさんとの関わりの変化

　Cさんが高齢期（当時67歳）を迎え，保護開始以降，さまざまな近隣からの苦情（偏見に満ちたもの）が続いたが，Cさんの行動に変化はない。歴代担当者からは，CさんからのSOSを注意深く見守るとともに，面接時はCさんの訴えを傾聴し，常に「体調や生活面を心配している」ことを発信し続けることを筆者自身も続けていた。一方で，家主との関係は室内の水漏れ事故，鍵の無断交換などで悪化傾向にあり，契約更新の度に福祉事務所側に契約解除・早期の立退き要請を受ける声が届く。近隣からは精神障がい者が近くにいることに対する誤った認識（怖い，変わり者など）・偏見（地価が下がる，強制入院させるべきなど）が強く感じられるようになる。担当員としての気掛かりは，元々痩身なCさんが満足に食事を摂らず被害を訴える活動費用に生活費が費やされることで，加齢以上に痩せ衰えていく体力低下が顕著なことであった。

　親族へは姉を通じて姪（姉の娘にあたる）に連絡が取れ，姪はCさんに20年振りの再会を果たす。小さい頃に可愛がってもらったCさんの面影はなく，久々の再会にも素っ気なく，人間が変わったようであると漏らす。

2）入院療養に向けた関わり

　親族（姪），保健師，嘱託医と現状を踏まえた今後の対応について協議を行い，病状の進行によりアパート生活の維持が困難であり，親族の協力を得ての医療保護入院を検討することとなる。Cさんの意思は「アパート生活の継続」

にあるが，病状が進行し，健康管理不安が大きいものと判断され，親族（姪）の協力を前提に入院療養に向けて動くこととした。

　保健師から以前入院歴のある精神科病院に入院対応を事前に依頼してもらい，契約期限当日に保健師や姪の立ち会いの下，Cさんを説得する運びとなった。家主からは契約更新拒絶・不法占拠を理由に後押しを依頼し，Cさんに一時的なアパート生活からの離脱，今後の生活相談や体調の確認を兼ねて医師に相談するべく医療機関への受診を勧めた。その際に，室内の家財は当面現状維持すること，家賃は福祉事務所で支払い続けること，今後は親族として姪も関わり合いを持っていくことなど生活の立て直しを行っていくことを約束した。

　Cさんを病院に移送し，担当医の前でも中傷被害妄想を訴えるCさんに，担当医は心身の疲れ，特に栄養状態不良を理由に短期入院を勧める。当初は任意入院であったが親族の協力を得て医療保護入院に変更。入院後は度々病院を訪ね，アパートの現状維持と退院後の生活支援を約束した。半年余りが経過し，病識は希薄なまま，妄想の消失は期待できないものの体調・表情とも改善傾向がみられた（病感は抱き，意思疎通は相応に図れる状態にまで回復）。Cさんからは退院に向けた療養意欲が伺え，親族の協力意思を踏まえて退院を視野に入れて検討することとした。担当医意見を踏まえ，住宅扶助計上が最大限図れる向こう3カ月の間でCさんの外出外泊訓練を実施した（住宅扶助は延長を含めて最大9カ月は継続計上が可能）。家主には療養経過を説明し，再入居の許可を得る。一時帰宅時は家主とも会い，表情が優しくなったCさんの変わりように家主も驚く一面も見られた。

3）退院に向けた関わり

　外出外泊訓練は2カ月余りで段階的に進められ，居宅生活再開に向けた環境整備を図る。初回外出時はMSWと親族同行にてアパートに戻る。その後は，日中の居場所として相談していた小規模作業所への試験通所，他所で不要となった家電リサイクル品の搬入，宅配食の試行，保健師訪問による保健援助，外出外泊時の親族の送迎援助など多方面での関わりを実施した。これらは，退院に向けて関わりを持つ者に，Cさんをサポートしていることを実感してもら

うために環境調整したのである。Cさんも退院に向けて意欲的に見えるが，中傷被害を訴える一人言は依然と見られる。ADLは保たれており，当面は介護サービスの利用は不要と判断した。強制入院ともとれる措置を取ったため担当員との関係悪化を懸念していたが，居宅生活回復への動きをCさんなりに理解してくれたようで大きなトラブルはなかった。

4）急転した援助内容の変更

外出外泊訓練も順調に行われ，退院を2週間後に控えた矢先，Cさんが病棟内で転倒し，大腿骨頸部を骨折した。他院にて緊急手術を受けたが，その後急激に意欲の低下が見られ，リハビリにも熱が入らなくなった。加えて衝動的に自傷を行う行為も確認された。当面の入院延長は必須であり，Cさんの意欲助長のためにもアパート存続は大きな問題となる。これまで関わりを持った親族からの提案により，住宅扶助の継続計上が困難となった入院変更後9カ月を超える家賃は親族が特定援助として当面負担することとなる。骨折後3カ月を経過するが心身とも回復が図れず，Cさん了解の下で要介護認定申請により「要介護2」を得る。

一定のリハビリを終え，以前の精神科病院に戻り，主治医や精神保健福祉士（PSW），看護師，親族，担当員を交え，カンファレンスを実施。自力歩行は極めて困難であり，それ以上に意欲の減退が感じられた。自傷行為については多くを語らなかった。ただ関与者への批難はなく，自身の不遇を嘆いていた。Cさんの意欲的な面が薄れ，介護保険施設への移行を検討することとなった。アパートはその2カ月後に退去，最低限の家財は親族で一時保管してもらうこととなった。

半年余り入院を継続し，その後，申し込みをしていた都下の介護老人福祉施設へ入所した。担当を離れて数年が経過し，Cさんの入所施設を訪ねて再会することとなった。Cさんは表情も和らぎ，施設内での生活にも慣れた様子であった。入所当初は被害を訴えるビラを施設介護員に配っていたが，現在はそのような行動もしなくなった。記憶力も相応にあり，担当員のことも覚えてくれていた。居室にある机には親族である姪とその娘と一緒に施設内で撮られた

写真が置かれ，Cさんもにこやかな表情を浮かべていた。

(4) 支援事例を振り返って
1) 生きづらさの把握
　高齢者の支援のみならず，生活困窮世帯には経済的な課題以外に疾病や障がい，家族関係など複合的な課題を有する世帯は多い。生活上の生きづらさは何がもたらしているのか，課題整理は利用者の生活支援を行う上で重要な視点となる。利用者本位の自立・意思の確認を進めていくことはもちろんであるが，利用者を取り巻く関係者間で「現状で何が適切なのか」「利用者の支援において何が期待されているのか」を十分考慮していく必要がある。

　本事例では，Cさんが嫌がらせや不穏な行動に対する危機被害をビラの配布で周知する手法を取っている。訴えの根幹は不明であるが，生きづらさを感じていたことは間違いない。半ばCさんの生きている証とも思えるビラの配布行動を，病状の進展や周囲の環境の変化などにより結果的に入院という形で取り上げてしまったことには複雑な思いがあるが，病状の悪化により生活の基本的なリズムを損ない，人格の荒廃につながっている面があるとすれば関係機関とも十分協議し，生きづらさ解消に向けた対策を講じなければならない。

2) 環境の変化に寄り添う支援
　高齢期に至るまで個人が生活を築き上げてきているので，極めて個別性が高い。生活を送る上での信条や価値観，生活スタイルは長い時間を得て獲得してきたものといえる。自分らしい生活へのこだわりを形成・継続していく一方で，疾病や障がい，家族との死別などでいわゆる「喪失のプロセス」によって，それがなくなることも高齢期の生活の姿である。支援者は長年にわたって築き上げてきたプロセスを尊重しながらも，現在の生活状態に応じた環境整備に努めていく必要がある。

　本事例では，Cさんの生活スタイルの変化は精神疾患が一因であり，幼き日にCさんから受けた情愛の面影が精神疾患により変容したことを，久々に再会した姪は嘆いている。病状が進行する過程においては，利用者を取り囲む生活

環境の変化に着目しながら，利用者支援に当たらなければならない。

　周囲との環境調整が限界に来たし，アパート退去，入院療養へとＣさんの生活環境は激変するが，Ｃさんの「アパート生活に戻りたい」との意思を尊重しながら，適時な病院訪問や親族・家主との調整などＣさんの目に見える形の支援行動を取ることは療養の安定を図る意味でも大切なことである。環境が変化する中でも関係者が寄り添い，「アパート生活に戻る」という約束に向けた動きは療養指導上も有効な意識づけになったと感じる。

5　利用者の意思の尊重とファミリーソーシャルワーク

　これまでに紹介した事例にある通り，虐待や認知症などの精神疾患を抱えた高齢者への支援は，困難を極める場合が多い。

　高齢者虐待への対応にあたっては，ソーシャルワーカーは常に虐待を受けている高齢者本人の権利を擁護し，人として尊厳のある暮らしが実現されることを目標とした支援を展開していかなくてはならない。高齢者虐待は，背景に長期にわたる家族間の複雑な人間関係がある場合などがあり，その要因を探ることは複雑かつ困難である。こうした状況の中で，対応にあたり重要なことは，虐待の状況が改善されて高齢者本人の権利擁護がなされるだけではなく，家族の様々な負担を取り除いたり，家族間の関係調整を行ったりすることで，家族全体が安定した生活を実現できるように支援することである。その際，ケースワークの実践に留まることなく，ファミリーソーシャルワークの考え方や方法を踏まえながら，多方面との連携のもとでの支援を展開していくことが重要となる。

　また，認知症も含め精神的な疾患を抱えた高齢者に対しては，高齢者本人の意思を確認してそれを最大限に尊重できるような支援を展開していくことが大切である。その際，本人の意思を表面的に捉えるだけではなく，本人との信頼関係を構築していく中で，その真意を確認していくことが重要となる。親族と離れることを拒否する高齢者もいる。そのような場合，本人の意思を尊重した

場合のデメリットや客観的な状況について情報提供をすることで,被虐待者の理解を促し,妥当な判断や前向きな行動ができるように支援していくことが大切となる。本人のゆれ動く気持ちを尊重しながら,在宅サービス,ケアなどの活用によって虐待の軽減・解消を図ったり,緊急時の救急・医療体制を視野に入れて見守りを続けるなど,注意深く支援をしていくことが重要となるのである。

参考文献
岡部卓(2014)『改訂福祉事務所ソーシャルワーカー必携―生活保護における社会福祉実践』全国社会福祉協議会。
長谷川嘉哉(2012)『患者と家族を支える認知症の本』学研メディカル秀潤社。

(小山秀二)

第8章　障がい者への支援

1　障がい者と生活保護ワーカー

　生活保護受給者が増え続ける中で，生活保護ワーカーの増員が追い付かず，1人で標準世帯数といわれる80世帯を大きく上回る世帯数を担当せざるを得ない状況が都市部を中心に続いている。

　そのため，生活保護ワーカーは生活保護受給者一人ひとりの状況や問題がつかめなくなり，個々に合った適切なサポートができない状態になる。増大する各種事務にも忙殺され，支援に割ける時間は物理的にも少なくなっている。

　そのために，必然的に個々の問題把握がしにくくなり，今求められている，きめ細やかな利用者に「寄り添う支援」ができる環境には程遠い状況になっている。昨今の社会情勢や世論から，生活保護ワーカーには結果をよりシビアに求められるようになっており，必然的にすぐに成果が出るような支援が優先され，支援に時間がかかる対象者への支援はやむをえず後回しになってしまう現実があるように思われる。

　その例の一つとして障がい者への支援が挙げられる。特にコミュニケーションにハンディを持つ，精神障がい，知的障がい者は中々社会参加が進まず，年金のみでは生活できないため，地域で自立生活していくためには生活保護が必要になってくる。生活保護からの脱却という視点だけでは「経済的自立」が見えにくい障がい者が生活保護を申請した場合，経済給付をするものの，同じように重要な「日常生活自立」「社会生活自立」という視点でのアプローチが置き去りにされやすい現実がある。

　生活保護受給者の「経済的自立」を強調される昨今では，生活保護ワーカー

自身に障がい者の「日常生活自立」「社会生活自立」を重視した支援が少なく，またこのような支援の展開の経験がなければ，生活保護ワーカーの物理的な余裕のなさも相まって，社会資源やサービスに有機的につなげられず，障がい者の「自立」をタイミングよくとらえられなくなることが起きている。

障がい者を「経済的自立」から遠い存在とみなし，生活保護ワーカーは何か問題が起きない限り，積極的に関わることを避けてしまっていた現状を打破するためには，せめて支援の実践例と，そこから導かれるノウハウを知ることが必要であろう。

2　引きこもりの知的障がい者女性への自立支援

30代の中度の知的障がい者女性Aさんは，60代後半の父親と二人暮らしをしている。父親はAさんの実母と早くに離婚し，祖母と3人で暮らしてきた。扶養義務者はいない。父親は日雇いの肉体労働をし，祖母の老齢年金とAさんの障害年金とを合わせて生活してきた。祖母がいる間は生活保護を受けずに生活をしていた。その祖母が死亡し，父親の就労が少なくなり，やがて60歳を超えて仕事がまったくなくなり，生活保護受給になった。

Aさんは中度の知的障がいがあるが，家事能力が高く，日常生活上は問題がない。20代前半まで一般就労していたが，祖母が病に倒れたことを契機に辞めてしまったようだ。それ以降10年近く社会参加はしておらず，家に閉じこもっていた。問いかけても返答は少なく，対人関係が苦手なようだった。2人で寄り添って生きていて，Aさんも障がいがあり働けないとして，福祉事務所としては今までは特に問題ないケースととらえられていた。

筆者が担当してすぐに思ったのは，なぜAさんは社会参加していないのだろうかということだった。知的障がいは中度であるが，日常生活は十分できており，社会参加できるように思え，生活保護開始時のアセスメントのやり直しをした。

歴代の生活保護ワーカーは父親との会話が中心で，Aさんとはあまり話をし

ておらず，Aさんは生活保護ワーカーと話をするものと思っていなかったようだ。訪問面談では同席はしているが，ちょこんと座っているだけで，自ら語ることはなかった。父親は自分とは話をするが，他人に対して引っ込み思案で消極的なAさんを過保護にしていた。父親の心情も無理はない。自分が守らねばという気持ちが伝わってきた。

　それでも父親にAさんの可能性について説明をしたが，長年今の状態が続いているからか，変化に対して拒否的であった。横にいるAさんも黙ってうつむいて，ただ話を聴くだけであった。Aさんのみの面談を求めてみたが，それも2人からやんわり断られていた。

（1）父親の入院を契機に変化

　その面談をしてしばらくして，父親の心疾患のために入院が必要になった。Aさんが1人になるものの，家事はできるので，1人でも大丈夫だと父親は言った。確かに入院中は何も問題はなかった。一方，父親は将来を心配するようになった。その後安静が必要になった父親に代わり，やむを得ずAさんが生活保護ワーカーの所に来ることになった。最初は用事を紙に書いてそれを読むようにしていたが，繰り返すことで少しずつ会話ができるようになってきた。

　父親からは「家におれ。生活保護ワーカーとは話をしてはダメ。施設はお金がかかるからダメ。」そう言われ続けていたようだ。父親に逆らえない。しかし「同世代の友達がいないので寂しい。話をするのは父だけなので友達がほしい」と言ってくれた。

　父親の不安を十分感じていた。そこにも気が配れるAさんだった。何かをしたいと。Aさんは今のままではダメだとも感じていたが，年老いていく父が心配だから，ほっとくことはできないとも漏らした。

　短期間の入院で済んだものの，父は退院してからめっきり気が弱くなっていた。父親は元々心配性だったが，より一層，Aさんの将来の心配を具体的に口にするようになった。父ひとり，子ひとりで，当然の心配である。父親の心情を理解した上で，そこから具体的に今から何をしておくことがいいかを共に考

え，Aさんの社会参加について理解してもらえるようにようやくなってきた。

（2）通所施設への通所開始

　福祉事務所の知的障害者福祉司の所にAさんとともに訪ねた。Aさん宅からのアクセスが良く，世帯の視点でフォローができる通所施設を探してもらった結果，将来の正式入所を前提としたデイサービス通所ができる施設に決まった。

　初回の見学兼面接に筆者も同行したが，Aさんは緊張してはいたものの，丁寧な言葉でしっかり受け答えをし，一同を驚かせた。ここまでできるのに機会が用意されていなかったのだ。父親は積極的な姿勢を見せ，その熱心さを受容してもらい，施設の職員はAさんのフォローだけではなく，父親の不安も解くような支援を約束してくれた。当初不安がっていた父が「ここなら安心」とつぶやいた。生活保護ワーカーとして，つなぎの仕事ができたことに安堵した。

　父親の不安は障がいを持つ子どもを思う気持ちとして理解できるものであり，それを認めながら，不安を解消できる展開ができた。Aさんにとっても納得でき，満足できるような施設での作業を用意できたことが大きかった。ただし，長年のひきこもり生活で，運動不足で肥満体になっており，体力も落ちていた。受け答えは良かったものの，Aさんの能力からはもう少しコミュニケーション能力を上げることも必要だという指摘があり，施設がそれらの強化を狙うようなプログラムを用意した。Aさんが今までできなかったことにチャレンジすることで，「日常生活自立」「社会生活自立」を目指していくことになった。

（3）自立のチャンス・転機の訪れ

　施設との基本的なやり取りは知的障害者福祉司に依頼をしていたが，支援の課題，目標など大事な話し合いには生活保護ワーカーも同席を許してもらい，発言の機会を与えてもらった。

　Aさんは通所を確実にしてきたことで，施設内での評価はぐんぐん上がり，かつてはできていたことが父親と2人きりの生活によってできなくなっていたが，取り組みによって少しずつできるようになってきた。施設で作業をこなし，

第8章　障がい者への支援

目標を設定して取り組んできたが，それらの訓練の段階を終え，一般就労にチャレンジできるのではないかというレベルまでに達してきた。施設がその目標に向けてAさんに特別にプログラムを用意してくれたことが実を結んだ。そのカンファレンスの中で施設長に次のようなことを言われた。

　Aさんが特別支援学校を卒業後，就職したものの失職したが，退職の理由が祖母の介護のためだったことを考えれば，家族の犠牲になってきた面があり，その後に適切に進路確保の支援をしていれば，恐らくずっと仕事ができた人だと思う。家事ができて，おとなしいからそのままになってしまったのだろう。生活保護に陥ったことは世帯にとっては不幸なことだが，Aさんにとっては一般就労に向けてのチャレンジは陽の目を見ることができた幸せへの第一歩だと思える。

　施設に就職試験の話が来ているものは，リサイクル工場での選別作業であった。立ち仕事であるが，そういうことも想定して，施設では施設外作業に取り組んでいた。作業能力は問題がないし，課題であった自分の気持ちをしっかり言葉で表すことなどが徐々に改善されてきた。

　施設が心配なのは父親のことだった。Aさんにこれ以上を望まないので，無理させないでほしいというニュアンスで施設職員に言ってくるとのことだった。Aさんは施設での作業はすべてこなせるようになっていたので，本心ではチャレンジしたいものの，父親の気持ちを汲み，チャレンジしないとしていた。

(4) 父の不安を汲み取り希望に変える

　施設通所の開始の際と同様に，大事な山場だった。父親を責めないように，父親の思いを聴いた。父親は心臓病が悪化してからは気持ちが上下していた。社会参加したことでAさんがイキイキしてきたこと，職員からもAさんがよくできることを褒められ，大いに喜んだものの，一方でAさんが離れていきやしないかという思いでもあったようだった。自分自身の死への不安があり，そうなるとAさんはどうなるのか，一般就労をしてしまえば施設のフォローがなくなり，生活保護からも自立になるので，福祉事務所が関与しなくなるという不

安があった。

　生活保護ワーカーとして，共感する言葉には反応し，不安で前に進まない障壁になっているところを丁寧に取り除くように説明をした。家で引きこもり生活だったAさんの力が開眼し，Aさんがぐんぐん力を身に付けたこと，福祉事務所を含めた地域生活支援の体制があることをかなりの時間を用いて説明をし，Aさんにとっての自立像について，納得できるように意見を交換した。最終的に父とAさんが自分で結論を導けるように，1回の面談であえて済まさないようにした。

　どんな父親でも外では何にもできないと思っていた娘がここまで評価されていれば，それを嫌がる親はいないだろう。その後父親はAさんの思い，生活保護ワーカーや施設スタッフの思いを受け入れ，Aさんの自立を後押しすることができた。Aさんは採用試験に合格し，無事一般就労できるようになった。就労収入に加え，父親とAさんの年金と合わせ，世帯の収入が最低生活費を上回るようになり，やがて生活保護から自立することができた。

（5）支援事例を振り返って

　本事例では日常生活には問題が少なかったが，そこの視点に加え，社会生活をどうするかという課題までは到底いきつけないと思っていた。しかし，それは支援者側の一方的な見方であった。日常生活の改善が社会参加に結び付き，支援者側から見えなかった本人の持つ可能性が芽生えるには，その機会を創ることから始まることを支援者として経験することができた。

　本事例から，人はいつでも成長すること，変われることを教わった。若くなければもう成長できない，変われないと決めつけてしまうのは私たち生活保護ワーカーの側かもしれない。障がい者だから家にいるのは仕方がないという考え方では，この事例の成功はなかった。何かできるはずという発想からスタートでき，信念を持って話ができたことが大きかった。

　一つの世帯を見た場合，問題がどこにあり，それがどのように連関しあっているかを見極め，クリアしやすいところから手を付け，小目標から大目標に向

かって，共に歩いていけるような展開が望ましい。そのためにはオーソドックスではあるが，傾聴し，共感を経て，関係を形成することから利用者とともに創るストーリーは始まる。

3　50代まで障がいがあると思われていなかった男性への支援
——障がいを発見できないことで起きるミスマッチ

　生活保護ワーカー側から見て，抱えている問題がわかりにくい，もしくはアプローチが難しい利用者への支援は，置き去りにされてしまいがちになっていると思われる。

　福祉現場では利用者自らも問題がないと実際に思っており，何らかの就労阻害要因を持つ利用者が実は多く存在することを経験上見てきた。専門医でも見抜けない精神疾患や精神障がいがあるようだ。他にも発達障がい，軽度の知的障がい，各種依存症やパーソナリティの問題などを持つと思われる人が多く存在する。抱える問題ゆえに，生きにくさから貧困に陥っている利用者が多く含まれている。

　しかし，そのような問題を持つ利用者を担当生活保護ワーカーが何か問題があると疑問にもち，その問題の本質を認識するまでには相当に時間がかかり，一般的にはそれらの多くの問題の本質が見つけられないままになっている。場合によっては就労支援を厳しくして，結果的に就労が果たせず，指導指示義務違反を経て生活保護廃止に至って，ホームレスになってしまっている事例も決して少なくないだろう。

　たとえ生活保護ワーカーが問題を見抜けたとしても，利用者が自らの問題に向き合うまでに時間がかかることも，またはまったく向き合えないこともあり，支援のミスマッチが起こることになる。利用者も，支援する生活保護ワーカーにとっても起きてしまうこのミスマッチをいかに減らし，それをどう修正し，解決していくか。これが本節のポイントになる。

（1）保護申請に至る経緯

　Bさんは、申請時50代前半で単身男性、関西の地方都市出身だった。長年、建築関係の仕事を日雇いでしてきたが、年齢とともに仕事が見つからなくなり、友達を頼って関西に来て、古い文化住宅を借りる。身体的には働けるものの、就労収入がなく、活用できる資産や制度がなく、扶養できる親族もいないために生活保護申請し、開始となる。

　天涯孤独。生後間もなく路上で遺棄されている乳児の状態でBさんは保護された。親はもちろん生年月日も名前も何も手がかりなく、発見された状況から勘案して、後にそれらは付けられた。乳児院、児童養護施設で育つ。中学校卒業後就職するが長続きせず、やがて大阪市のあいりん地区で日雇い就労をするようになり、年齢とともに仕事が少なくなり、生まれ故郷の関西に戻ってくる。

　健康上問題がなく、50代でも当然仕事ができるとして、就労指導をし、早期に保護からの自立をすることを目標に支援する方針を立てた。その後も毎月定期的に求職活動をするように指導したものの、約束が全く守れない。「求職活動状況報告書」の提出日に持ってくることはなく、言われて初めて出すが、名前を書いているだけで白紙の状態。生活保護ワーカーから見れば、Bさんは怠けているようにしか見えない。形式だけである。Bさんの就労意欲が全く見えてこない。

（2）開始後も就労できないまま続く

　開始から1年間。このようなやり取りで就労指導をするが、Bさんは支援に乗れないでいた。人の話をきちんと聞いているのかどうかもわからない。暗い部屋でいつも横になってテレビを見ている。いつもこのようにテレビを見ているのみだと。そこには現状を変えようという意欲のかけらも見えてこない。

　当然生活保護ワーカーは就労の義務があることを強調して説明している。人と関わりを持つことを避けて生活するBさんに違和感があったものの、地域にはこのような当事者が多くいるため、特段目立っていたわけではなかった。当時Bさんが働けるのに、楽をして働かない人物に当然映っており、何とか仕事

をすることを求めていた。その日暮らしで、無目的に過ごすBさんは保護に甘えているように見えていた。その後、不就労のまま時が過ぎた。

それでも求職を中心にした方針は変わらなかった。軽作業でもよいから、とにかく仕事に就くようにという指導が続く。求職報告をさせるが、形だけになりつつあった。係長がケース記録から読み取り、障がいがある可能性を指摘するが、方針変更はされなかった。その後、なおも今まで同様の就労指導をするが、当然結果には現れなかった。

（3）就労支援ではなく社会参加を目指す方針に転換

次に引き継いだ生活保護ワーカーは、ようやく「就労指導」一辺倒の方針を「社会参加」に切り替えた。就労指導では現実的に現状が打開しないこと、就労の前に、「いつ寝てもいい、いつ起きてもいい」というBさんの生活習慣を変える必要性があり、そこに着目した。

生活保護ワーカーは、Bさんにボランティアをしてはどうかと声をかけた。規則正しく生活し、有意義に社会につながろうと促した。ボランティア団体が行う炊き出しの補助のようなことができるのではないかと、具体的な提案をした。

乗り気ではなかったようだが、Bさんはそのボランティア団体には出入りしていたので、恩返しのつもりで行くように生活保護ワーカーに説得された。自分自身が炊き出しに参加した経験があり、具体的に活動をイメージできたようだ。

生活保護ワーカーからボランティア団体のリーダーへ話を通し、実現することになった。その団体が行っている週3回のホームレス生活者を中心とした人への炊き出しの際の、ニンジンやジャガイモなどの皮むき作業をすることになった。無為な日常からの脱却を目指す。家では自炊しておらず、料理の経験が全くないBさんだったが、何よりもそのボランティア団体を身近に感じており、「安心できる安全な場所」という認識があったようで、ボランティアに参加することに決める。数回で終わるだろうと思っていたが、意外にも男性に

ピッタリ合ったようで，その後継続していく。

（4）定時制高校進学への希望

　Bさんが定時制高校に行きたいと言い出した。学校に行けていないし，字も知らない，わかっていないことが多いので，勉強できるようになりたいとのことだった。ボランティア団体の中でBさんと同じように支援を受けていた中年の人で，定時制高校に進学をし，その後イキイキと働くようになった人の話を聞いて興味を持ち，ボランティアスタッフからも賛同されたようだ。

　受け身のBさんが意思表明をしたことは画期的といえよう。ボランティアをしてきたことで，Bさんの中で何かが変化を始めてきた。眠っていたものが目覚めたような感じに。Bさんは頑張って休まず行くと宣言した。

　所内協議が開かれた。「就学より就労ではないか」「今の年齢から勉強についていけるか」などの慎重論も出た。通常，高校は中卒後に行くものなので，あまり例がない。生業扶助を支給するとなると慎重にならざるを得ない。

　生活保護ワーカーは，ボランティアでBさんが変わったように，定時制高校に進学することで，さらに何かが変わることを期待していた。ボランティアには休まずに行っているが，この状態で仕事につながるようには思えない。友人もいないし，生きる力，社会性を身に付けてほしい。

　何よりも本人が初めて自主的に言い出したことであり，今できる能力活用は就労ではなく，社会参加であり，それが高校就学だと結論した。福祉事務所として就学を支援することを決定した。生業扶助として入学準備金を出し，高校就学費用を出すことになった。今後は型通りの就労指導は行わないことが支援方針に明記された。

　週3回のボランティア，毎晩の定時制高校通学。勉強は苦手だったが，その日課を休まず続けた4年間だった。期待されたクラスの同級生との交流は残念ながらできなかった。定時制高校の中で若い人のグループにはなじめず，それ以外の年齢層のグループにも属することができなかった。それでも継続することができたことが大きい。

（5）50代にして初めての療育手帳を取得することを目指した支援

　関わってきた関係者はＢさんに知的障がいがあることは薄々わかってきた。しかしその後の展開ができずにいた。50代まで療育手帳と無関係で生きているので，知的障がい者としての支援を受けずにいたわけである。自分を知的障がい者と思っていない。そうなればどう理解してもらえるか，難しい。支援の中で何よりも「関係性」が大事であるから，一定の時間は必要だと感じた。

　担当して最初の１年の間に関係を作ることに専念した。ようやく人間関係の基盤ができたと思い，知的障がいのことを切り出すことにした。まずは幼少時のことを聴く。「特別支援学級」に在籍していたことを告白した。今まで言わなかったのは，やはり関係ができていなかったのだろう。以前担当した生活保護ワーカーが聞いたときは特別支援学級在籍とは言わず，勉強は問題なかったと言っていた。支持的にアプローチして，何でも言える雰囲気を醸成してきたことも功を奏した。勉強ができなかったとは誰しも言いにくいことである。小学校に入ってすぐに勉強がわからなくなっていたようだ。

　高校の担任が来年の卒業後の進路を心配しているという連絡がきた。卒業までまだ１年間あるが，進路（日中の活動の場）を共に考えようと生活保護ワーカーからＢさんに提案した。本来的には制度で就労を説くのは嫌なものだが，Ｂさんには最もわかりやすい方法として，保護制度上，能力に応じて働くという点を使い，説明した。そのためには療育手帳を活用することが効果的なので取得しようと伝えた。

　生活保護ワーカーは何だか一生懸命だし，療育手帳を取って損はしないならば，言うことをきいてみるかという気になったと，後にＢさんは言った。

　一緒に知的障害者福祉司のところに行き，手帳申請をした。通常，知的障害者福祉司から，昔の事を父母やきょうだいが，障がいが昔からあったということ本人がきっちり言えないと手帳は作れないと言われることがある。Ｂさんの場合は両親がいない。施設に問い合わせる方法もあったが，Ｂさん自身が昔のことをある程度語れた。通常この年齢からの療育手帳取得には何の意味があるのかと，療育手帳発行に対して難色を示されることもあるが，療育手帳を取得

した後の目標がはっきりしているためスムーズに事が運んだ。

　障がい判定に同行した。筆者の予想以上に障がいが重かった。小学生中・高学年レベルで，中度レベルであった。「この障がいを持ち，ここまでよく一人で生きてきた」という医師の言葉が胸に刺さった。

　障がいがある事実と，今後のことを改めて話し合った。できること，苦手なことを具体的に例示しながら伝え，今までの人生を重ねて振り返った。障がいというものの意味，障がいは一つの個性であること，人よりもできないことや，できにくいことはあるが，人よりもできることや優れていることがあり，画一的ではないこと，今後担当が代わっても無理な就労指導などは行われないこと，障がい者向けのサービスを使えること，それによってより豊かな人生が送れるようになることなど，Bさんが理解できやすいように，さまざまな例を使い，やり取りをしながら説明をした。そして障がい認定によって，これから幸せになるような取り組みを共にしていこうと伝えた。

（6）今後の方向性の確認のためのカンファレンス

　Bさんにとってどのような施設が適しているか話し合った。知的障害者福祉司，ボランティア団体リーダー，高校の担任と生活保護ワーカーで話し合うことができた。この時はBさん本人が具体的なイメージができないこともあり，Bさんにふさわしい進路はどこかという視点で話し合った。

　①体を動かし，肥満解消するようなところ，②昼食が給食として出て，栄養管理，健康指導ができるところ，③仕事中心のメニューのところ，④単身者の生活を理解，サポートできる支援者のいるところ。これらを満たすような通所施設を探そうということになった。

　早速，知的障害福祉司が条件を満たすところを探し，見学面接に行くことになった。

　行く前から「不安だ，緊張する，できるかどうかわからない」と言うBさんには，見てもらえばわかってもらえると言った。施設ではスタッフ，他の施設利用者に柔らかく迎えてもらう。知的障害福祉司は施設長と普段から連携して

いて，信頼関係ができているのがよくわかる。

　Bさんは消極的だと思っていたが，さまざまなものに関心を示している。その場に適った質問を自らいくつもすることに驚いた。Bさんは施設の日帰り旅行のレクリエーションプログラムに興味を持ったようで，壁に掛けられていた旅行の写真を食い入るように見つめ，どこに行ったのかなどと具体的な質問をしていた。

　施設長と話し合う。施設側は親のいない人，単身で生活している人を受け入れた経験が過去にないという。だからこそ，施設としてもBさんとともに成長したい。今後の障がい者福祉の展開として必要な福祉ニーズであり，Bさんのような人は潜在的にいる。そういう人のニーズを施設として汲んでいきたいと，意気込みを語ってくれた。

（7）高校卒業と同時に施設へ通所開始

　家族がいないので，親代わりになっているボランティア団体のリーダーと知的障害者福祉司と生活保護ワーカーの3人でBさんの定時制高校の卒業式に出席した。いつもと違いスーツ姿で，表情がひきしまっている。

　卒業生の中で数少ない4年間無遅刻無欠席者としてBさんは表彰された。そこにはテレビばかり見ていたBさんの姿はない。継続することの力と，何歳になっても人は変わり，成長する可能性があることを教えてもらった。

　担任の先生に挨拶した。卒業後の進路を伝える。喜んでもらえた。晴れて正式に施設への通所が決定した。卒業を待ったのが良かった。同時にあれこれできない。夜間高校に行っていたBさんに，昼間にも仕事（施設の作業）に行くことを求めなくてよかったと感じた。ボランティアの積み重ねが，大きな効果をもたらしたのはいうまでもない。

　卒業と同時に施設に通い始めた。最初の頃は他の利用者への関心は薄く，職員が中心のようであるが，仕方がない。他の障がい者に会ったことがない。他の利用者はBさんと違い，行動障がいやコミュニケーション障がい者が多いので，どのように接したらいいのか，対応がわからないと嘆く。だからと言って

無視したりしていない様子だったので，今のところはそれでいいのではないか，一人ひとりの障がい特性に慣れてくるのではないかと伝えておく。

　仕事では職員がうまく本人を乗せてくれているようで，施設職員の期待にも応えないといけないので頑張りたいと，前向きな発言が聞かれた。施設に見学に行くまでは，「なぜ施設に通わないといけないのか」という消極的な発言が多かったが，心なしか今は表情が引き締まり，いい意味で緊張感を持っており，笑顔も多くこぼれるようになった。

　ようやく自分らしく生きる場所に出会えた喜びを体現している。どのような支援でもそうだが，大きなヤマを越えるとそれがゴールのように思えてしまい，その後の展開がおろそかになることがある。施設通所開始のヤマを越えることも大事だが，通所継続を支援することに意識を注ぐことも同様に大事である。生活保護ワーカーに限らず，まだ残る福祉課題に向き合い，今後も支え続けることが大切である。具体的には定期面談をもった。最初は毎月1回。施設に慣れてきてからは2カ月に1回の就労収入申告で来所した。その際の面談を就労継続支援としてとらえ，大事にすることにした。面接の予約を必ず入れてもらうようにし，確保できるようにした。

（8）スムーズな連携のための関係機関との情報交換

　基本的に利用者に対して，各関係機関と情報のやり取りをすることは了解を得るようにしている。そうすることで利用者とも，関係機関とも疑心暗鬼を生まないし，風通しが良いと連携がスムーズになる。そうなれば支援全体のレベルアップが図られる。

　今回もそのように支援のために必要であることとして，Bさんに了解を得たうえで，連携のための情報交換をした。関係機関からBさんの状況を聴くことは当然必要であるが，こちらからも生活保護ワーカーとして，生活保護法の仕組みに関しての支援，社会福祉の援助としての基本方針を伝えることで，情報と方針を共有した。

　現在はボランティアに参加していないが，日常的に生活全般の見守りをして

もらっているボランティア団体のリーダーと適宜意見交換をした。日常的なことで困ったことは，団体のボランティアと施設との間で解決をしていた。その両者で解決できないことや，福祉事務所が介入する必要がある事柄は連絡が入った。Bさんの場合は，いくつかの点で清潔面の確保ができていなかった。基本的な生活習慣がかつてはあったようだが，次第になくなってしまっている。施設で歯磨きをするように何度も言い続け，ようやく習慣化はした。

　入浴の仕方が悪いようで，爪は黒くなっているし，体臭もかなり残っている。追い打ちをかけるように衣類の臭いの問題があり，洗濯習慣のない衣類などが原因だと思われた。これらをホームヘルパーに教えてもらうことを主眼にした，生活習慣確保のためのホームヘルパーを導入した。

（9）施設を中心とした課題への取り組み

　職員を助ける気持ちが大きく，常に気をかけて動いており，仕事に対して熱心に取り組む姿勢は評価されている。できないことがあっても，嫌がらずにチャレンジしている。生活問題に対して改善する方がいいのではないかという指摘にも応じている。例えば，ズボンはいつも同じだが，上のシャツは毎日更衣するようになっている。今後も更衣を促す。

　施設側の説明の中にエンパワメント視点，ストレングス視点が根底にあり，Bさんのできるだけいいところを見つけ，そこを伸ばしながら変化を期待する姿勢が見えた。このようなことは生活保護ワーカーにも，求められる視点であり，連携で他機関から学ぶ場面ともいえ，それも醍醐味である。

（10）福祉事務所を中心とした課題への取り組み

　ホームヘルパーによる支援を中心にしながら，施設ではできない，在宅での課題として，調理，買い物による適切な食事を目指す。ホームヘルパーのできない部分もある。入浴（適切に体と髪を洗う）の問題であった。

　実際は，シャワーで流すだけになっているのではないかと思われている。うまく洗えていないようで，異臭がひどい。他の当事者からも体臭を指摘されて

しまうこともあるほどであり，社会参加をする上では厳しい問題である。Bさんはまったく気にしていないが，自分ではわからないことではある。適切に体と髪を洗う動作も身に付けていくことを目指す。

　洗髪，洗体ができていないのは，その方法を知らないからといった方が適切で，言ってもできないこともあるととらえるべきではないか，という他の関係者からの意見だったが，生活保護ワーカーからは，Bさんはできないことはないと思う，その具体的な方法を知らない，もしくは忘れていると意見した。

(11) 日常生活の支援

　生活保護ワーカーのストロングポイントは，訪問による実態調査である。Bさんの家を訪問できるので，改めて清潔の視点で入浴と洗濯の2つのことを中心に展開した。

　洗髪・洗体はやはり毎日行っていない。週1回程度とのこと。毎日シャワーを浴びているが，それまでになっており，以前言っていたことができていない。やはり難しいことなのか。「そんなにみんなは洗っているの？」という素朴な質問があった。仕事の特性，体を動かすので，汗がたまりやすい。ボディーソープやシャンプーの使用量，洗い方などを具体的に助言した。できるだけやってみる，という返事だった。積み重ねを大事にする。同じことを言い続ける。部屋を閉め切っている。エアコンを使っているわけではない。暑くないという。だが臭いがこもっている旨を生活保護ワーカーから伝える。汗の臭いがきつく，部屋全体に臭いが染みついていて，取り切れていない。洗濯する際の洗剤の分量を実際にどれだけ使うのか確認すると，大丈夫なようであった。洗濯回数もほぼ毎日である。以前助言した，着たら毎日洗うという実践を繰り返している様子だった。それでも臭いは改善しない。カーペット，布団，衣類など部屋全体に染み渡っているのだろう。ここでも具体的に助言した。部屋の換気と毎日の洗濯，シーツの交換，除菌スプレーの使用，脱臭剤の設置などを，続けていくことを確認した。

　もちろん1回では改善しなかったので，繰り返した。少しずつ，Bさんはど

うすれば改善するかという具体的な助言を求めてきた。その姿勢は大いに評価すべきである。プラスの評価をどんどん入れていく。同じことを言い続けること。なぜ臭いのか。社会生活に必要なスキルは何か。少しずつ伝わったようだ。

(12) 支援事例を振り返って

まずは今の状態と，本来望まれる状態とのギャップを確認するアセスメントからスタートした。主役は障がい者本人であることを忘れてはならず，自己選択と自己決定を尊重して支援するが，サービスを使うことで本人にどのような変化が生まれるのかをイメージしておくことで，展開が具体的になった。

そのためには障がい者本人の状況に合わせてわかりやすく説明することが必要である。支援のために生活保護ワーカーがサービスや関係機関を実際に知っておくことで，支援を考える際の発想につながるし，障がい者への説明が違ってくる。

生活保護ワーカーの関係機関とつながる力に対象者は安心感をもつのである。関係機関の焦点の当て方やアプローチの違いをふまえ，方向性の共有は支援する上では欠かせない。生活保護ワーカー自らが福祉事務所の役割を果たすことで，役割分担，連携，協働を図ることが支援チームとしてできるようになり，成果が生まれた。

（衛藤　晃）

第Ⅲ部　福祉事務所の組織的取り組み

第9章 子どもへの支援

　本章では，最初に，子どもの育ちへの支援の意義について述べ，第2に，神奈川県で実施されている「生活保護世帯等の子ども健全育成」の概要を紹介し，第3に，神奈川県の事業に特長的な子どもの健全育成に向けた支援を効果的に進めるための戦略（ポイント）を取り上げ，その詳細な手順を示した。最後に，子どもの健全育成支援策の評価視点について触れた。

1　子どもの育ちへの支援の意義

　近年，雇用情勢は厳しく，生活保護世帯は引き続き増加傾向にある。2013（平成25）年6月には「子どもの貧困対策推進法」が成立し，これまで以上に広く生活に困窮する子どもへの支援の必要性が認識された。少なくとも，生活保護世帯の子どもが大人になり再び生活保護に陥るような連鎖を断ち切らなければならないことは国民的課題であるといえよう。
　生活保護世帯の子どもも生活保護を受給していない世帯の子どもと変わらず，夢を抱き，進学や進路に希望や不安を持ったり，学力の伸び悩み，不登校や引きこもりなどの課題を抱える。一般的には，子どもたちが成長の過程で体験するさまざまな課題は，親や親族あるいは身近な大人たちからの支援を得て乗り越えていくことにより，成長の糧となるものであろう。しかし，生活保護世帯の子どもの場合は，親や身近な大人が経済的困窮にとどまらず疾病や障がいなどを抱えながら子育てせざるを得ない場合が多く，子どもが抱えるさまざまな課題に対し，適切な支援を行えないことが少なくない。このため，生活保護受給世帯，そして生活に困窮する世帯の子どもには，その育成に向けた成長に合わせた環境づくりや特段の公的支援が必要である。

一方，現行の生活保護制度は，未成年の世帯員に対して，義務教育修了後，まずは就労し世帯の経済的自立に貢献することを求めている。高等学校等就学費が最低生活費に計上されているが，それは世帯の自立を促進するための生業に向けたものとしての位置づけである。将来，子どもが一人の社会人として自立した生活を営み，自らの道を切り開くことが可能となる仕組みとしては十分ではない。そうした制度の構造からも，生活保護ワーカーは，できるだけ速やかな世帯の自立を支援するという立場となる。このため，その世帯の一員である子どもの将来への支援を考える際に，世帯の「今」の自立支援と子どもの「将来」への自立支援という，時間軸の異なる目的の狭間に立たされることとなる。

　また，子どもが自らの自立に向けた将来設計を行うためには，個別的な状況に応じた生活保護制度の取り扱いや，公による関連施策の情報・提供，手続きのための支援などが不可欠である。ところが，生活保護ワーカーは，生活保護受給者の増加とその抱える課題の一層の複雑化によりますます多忙となり，未成年の子どもたち個々の具体的な課題を支援する余裕がなくなっている。支援のためのノウハウや知識も乏しくそれを培う余裕もなく，すべての子どもに対して必要な支援を積極的に行えない。

　しかし，調査報告によると，生活保護受給者のうち，子どもの頃にも生活保護受給経験があった者が25％にも上るといわれている。貧困が次の世代の子どもの貧困を招く貧困の世代間連鎖が生じているのであれば，それを防ぐことが必要である。子どもの貧困対策推進法の理念にもあるとおり，子どもの将来が生まれ育った環境によって左右されることがあってはならず，貧困の状況にある子どもが健やかに成長できる環境を整備することは必要な施策である。生活に困窮する世帯の子どもに対し，必要に応じて，教育の支援，生活の支援，就労の支援，あるいは経済的支援などの施策を講じることは，次代を担い社会を支える子ども世代への未来の投資であると考えなければならない。

　生活保護の現場には，子どもの将来が生まれ育った環境によって左右されないような子どもの健全な育成環境を整え，支援のノウハウの整備が必要である。

先行するモデル的な取り組みの知見や効果の測定から，支援の視点やノウハウ，ツールなどを応用することができれば，生活保護ワーカーが子どもに焦点を当てながら生活保護世帯に関わることが可能となり，子どもへの支援の向上が期待できる。さらに，プログラムやツールを子どもや親と一緒に利用することにより，生活保護ワーカー自身にとっても「ともに歩む体験」となり，ソーシャルワークの負担の軽減だけでなく，本来ソーシャルワークが果たす自立の支援のあり方を体験的に習得する効果も得られることがわかってきた。

　生活保護世帯の子どもへの支援について，生活保護担当ワーカー以外に専門的に関わる子ども支援担当のソーシャルワーカーや専門員を配置することにより，生活保護担当ワーカーとは異なる視点から，多面的な支援の可能性が広がる。こうした子どもへの支援は，子どもを通じて成人の世帯員とも良好な関係性を築ける効果も生むことがわかってきている。子どもの将来に向けた支援は，貧困の連鎖により将来社会が負うダメージを考えれば，大事なプログラムである。その結果，現在行われている世帯全体の自立支援にも良好な影響を与えることも見逃せない。また，子どもへの支援は，現場の生活保護ワーカーや関係者，生活保護世帯の家族や本人の協力も得ながら，新たなノウハウが生まれてくることも特筆しておきたい事実である。これは，子どもの将来への支援という視点において，そこに関わる人びとが立場や機関を越えて連携できている表れでもある。そうした支援のノウハウを整理する過程では，新たに子どもが抱えるさまざまな課題や生活保護ワーカーが支援において困難に感じている要因などが明らかとなる。必要な支援のポイントや実効的なツールを，その都度結びつけていくことによるものである。これは，福祉事務所だけに限らず学校あるいは児童相談所といった関係機関との連携においても，個人情報の取り扱いや窓口の混乱など連携を困難にする要因を乗り越えるための具体的な工夫やツールの実践を行うに際してのダイナミズムでも見られる。

　このように，生活保護世帯の子どもへの支援は，単に高校進学のための学習支援といった短期的な効果の追求のみに矮小化せず，子どもの全年齢を視野に入れた総合的な支援システムが必要であること，子ども一人ひとりの主体性や

意欲の形成を大切にする視点が重要で，子ども自らの未来に夢や希望が持てるよう，きめ細かな支援を行うことが本当の意味で子ども自身の「生きる力」を育むことにつながる。それが将来の社会の担い手となる子どもへの健全な育成の支援になる。

2　神奈川県における生活保護等生活困窮世帯の子どもの健全育成支援

　厳しい経済・雇用情勢の長期化により，生活保護世帯が増加している。神奈川県では，経済的な困窮によって子どもの健全な成長や自立が妨げられることがないよう，2010（平成22）〜2013（平成25）年度まで「モデル事業」として，生活保護世帯などの子どもの子育てを支援する「生活困窮世帯の子ども健全育成事業」を実施してきたが，引き続き「子ども健全育成事業」に取り組んでいる。

　事業の大きな特長は，2010（平成22）年度から，生活保護を所管する郡部保健福祉事務所（センター）6カ所（平塚保健福祉事務所，鎌倉保健福祉事務所，小田原保健福祉事務所，小田原保健福祉事務所足柄上センター，茅ケ崎保健福祉事務所，厚木保健福祉事務所）に，生活保護制度と子育てについての専門知識を持つ「子ども支援員」を配置したことである。支援員の業務内容は，積極的に家庭訪問や個別相談を行うとともに，寄り添い型の支援を実施するものである。

　また，事業の中で，子ども支援の状況調査として「子どもの自立支援推進についての調査」が2011（平成23）年度に実施された。それは，福祉事務所の生活保護ワーカーが支援を行う上で参考とするために行われ，生活保護ワーカー・関係機関・生活保護世帯の3つを対象としたアンケート方式で行われたものだった。そこから導き出された方策は子どもの健全育成プログラムの作成に活用された。こうして作成されたプログラムが，子どもの育ち支援プログラム，高校進学等支援プログラム，中学卒業後の社会支援プログラム，高校生支援プログラム，関係機関との連携構築支援プログラム，学習支援等居場所づくり支援プログラムの6つである。そのうち，2010（平成22）年に先行して作成されたのは，高校進学等支援プログラムと高校生支援プログラムである（表

表9-1 生活保護世帯等の子どもの健全育成について

生活保護世帯の子どもの健全育成支援には全年齢・生活全体を視野に入れた総合的な支援が効果的

6つの子どもの健全育成プログラム

生活保護世帯の子どもに着目し，支援すべき課題について，具体的な内容や支援の手順を整理したもの。福祉事務所のケースワーカーが子どもへの支援を展開していく上での手引書となるだけでなく，様々な場面での子どもの支援に活用。

全年齢を対象に
進学や就職のときだけでなく，0歳の子育て支援から高校卒業後の進路支援まで総合的に支援。

関係機関も使えるように
教育・労働・青少年など関係部局とともに作成し，子どもの支援に関る機関が連携して参考にできるように作成。

活用しやすく
アセスメントシートや各種ツールを作成し，子どもの支援に不慣れな新任ケースワーカー等でも，実践の中で活用できるよう工夫。

子どもの育ち支援プログラム
0～18歳までの全ての子どもを対象として，子どもの発達段階に応じた支援を行うための方法・ツールを掲載。例えば「子育て支援保健サービス一覧」など。

高校進学等支援プログラム
中学生を対象として，子供が目標をもって進路選択を行えるよう支援を行うための方法・ツールを掲載。例えば「利用できる主な貸付について」など。

中学卒業後の社会支援プログラム
中学卒業後に進路が決まっていない，あるいは高校中退者を対象として，子どもの生きる力を支えるための方法・ツールを掲載。例えば「生活リズム見直し表」など。

高校生支援プログラム
高校生を対象として，進路選択や通学の定着を支援するための方法・ツールを掲載。例えば「卒業後進路フローチャート」など。

関係機関との連携構築支援プログラム
福祉事務所ケースワーカーを対象に，学校等関係機関と福祉事務所の連携のための方法・ツールを掲載。例えば「公立高校と福祉事務所の連携窓口について」など。

学習支援等居場所づくり支援プログラム
福祉事務所が，学習支援等の事務企画を行うことを支援するための方法・ツールを掲載。例えば「事業実施のポイント」など。

最新の制度を反映
生活保護やその関連する制度の変更点などを踏まえた内容。

継続してプログラム改訂
今後も，関係部局，機関の協力を得ながら，プログラム作成

子ども支援を専門とする子ども支援員によるアウトリーチ支援

生活保護制度と子育てについての専門的知識を持つ子ども支援員を配置することで，ケースワーカーと連携し，家庭訪問や個別相談など，積極的なアウトリーチによる寄り添い型の支援が効果的となる。

子ども支援員活動実績（平成24年度）

家庭訪問	439
電話相談	244
関係機関調整	583
同行・来所面接他	200
その他	1177
計	2643

効果（関係機関から）
連携しやすくなった
生活保護世帯の子どもについて窓口がわかりやすくなり，連携がスムーズになった。

効果（利用者から）
相談しやすくなった
ケースワーカーには言い出しにくい子育て相談も子どもの専門の相談員なので話しやすい。

出所：神奈川県HP。

9-1参照)。

3 子どもの健全育成に向けた支援を効果的に進めるための戦略(ポイント)

(1)「高校進学支援」と「子どもの健全育成支援」の違い

　生活保護世帯の子どもが置かれている状況をとらえる時のわかりやすい指標として,高等学校への進学率が取り上げられる。一般世帯の高校進学率が98.2%(平成23年度学校基本調査〔速報〕文部科学省)であるのに対し,生活保護世帯の高校進学率は89.5%(厚生労働省社会・援護局保護課調べ〔平成23年4月1日現在〕)であり,一般世帯に比べ約10%低い状況である。

　世帯の生活困窮に伴い,進学塾などの利用ができない例は少なくないといわれる。そうした状況に対して,生活保護世帯の中学校3年生を対象にした学習支援を行うモデル事業は,学習支援の効果が実際に進学率を押し上げたといえる。現在,生活保護制度において高等学校等就学費が支給され,また地方自治体が自立支援プログラムで学習支援費を給付しており,高校進学支援は制度の趣旨に沿うものとなり組織的な取り組みのコンセンサスも得やすい。しかし,実際の学習支援の事例からは,高校への進学率が低いのは学力だけの問題だけではなく,以下のような課題(〈生活保護等生活困窮世帯の子ども進学を取り巻く状況〉①～⑤)があったことが見えてきている。つまり,「高校進学支援」にとどまらず子どもの健全育成を図り将来の自立能力を培うことが必要であり,そのためには,0歳から成人年齢に至るそれぞれの発達段階に応じた支援が求められる。

〈生活保護等生活困窮世帯の子ども進学を取り巻く状況〉
① 進学や進路について相談できる大人がいない
　　一般に,子どもが進学や進路について相談する相手は,学校の教員,友人,塾の講師など,さまざま考えられるが,一般的には親の役割が大きい。特に進学にかかる必要な学費をどう工面するかといった家計上の課題は,親以外には相談しにくいものである。しかし,ひとり親であることから就

労に時間を割かれ，十分，子どもの進路や進学についての向き合う余裕がなかったり，親自身が疾病や障がい，離婚等に伴う家族・親族間の軋轢など，さまざまな課題に対処しなければならない様子を，子ども自身が間近に見て，自身の希望や将来の夢をたやすく相談できないなどの状況が現実には珍しくない。学力や学習意欲があっても具体的な進学や進路のための準備が整わず，進学を断念している例が少なくない。

② 学習する場や環境が整っていない

　子ども自身には学ぼうとする姿勢があっても，家庭状況のなかでそうした環境を十分整えられない例が少なくない。幼少の弟妹の面倒をみつつ日常を過ごしており，学校に通うのが精いっぱいとなっている例や，手狭な居宅のなかで勉強する場所がないという例も決して少なくない。学習塾の活用など選択肢に制約のある状況に置かれている生活保護受給世帯の子どもたちに対しては，早い段階で学習に適した環境の確保について，図書館の活用や放課後の教室の活用など，具体的な手段に関する情報提供や支援への配慮が必要である。

③ 親自身を支援する体制が整っていない

　家庭内の大人がよいモデルを示し切れないことや進学を控えた子どもの学習環境を整えられないことについて，これらをすべて親の責任に帰すことは適切ではない。調査の中で，子どもを抱える生活保護受給世帯の親の多くは，子どもの進学について，可能な限り，本人の希望に沿いたいと考えていることがわかっている。住居等による制約や幼少の弟妹など個別の要因はさまざまである。中には，親自身が，学歴で苦労してきたため子どもには苦労させたくないと考えつつ，自身に経験がなくどのように環境を整えてよいか苦慮しているといった例も珍しくない。さらに，親自身が若年のひとり親であり身近に相談できる親族が得られない場合など，妊娠，出産から一貫して子育てを含めた寄添い型の支援が必要と考えられる例も少なくない。

④ 学習する姿勢が準備されていない

　「なぜ勉強しなければいけないのか，よくわからなかった。もっと早く気付けばよかった」そんな言葉を，学習支援に参加するようになった子どもや家庭訪問による子どもへの直接面接の中で，聴かれることが多い。高校進学のための受験勉強は，中学3年生になってからの日々が非常に重要であるが，それ以前に学習する姿勢や目的が意識化されていなければならず，また，学習の姿勢や目的に対する自覚は短時間では身に着けられない。生活保護世帯の子どもは，身近に相談したり模倣したりできる大人のモデルが限られがちであるなどの理由から，学習に意味や姿勢，目的などの自覚が遅れる例も少なくないと考えられる。中学3年生になってから学習だけを支援するのではなく，中学1，2年生のうちから，そうした意識が持てるよう専門的な助言が行われることが必要と考えられる。

⑤ 中一ギャップ

　学校教員やスクールソーシャルワーカーとの連携を進めるなかで，知的能力などに課題がないにもかかわらず，他の子どもたちと比較して学習が遅れる子どもの多くは，小学校から中学校に進学する際に遅れが目立ち始めることが多いことがわかる。これは生活保護等の世帯の子どもに限られたことではないが，子ども自身の能力の問題だけではなく，家庭や学校などの学習環境の変化や引き継ぎの不十分さなど，環境的な要因が大きく影響していることが予測される。そうした環境を自立的に整えることが難しい生活保護受給世帯の場合は，特に配慮が必要であることが予測される。

（2）0歳から成人年齢まで

　子どもの能力や子どもの視点に沿った支援を継続的に行うことで，結果的には必要な成長発達を促すこととなり，成長発達の阻害要因を予防する役割を果たす。つまり，子ども自身が持つ力を信頼し，子ども自らが人生の目標を持てるよう寄り添い，見守り，さらに，そうした支援を発達段階に応じて行っていくものである。以下には，それぞれの発達段階に応じた支援のポイントを確認

していくこととする。

1）乳幼児

0～1歳頃は，親とのスキンシップなどにより，人間関係の基礎となる信頼関係が形成される時期である。親に無条件に受容され委ねられる体験が，他者を信頼することの基盤となる。生活保護ワーカーは，親がそうした子どもの発達に関する知識を持てるよう支援することが望まれる。

1歳を過ぎると，歩行などの移動能力を身に付けつつ，0～1歳頃の親への信頼愛着関係を基盤として，親と少しずつ離れられるようになる。活動範囲が広がることで，家族以外の世界を認識する。3歳頃には，第1反抗期を迎え，親の指示に強く抵抗し自己の主張を頑固に通そうとする。身体的にも発語などの知的能力も，日に日に変化がみられる時期だけに，発達の遅れなどに対する不安や子育ての不安を生じやすい。加えて，反抗期の子どもの対応にも悩むことが少なくないため，発達段階に応じた助言や情報の提供などの支援が効果的である。

5～6歳頃には他者に対する認識が育ち，比較や競争心が芽生える。この時期に経験する他者との接触や集団生活は，その後の社会性の発達に影響を与えるといわれる。

〈支援のポイント〉

① 乳幼児について，予防接種，健康診査，歯科検診などの受診状況を確認する。身長，体重から発育状態に問題がないか確認する。
② 日常生活の支援が重点となるため，身体の発達と動き，顔色，偏食などの健康面，身だしなみ，服装などの衛生面，家の中などの整理整頓，就寝時間，1日のリズム等の生活環境面などを観察し，日常的な生活習慣を身につけられるよう支援をする。
③ 保護者の子育て不安や悩みを受け止め，家庭状況を把握し，適切な集団生活に子どもをつなげられるよう心がける。

2）小 学 生

　小学校入学に伴い，生活の場が大きく広がり，社会のルールや役割などの社会性や生活に必要な基礎的な知識を吸収する。生活場面が広がることで，さまざまなことに興味を広げ，視野も広がる反面，大人による適切なサポートがないとゲームやテレビ，携帯電話の過剰利用など，生活リズムの乱れなどが生じやすい時期である。同時に，そうした中で，自らの生活が保てるよう自己抑制力を養い，さらに，時間の約束や挨拶など社会集団のルールを身に着ける時期なので，周囲の大人には意識的にモデルを示すような対応が求められる時期でもある。

〈支援のポイント〉

① 起床，食事，就寝の生活リズムをポイントとし，学習，遊び，運動，休みのバランスをうまくとりつつ，健全な育成環境を整え，定着できるよう支援を行う。

② 子どもに直接会うことにより，子どもの興味や関心を引き出し，子ども自身が本来持っている力を引き出せるよう心がける。

③ 学習習慣がない子どもや学力が不振な子どもへの学習の習慣づけ，支援の方策を工夫する。

④ 安定した学校生活が送られているかを確かめ，クラス内，先生，友人たちとの集団適応能力を把握する。

⑤ 親子関係を観察し，子どもと親（養育者）それぞれの立場を理解し寄り添う。

⑥ 自己表現の第一歩であるあいさつがきちんとできるよう，人前での不快な振る舞い，乱暴な言葉使いなどに気を付け，マナーや礼儀を身につけられるよう支援を行う。

3）中 学 生

　中学生になると，社会の中の自分（自我）を意識しはじめ，親や家族から距離を置き，心理的な自立欲求が高まる。同時に，第2次性徴により，身体的にも男性，女性の体つきへと変化が顕著となる時期である。自己愛の高まりに

よって万能感を持ったり，反対に，強い自己嫌悪に陥るなど不安定な自立意識や身体的変化から，情緒的な動揺や不安を抱えることも多い。また，その後の精神的発達に大きな影響を与えることも多い。精神的，身体的状況から，大人に対し秘密を持つことが多くなったり，権威に対して強い反抗を示したりする。この時期に周囲の大人や，社会，集団に対して生じた不信感は，その後の社会との関係の持ち方に大きな影響を及ぼす。

　生活保護ワーカーは，年代別の特性を十分に理解して接することが望まれるとともに，親や学校の担任など，子どもを取り巻く大人同士が互いに信頼関係を保ち，必要な連携をとりながら支援をすすめていくことが重要となる。特に生活保護の受給については親が子どもに説明していない場合もあるため，親とよく話し合いながら，子どもの個別の状況に応じた支援を行うよう配慮しなければならない。

〈支援のポイント〉

① 子どもの目線に立ち，敏感な思春期の身体と心の変化に対応した支援を行う。

② 進路については「高校進学等支援プログラム」などを活用し，進学や就職の方向付けを子どもや親（養育者）と一緒に考える。

③ 子どもへの1対1の直接的支援を行う際には，世帯の背景を慎重に把握した上で対応する。

④ 「べつに……」「フツー（ふつう）」などの表現方法は，思春期特有の表現方法として受けとめる。

4）義務教育修了後

　この時期は，成人への準備期として，さまざまな社会的体験の中から，自己が内面にもつ世界と社会や集団との関係への認識を育て，適切な自己実現を図るための能力を身に付ける時期である。関係する社会や集団に対し関わることで，ルールや制度，さまざまな仕組みと，自身の位置を明確にするための試行錯誤が行われる。中学生のときに周囲の大人や社会集団に対する不信感を抱いていると，この時期に，社会に対する反発や人間不信の主張が現れることがあ

る。あるいは，高等学校への進学だけを目標とする支援が自身の将来への認識ときちんと結びついていなければ，高校生になっても結果的に不登校や中途退学などを招くことも少なくない。

　生活保護制度上，高等学校等への就学費用は教育扶助ではなく生業扶助に位置づけられており，教育を目標とするものではなく生業に向けた準備を行うものとされている。この時期には，中学生の時期と比べて社会に対する義務と責任が多く求められることとなるが，時には社会への反発や不信を募らせる要因ともなる。自立した社会人となるための義務や責任は，自分らしい自己を保ち尊重されることとセットでなければならない。自己実現に必要な権利を適切に主張できる力を身に付けられるようバランスの取れた支援（進学なども視野に入れつつ適切な進路に対する助言や情報提供など）が，自立した社会人に向けた支援として効果的である。一方，人間関係では，家族以外の者との関係が大半を占めるようになり，親や家族からの関係が疎遠になる時期でもある。支援に際しては子どもの様子が把握しにくくなる親の状況にも配慮が求められる。

〈支援のポイント〉

① 「高校生支援プログラム」などを活用し，高校を中途退学しないよう，関係機関と連携・協働し，学校生活の定着と卒業，その後の進路支援と自立につなげる。

② 迷い悩む敏感な時期のため，世帯の背景を把握し，子どもと親（養育者）それぞれと適切な距離を保ちながら，慎重に支援を行う。

③ 複雑な家庭環境の中で育つ子どもが，将来をあきらめることがないよう，子どもに寄り添い応援するよう心がける。

　以上，（2）の記述については，長崎県教育センター「望ましい人間関係を育む指導の在り方―教育相談の考え方や技法を生かして」2007年3月を参考にした。

（3）情報収集とアセスメントがすべての基本

　あらゆるソーシャルワークによる支援のためには，支援の対象に関する情報の収集が必要である。もとより，生活保護ソーシャルワークにおいては，世帯の状況，成員個々の成育歴など，保護開始時の聞き取り調査などにおいて，詳細な情報の収集が行われている。そして，以下の諸点に留意することにより，子どもへの支援については，課題と必要な支援ニーズの明確化に効率的でかつ効果的なアセスメントを進めていくことが可能となる。

1）子ども・子育てに焦点を当てた情報収集

　未成年の子どもに関する成育歴などについての情報は，親の就労との関係の視点で収集されることが多く，発達の遅れや障がいなどの有無，通学の様子程度にとどまり，子どもの意向や学習態度，生活の様子までを把握するところには至っていない。子どもの健全育成支援という観点では，必ずしも十分な情報が得られているとはいえない。

2）直接面接による情報の収集

　子どもの情報の多くは，世帯主や家族成員からの聞き取りによるものとなる。しかし，世帯主など世帯の自立を求められる立場からの情報は，子どもの健全育成の視点からのものとは違い，就労関連の視点によるバイアス（情報の偏りやゆがみ）が生じる可能性がある。子どもの本当の意向や生活の状況については，子どもと直接会って生活の実情を確認することが最も近道である。

3）説明と同意に向けたツールの活用

　子どもについての情報を得ることは，決して容易ではない。子どもへの直接面接や情報の収集には，常に子ども本人と親など養育者の両方の承諾が必要であることを忘れてはならない。いずれかの承諾が得られなければ，情報の収集自体が困難となる。子どもの健全育成は，生活保護法第27条の2の自立支援に関する助言として行われるものであり，強制力を有しない。本来は，親など子どもを監護する義務のある者の判断にゆだねられていることを踏まえ，子どもの将来に向けた健全育成の趣旨を丁寧に説明し，粘り強く協力を求めていくことが必要である。

やみくもに説得するよりも，説明用資料や視覚的に訴える写真や図などを積極的に活用した説明を行う。また，得られた同意事項を記録に残し，後々の混乱を避けるために同意の確認用紙などを用意して臨むと効果的である。

4）アセスメントシートの活用

子ども支援の経験が少ない生活保護ワーカーにとっては，子どもの健全育成や子育て支援の視点でのアセスメントといっても，何を聴きとればよいのかわからず，困惑することが多いだろう。アセスメントにおいても，慣れるまではアセスメントシートを参考に情報を収集していくと，必要最小限，かつ，効果的な情報を収集できる。特に，子どもとの直接面接の機会は貴重であり時間的制約も多いことから，効率的な情報収集を図りたい。また，定期的に，同じ情報を収集することで，成長の変化を記録することにもつながる。

ただし，アセスメントシートを活用した情報の聞き取りの際は，単に羅列された項目を順に聞き取ろうとすると，一方的な尋問のような印象を与える恐れがあるので配慮が必要となる。真摯な姿勢で子どもの将来に向けた健全育成のための専門的支援の趣旨からの聞き取りであることを踏まえ，子どもや親の思いを自然な会話の流れに沿い，関連する情報を集めていくとよい。

5）発達の過程に応じた情報の取り直し

子どもは短い時間で，見違えるほど成長するなど，成人の場合以上に身体的にも精神的にも変化が大きい。アセスメントは1度行えば完了ではなく，少なくとも1年に1度程度は，最新の状況を確認することが望ましい。

6）成長のフィードバック

一般的に生活保護ソーシャルワークでは，制度の特質上受給者には義務や制限を求めることが多いので，生活保護受給者に対しプラスの評価をすることが少なくなる。しかし，子どもが日々成長した結果をフィードバックすることにより，親にとっても子ども自身にとってもプラスの評価につながる機会となる。就学時の子どもは，年度の区切りが生活の区切りとなるため，1年に1回年度末に成長を振り返り，その変化を親子とも伝えることができるとともに，新たな1年間の目標を子どもや親を交えて一緒に共有できる機会となる。

（4）主体的参画により個人情報の壁を越える

　生活保護受給者に関する情報はいずれも個人情報を含むものばかりであり，取り扱いには細心の配慮が必要である。特に，子どもに関する情報の取り扱いは，生活保護の目的のため以外に利用することは認められず，第三者への提供や情報の収集は保護者の了解を前提としなければならない。いくら子どもへの支援で必要でも，福祉事務所が保護者の了解を得ないまま学校へ問い合わせを行ったり連絡を取ることは，生活保護受給の情報を学校に提供してしまうことになる。同様に，学校などの関係機関から，家庭の経済状況や養育の状況について福祉事務所に生活保護の制度利用の可能性について問い合わせがあった場合でも，当該世帯が生活保護受給世帯であるかも含めて，安易に回答することは差し控えなければならない。

　個人情報への配慮は，福祉事務所の生活保護ワーカーや学校の担任教員などが，子どもへの支援を考える際，最初にぶつかる最大の障壁といっても過言ではないだろう。「家庭訪問をすると，平日の昼間なのに，最近はいつも中学生の長男が自宅におり学校に通っていない様子である」と生活保護ワーカーが認識した場合でも，また，「成績が急に下ったが何か家庭状況にあったのではないか」といった担任教員の認識があった場合でも，子どもの保護者からの同意が得られなければ，双方が事実関係を確認することすら困難となっているのが現実である。経験の浅い生活保護ワーカーであれば，それ以上，踏み込んで連携を図ることに躊躇したとしてもおかしくない。

　しかし，これらは，以下のような情報の取り扱いに対する基本姿勢と取り組みのための体制を整備しておくことで，多くの課題をクリアすることができる。子どもへの支援は，適時適切なタイミングで行うことが必要な場合が多く，速やかな支援が行えるよう体制を整えておきたい。

1）同意を得ること・主体的参画

　子どもへの支援は，子ども本人や保護者の主体的な参画を抜きにして，効果的に進めることは非常に難しい。具体的な支援にあたっては，まず，保護者や子どもとよく話し合い，共に歩むことを探る姿勢が何より大切である。当然，

学校などの関係機関との調整や情報交換に関与する場合も，子どもや保護者の了解を得て行うことを前提とすべきである。そのためにも，福祉事務所が日頃から，目の前の経済的な自立支援だけを強引に進めているようでは，信頼関係を得ることは難しい。子どもの健全育成は，子ども自身ひいては世帯にとっても有効な支援であるはずであり，子どもの将来の自立を視野に入れた支援の目的を明確にし，そのメリットや意義を説明しつつ，ともに歩むことをすすめていきたい。

　世帯の経済的自立に向けた取り組みと子どもの健全育成の目的が相反するように受けとめられ合意形成が難しい場合などは，子ども支援担当ワーカーや子ども支援専門員などを配置し，世帯との関係性の中で支援の窓口で役割を分担するような組織的な対応が効果を奏する。そのためにも，事前のアセスメントにより支援課題を明確に整理した上で，何が今，子どもに必要なことなのか，家族や子どもとともに考えることが大切であろう。課題と思われる事象を批判的に押し付けるのではなく，ともに課題を見つけていく過程を大切にしたい。

　保護者とともにアセスメント・支援シート（神奈川県 HP「子どもの育ち支援プログラム」ツール 1 参照）を記入することも効果的である。保護者の評価内容と生活保護ワーカーの評価内容が異なる場合は，シートに記載することによって，なぜ見え方が異なるのか，生活保護ワーカーの判断はどういう情報や材料によるものかなどを丁寧に説明していくことで，同じ視点を築いていくことができる。

　また，実際に，子育て（養育）で困っていることや悩んでいることがあれば，問題解決のために力になりたい旨を伝える。保護者が課題を整理できなかったり，うまく認識できない場合も多い。その場合には，子どもの成長の過程で生じやすい一般的な課題を整理した資料やワークシートなどを用意し，保護者にチェックをすすめたり，一緒に確認してみることを行う。ワークシート（〈神奈川県ホームページ「子どもの育ち支援プログラム」〉ツール 2 参照）には乳幼児から小学校低学年を対象とした「乳幼児・学童初期用」と小学校高学年以上を対象とした「児童・生徒用」があるため，子どもの年齢に応じて使い分けることが

できる。
　支援課題の緊急度・重要度に応じて次回のアセスメント時期を決め，支援すべき課題が特に見あたらない場合でも，年に1回はアセスメントと支援方針の見直しを行う。また，具体的に支援が必要と思われる場合は，以下のような対応例が参考となる。

- 子どもの発達に遅れがあると思われる場合
    ⇒市町村役場や保健所の保健師または児童相談所など，より専門的な相談ができる関係機関を紹介し，相談につながるように支援する。
- いじめや進路選択など学校生活や進路に関連した悩みを抱えている場合
    ⇒悩みの詳細を聴き取り，適切な関係機関に相談がつながるようにする。
- 学校などの関係機関に対する不満の訴えが多い場合
    ⇒訴えを傾聴し，不満に思う原因が解決可能なものについては調整する。ただし，子ども・保護者と関係機関との信頼関係を保つために無理はせず，調整の機会をうかがう。
- 福祉事務所の直接的支援に抵抗感がある，または拒否している場合
    ⇒査察指導員を含めた役割分担により複数体制で粘り強く関わる。子育て（養育）支援以外の切り口で，関わりの糸口を探る。
- 子どもへの虐待が疑われる場合
    ⇒児童相談所，または市町村子ども担当課窓口への通告を検討する。
    ⇒虐待通告による対応は，虐待通告受付手順の手引き（神奈川県ホームページ「子どもの育ち支援プログラム」ツール8参照）が参考となる。

2）個人情報の取り扱いルールの整理

　生活保護制度の受給の有無に関する情報は，世帯の収入状況に関わる重大な個人情報であり，当事者本人の承諾を得ないままに第三者に安易に提供することは許されない。未成年の子どもの場合は，本人だけでなく養育者の承認が必要であることは大前提であり，日頃から個人情報の基本原則を徹底することが受給者からの信頼を得る上で不可欠となる。生活保護ワーカーは，学校や関係機関など，第三者からの問い合わせなどについても厳格適正に対応することは

もとより，預かった書類などの管理，面接時などのプライバシーの確保など，個人情報に対する日常的な姿勢が問われていると考えておくべきである。個人情報の取り扱いについて，受給世帯に対しては，きちんと説明をしておくことが必要であろう。

福祉事務所における情報の取り扱いルールなどについて，求められればいつでも説明できるように整理し，職員によって対応や説明が異ならないよう徹底を図っておくことが大切である。簡単な説明資料を作成しておくことで，職員間の認識の統一も図られ，説明の際の助けにもなる。

3）あらかじめ組織的な連携を申し合わせておく

生活保護受給世帯に対する支援では，子どもが生活の大半を過ごす学校等の関係機関との連携が不可欠となることが多い。情報の共有について主体的に子どもや保護者の合意が得られても，連携したい関係機関との間で合意が得られなければ意味がない。当事者の同意を得たことだけでいきなり連携を求めたり，個人情報の提供を求めても，連携関係がスムーズに動き出すとは限らないであろう。

したがって，個別に実務的に連携をスタートさせる前に，連携の際の窓口担当者，個人情報や同意の扱い，提供できる情報の範囲や守秘義務の確認など，組織的な体制整備を行っておくことが大変効果的である。最初のボタンの掛け違いや不信感などは，その後の連携関係にも大きく影響する。あらかじめルールを決めておけばトラブルを回避でき，状況は大幅に改善される。

具体的な組織的連携体制の整備については，詳細な記載が必要となる。取り扱う情報が非常に繊細か配慮を要する情報である以上，取り扱いについてルールを決めておくことは当然のことであるが，これまで生活保護等生活困窮世帯の子どもに焦点を当てた支援や連携の事例が少なかったため，福祉事務所と学校などの関係機関間での連携が構築されている例は少ないだろう。組織間で顔合わせを行う定期的な連絡会を持つなど，連携について申し合わせをしておくだけでも，実際の運用は飛躍的に改善する。

4）同意が得られない場合にすべきこと――情報収集と一般的連携

　子どもや保護者の主体的な参画を抜きにして，子どもへの支援を効果的に進めることは難しい。まずは趣旨を丁寧に説明し，合意形成を行うことが不可欠であるが，保護者や子どもの合意が得られないことも珍しくはない。その場合，少なくとも具体的な支援の課題が予測されるのであれば，まず保護者や子どもと話し合い，共に歩むことを探る姿勢を持ち続けることが重要である。子育ての環境や発達の課題，進路の検討など，課題に沿った関係情報を収集したり，情報を整理して説明資料を作成・提供するなど，合意形成を図るための関わりを継続すべきである。

　さらに，子どもに身体的・精神的危害が及ぶ恐れがある場合や，子どもが犯罪などに巻き込まれるような恐れがある場合は，関係機関と連携した迅速な介入の要否について判断が必要となる場合もある。こうした関連情報の収集や事前のアセスメントは，子どもや世帯への支援に不可欠な作業であり，支援の一部であるという認識が必要である。

　一方で，目的の不明確な情報収集やアセスメントは，不適切な情報の収集につながる恐れもあることから，予測された支援課題と結びつけて，具体的な支援計画の中に情報収集の事項やアセスメントの目的を明示しておくとよい。

　また，関係機関との連携や情報の共有は同意を得るまでは難しいが，個人情報に関わること以外については一般的な連携が全くできないわけではない。学校などの関係機関との連携関係を日常的に進めておくことは，機関相互の信頼関係を醸成し，スムーズな対応により効果的な支援を可能にする。

4　子どもの社会的な自立能力への効果を計る視点

　子どもの健全育成支援事業は，子ども自身が将来，大人になった際に再び生活困窮に陥ることなく，自立した生活が営めることを目的とするものである。一般的な事業評価においては，人材や資源の投下にかかる財源とその効果を金銭に換算して対比することが多い。最終的な効果が確認できるまでに長期間を

要する教育や子ども支援においては，この手法は適当ではない。生活保護等生活困窮世帯の子どもへの支援の必要性は明らかであり，社会的なコンセンサスを得られつつある。子どもの健全育成支援が事業として新たに始められたばかりの現段階では，事業が将来の子どもの社会的な自立に効果があるかではなく，どのような具体的な支援が子どもの社会的な自立能力の獲得に効果があったかに重点を置くことが適当であろう。

したがって，評価を行う目的は「実際に，どのような支援が子どもの社会的な自立能力に効果的であったか，その方法を探ること」となり，子どもの健全育成という施策全体だけを評価するのではなく，「生活保護ワーカーによる支援の取り組みや学習支援といった個々のプログラムの効果」も含めて「評価の対象」とする必要がある。

次に評価対象に対して何を指標に効果を計るかが問題となる。子どもの社会的自立には，学業成績はもとより，他者とのコミュニケーション能力や集団への適応能力，意欲や自分自身が社会に必要とされていると感じる自己有用感や自己肯定力，社会の中で直面する課題に対し，的確に分析し見込みを立てて解決する力など，実に多様で複合的な要素により構成されるものである。

生活保護等生活困窮世帯の子どもは，社会的な経験や出会いの機会が限定されることなどが多く，社会生活能力の総合的な形成に特段の支援が必要であると考えられる。このため，評価対象を能力の獲得や変化すべての事項とすることは不可能であることから，能力の伸長や獲得によって子どもたちの態度や行動にどのように変化が現れるかについて検証し，それを記述することが適当であると考えられる。

支援の評価項目は，福祉事務所で子どもの支援に携わる生活保護ワーカーや子ども支援専門員などから支援により現れる変化に関する項目を挙げてもらい，それを指標項目としていくことも，評価目的に沿う的を得たものとなり効果的である。

図9-1～2は，指標項目の一例と，支援の開始時点（5点法）と開始後1年目のそれぞれのデータの例である。支援の効果が数値化され目に見える形とし

第Ⅲ部　福祉事務所の組織的取り組み

図 9-1　子どもの育ち（子育て等）への支援の評価例（対象460名）

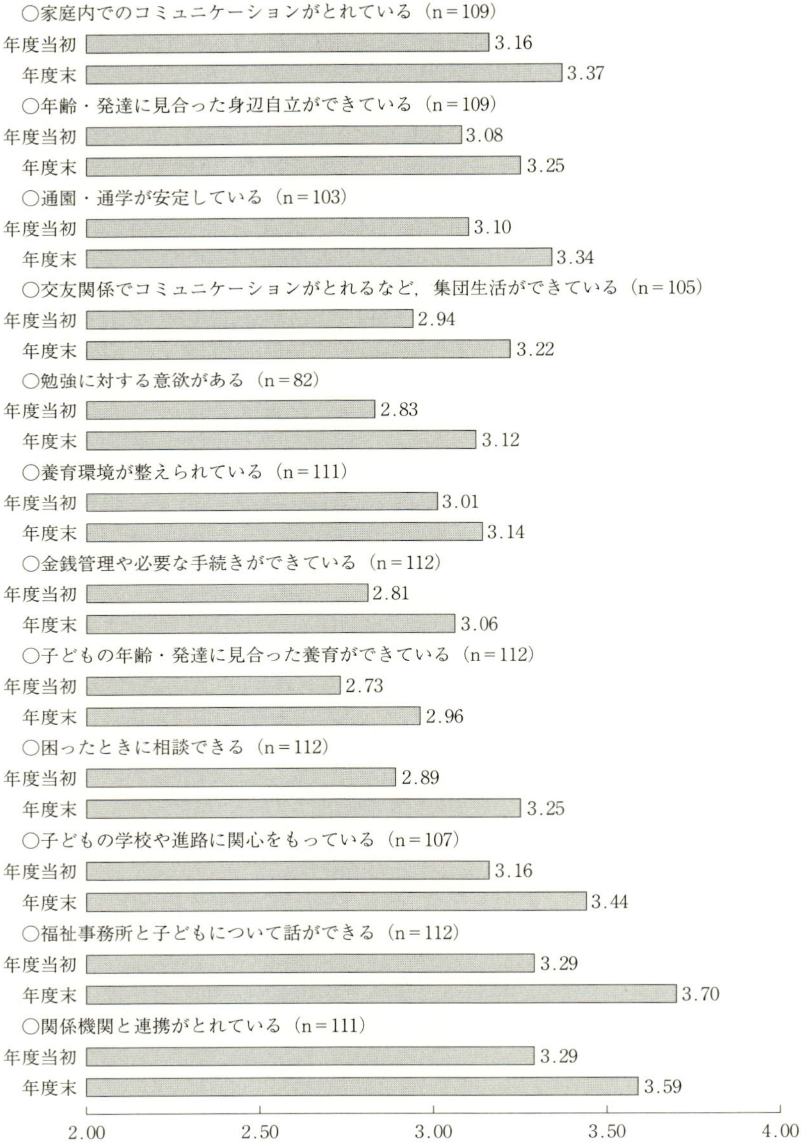

○家庭内でのコミュニケーションがとれている（n=109）
- 年度当初　3.16
- 年度末　3.37

○年齢・発達に見合った身辺自立ができている（n=109）
- 年度当初　3.08
- 年度末　3.25

○通園・通学が安定している（n=103）
- 年度当初　3.10
- 年度末　3.34

○交友関係でコミュニケーションがとれるなど，集団生活ができている（n=105）
- 年度当初　2.94
- 年度末　3.22

○勉強に対する意欲がある（n=82）
- 年度当初　2.83
- 年度末　3.12

○養育環境が整えられている（n=111）
- 年度当初　3.01
- 年度末　3.14

○金銭管理や必要な手続きができている（n=112）
- 年度当初　2.81
- 年度末　3.06

○子どもの年齢・発達に見合った養育ができている（n=112）
- 年度当初　2.73
- 年度末　2.96

○困ったときに相談できる（n=112）
- 年度当初　2.89
- 年度末　3.25

○子どもの学校や進路に関心をもっている（n=107）
- 年度当初　3.16
- 年度末　3.44

○福祉事務所と子どもについて話ができる（n=112）
- 年度当初　3.29
- 年度末　3.70

○関係機関と連携がとれている（n=111）
- 年度当初　3.29
- 年度末　3.59

2.00　　2.50　　3.00　　3.50　　4.00

出所：神奈川県子ども支援の実情調査。

第9章　子どもへの支援

図9-2　高校進学等支援の評価例（対象91名）

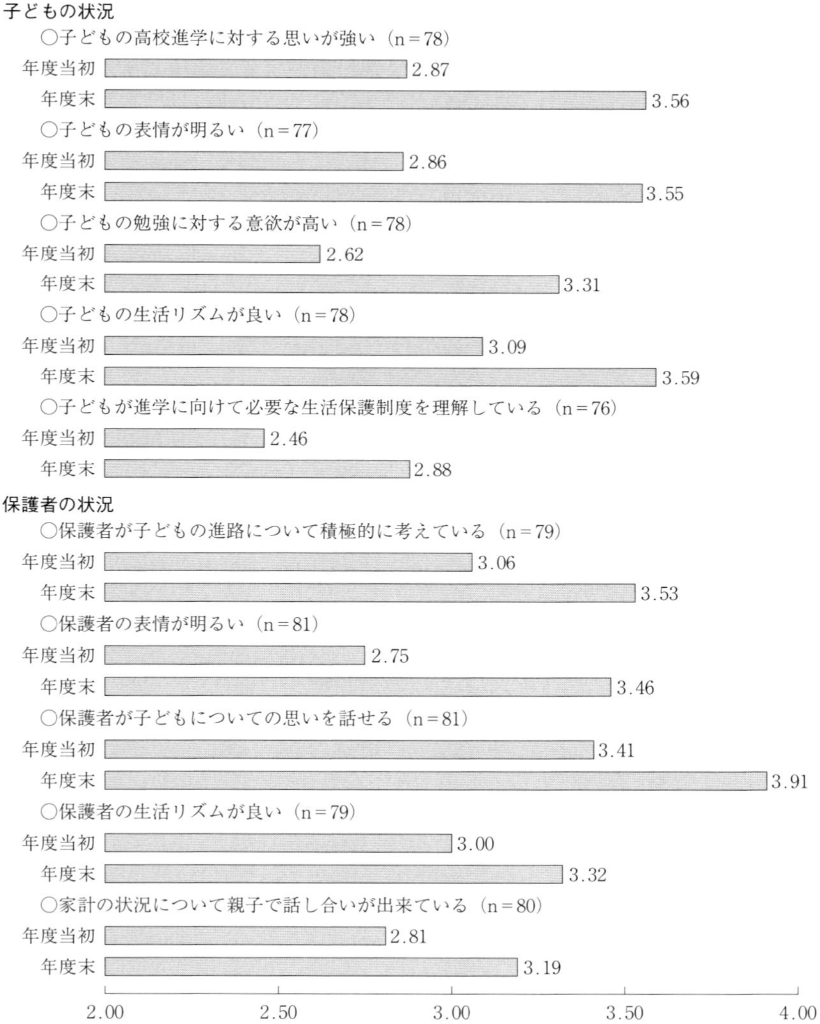

子どもの状況

○子どもの高校進学に対する思いが強い（n=78）
- 年度当初：2.87
- 年度末：3.56

○子どもの表情が明るい（n=77）
- 年度当初：2.86
- 年度末：3.55

○子どもの勉強に対する意欲が高い（n=78）
- 年度当初：2.62
- 年度末：3.31

○子どもの生活リズムが良い（n=78）
- 年度当初：3.09
- 年度末：3.59

○子どもが進学に向けて必要な生活保護制度を理解している（n=76）
- 年度当初：2.46
- 年度末：2.88

保護者の状況

○保護者が子どもの進路について積極的に考えている（n=79）
- 年度当初：3.06
- 年度末：3.53

○保護者の表情が明るい（n=81）
- 年度当初：2.75
- 年度末：3.46

○保護者が子どもについての思いを話せる（n=81）
- 年度当初：3.41
- 年度末：3.91

○保護者の生活リズムが良い（n=79）
- 年度当初：3.00
- 年度末：3.32

○家計の状況について親子で話し合いが出来ている（n=80）
- 年度当初：2.81
- 年度末：3.19

出所：図9-1と同じ。

第Ⅲ部　福祉事務所の組織的取り組み

て記述されていることがわかる。こうした評価項目は，支援の利用者である子どもや保護者も交えて支援の開始時点を振り返り，その後一定期間（たとえば1年経過ごとに）支援を行った時点での評価と比較することも可能で，支援する側と支援を活用する側の目的の共有にも機能しえるものと考えられる。

参考文献
浅井春夫・松本伊智朗・湯澤直美編（2008）『子どもの貧困―子ども時代のしあわせ平等のために』明石書店。
阿部彩（2008）『子どもの貧困』岩波新書。
阿部彩（2014）『子どもの貧困―解決策を考える』岩波新書。
神奈川県 HP「生活保護世帯等の子どもの健全育成について」。
神奈川県 HP「子どもの育ち支援プログラム」。
東京都板橋区／首都大学東京共編，著者代表岡部卓（2007）『生活保護自立支援プログラムの構築―官民連携による個別支援プログラムの Plan-Do-See』ぎょうせい。
長崎県教育センター（2007）「望ましい人間関係を育む指導の在り方―教育相談の考え方や技法を生かして」。
湯澤直美・中西新太郎・浅井春夫編（2009）『子どもの貧困白書』明石書店。

（菊池健志・大澤弘美・長谷部慶章）

第10章 被災者支援と生活保護業務の実際
―― 岩手県からの報告

1 東日本大震災の発生

　2011（平成23）年3月11日午後2時46分，筆者は，岩手県一関市内にある国立病院機構岩手病院の重症心身障がい児者病棟内で行われていた特別支援学校卒業式に出席していた。式も終わりに近づいた頃，かつて経験したことのない大きな揺れに襲われた。会場となっていた講堂の天井に吊るされた照明は大きく揺れ，天井からほこりが舞い散った。建物の天井の落下が脳裏をかすめたが，病院，学校関係者と家族，関係者が，車いすに横たわる卒業生をすばやく会場から外に避難させ，筆者も同行の一関市職員と外に出て，地割れし地面から水が噴き出ている病院敷地を後にして，一関市役所に向かった。

　当時，筆者は，岩手県からの出向により一関市（保健福祉部長兼福祉事務所長）に勤務（2010〔平成22〕～〔平成24〕年度）していた。本稿は，主に東日本大震災の大津波により壊滅的な被害を受けた岩手県大槌町と陸前高田市，そして，内陸被災地であると同時に隣接する沿岸被災地の後方支援を担った一関市での被災者支援や生活保護業務の実際などの報告であるとともに，岩手県での「震災による貧困の顕在化」についての若干の所感である。

2 岩手県の被災状況

(1) 全体の被災状況
　東日本を直撃したマグニチュード9.0と国内観測史上類を見ない規模の大地震と巨大津波，その後の断続的な余震は，岩手県各地に深刻な被害を与えた。

特に，沿岸地域を襲った巨大津波による被害は甚大で，沿岸地域は，多くの尊い命と財産が奪われた。また，内陸地域においても，人的被害や公共土木・農林業などの被害が発生し，物流面の混乱や風評被害等の社会経済的な影響は，県内全域に及んだ。その被害状況は，2013（平成25）年5月31日現在で，死者5,068人（関連死396人含む），負傷者209人，家屋倒壊数は2万4,928棟に上り，行方不明者も依然1,149人（うち死亡届受理者1,128人）となっている（岩手県調べ）。

　岩手県は，1906（明治29）年，1933（昭和8）年の三陸地震津波，1960（昭和35）年のチリ地震津波等による被害状況を踏まえ，津波対策として防潮堤等の防災施設の整備や地域防災の取り組みなどを進めてきたが，今回の津波は，過去の津波を凌ぐ未曾有の大災害となった。農林水産業の被害額4,426億円を含めた産業被害総額は6,087億円，公共土木施設の被害総額は2,573億円，保健・医療・福祉施設および教育施設の被害総額が705億円に上っている。

（2）福祉事務所の被災状況

　この震災で保護受給者が被災した福祉事務所は，5市3郡部福祉事務所で，被災福祉事務所の職員の中には，家族が死亡，行方不明となったものもいた。こうした状況下で，生活保護業務のほか，福祉事務所の多くが災害救助法を所管していたため，災害業務に従事し，被害状況の把握，避難所の手配，食糧・衣類等の物資の調達などの業務に追われ，福祉事務所は極めて厳しい状況にあった。

3　大槌町の状況

（1）震災直後の状況

　沿岸の大槌町は，東日本大震災で役場庁舎も全壊し，町全体が壊滅的な被害を受けた。当時，釜石市に所在する大槌町所管の県福祉事務所である岩手県沿岸広域振興局保健福祉環境部（以下，沿岸局）に勤務していた菊池氏（当時・福祉

課長）は，自らも陸前高田市の自宅を津波で流されながら，生活保護を含めた被災者支援に当たった。

　震災当日を菊池氏は「3月11日に何があったか，そして私たちは何ができたか」と自問自答し，「自分たちは被災しないという前提」であったが，「今回はその前提が根底から崩れた」と振り返っている。「夕方になり，余震が落ち着いてから，釜石市内の社会福祉施設・病院の被災状況確認や必要な物資の有無などを暗闇の中聞いて歩いた」「真夜中，釜石市から赤ちゃんのミルクが欲しいとの要請があり，街の中を駆けずり回って，ドラッグストアの店長を探し出して店を開けてもらい，商品が散乱しているその危険な中を，ミルクとおむつ，それから幾ばくかの食料を確保した」という。

　沿岸局職員が，担当区域の大槌町に入ったのは3月14日である。発災から3日後となったのは，大槌町で大規模な火災が発生していたからであった。大槌町に行った当日も，「山火事が延焼中で，大槌町入り口のトンネルの中に山火事の煙が充満し，山火事の中を駆け回って，施設や病院を歩いた」という。

（2）大槌町の概況と被災状況

　大槌町は，岩手県の沿岸南部に位置し，北に宮古市と山田町，南に釜石市，西に遠野市と接している。面積は200.59km^2，人口は震災前の2010（平成22）年10月1日で1万5,276人，5,679世帯であった。大槌町の東日本大震災による被害は，2013（平成25）年5月31日現在で，死亡が853人（関連死50人含む），行方不明が435人に及び，人口の8％を超える。家屋倒壊数は3,717棟に上り，世帯数の実に65％に達する。被保護世帯は，2011（平成23）年10月現在で死亡11人，行方不明23人，全壊・半壊家屋136棟となっている。ちなみに，隣接する釜石市では，死亡18人，行方不明12人，全壊・半壊家屋89棟である。

（3）被保護世帯への支援

　沿岸局の福祉課8人（菊池氏と地域福祉3人と生活保護4人）の職員で，管内の社会福祉施設，被災者，生活保護世帯のすべてに対応することは極めて困難で

あった。菊池氏は「業務を計画的に処理するということは，発災後の1カ月ぐらいは無理」だと思い，地域福祉班は施設の物資の確保とか，各種手帳の再発行，内陸の避難先施設の確保を優先した。ここでの困難は高齢者，障がい者の避難先の確保だったという。保健師からの「施設入所や医療が必要」という情報を受け，受入先を直接施設と交渉や県庁を経由して見つけたりと，その確保が大変だった。加えて，町役場は，職員136人のうち，町長や課長級7人を含め40人と3分の1を亡くし，残ったほとんどの職員も被災しており，町役場の業務支援，そして各種手当ての支給などにあたった。

生活保護担当職員4人（査察指導員1人，生活保護ワーカー3人）のうち2人は，3月23日まで保健活動に従事し，菊池氏と職員2人が，被災者支援や被保護世帯の安否確認に従事した。どこに避難しているか，生きているか死んでいるかわからない。どうやってそれを確認しようか，町役場の機能もなくなってしまっていたので，4月13日から大槌町に児童と生活保護の相談所を設置した。8月1日からは，静岡県の応援を受け，平日は生活保護の相談所を開設して対応した。

生活保護の災害対応でまず問題となったこととして，菊池氏は，「被保護者の安否確認と4月5日に予定している保護費の支給をどうするか。新型インフルエンザのときにはBCP（業務継続計画）を作成したが，やはり災害用のBCPというのが必要ではないかと思った」という。

沿岸局では，まずは，避難所に「安否の連絡をしてください」というポスターを掲示した。最初は避難所に電話がなかったが，各避難所に衛星携帯電話が設置されてからは，担当生活保護ワーカーに電話連絡がきた。避難所を巡回すると，菊池氏に被保護者から声をかけてくれて，「元気でしたか，生きていましたか」と，そこで手を取り合って「よかった。よかった」と喜び合った。そして，被災していない世帯を訪問し，訪問先から「誰々さんはどっかへ行っているようですよ」とか情報が入り，それをまた聞いてそこへ行ってみるというような状況だったという。

保護費支給では，金融機関がなかなか再開しなかったため，「どこの金融機

関のATMが使えるか，あるいは窓口なのか，現金だけなのか」とか，さまざまな情報を収集して，それをコピーして被保護世帯に配った。そうしないと口座に入っても現金化できないという状況であった。「5月2日の支給で，保護費支給については一段落をした」という。

沿岸局（前・釜石地方振興局）は，筆者も菊池氏と同様に福祉課長として2003（平成15）～2005（平成17）年の3年間，勤務した場所であり，当時，共に仕事をした顔見知りの大槌町の保健師や社会福祉協議会職員，福祉施設職員が亡くなっている。震災後6カ月経ってから訪れた大槌町は，まさしく何もなく，破壊された役場庁舎玄関の時計は，津波が襲った時刻を指して止まっていた。

（4）生活保護の状況と義援金等の取り扱いについて

大槌町の生活保護受給者は，震災前の2011（平成23）年3月1日で191世帯，288人であった。2010（平成22）年度月平均保護率は，18.62‰で，県内34市町村中3番目に高い保護率であり，県内で常に高い保護率であった。2009（平成21）年度の世帯類型別では，高齢者世帯が45.5％，母子世帯が6.1％，傷病・障害者世帯が30.2％，その他世帯18.2％となっており，町村部平均と比較すると，高齢者世帯で2.9％低く，母子世帯で1.9％高く，傷病・障害者世帯で2.8％高く，その他世帯で1.8％低くなっており，母子世帯の割合の高さが目立つ（表10-1参照）。8カ月後の2011（平成23）年11月1日には，74世帯，102人に減少し，2011（平成23）年度月平均保護率は10.33‰，34市町村中高い順から15番目となっている。この間の保護廃止理由は，義援金等が53件，死亡・行方不明が28件，転出が19件，引き取りが7件，就労4件などである。

義援金等については，実施機関によりさまざまな義援金に関する取り扱いがあったため，2011（平成23）年6月21日に沿岸の福祉事務所関係者が集まり，義援金に関する取り扱いの協議をしている。義援金などについて，菊池氏は「苦労したところは，義援金の取り扱いについての説明にかなりの時間を要し，保護廃止後も訪問を継続して，なんでも相談に乗るということを必ず付け加えた。そして，1カ月に1度あるいは2カ月に1度巡回し，かなりきめ細かく丁

第Ⅲ部　福祉事務所の組織的取り組み

表10-1　岩手県，大槌町・陸前高田市および一関市の保護率（‰）と世帯類型別割合（%）

	保護率	高齢者世帯	母子世帯	傷病・障害者世帯	その他世帯
県　　　計	10.81	42.5	5.5	34.3	17.7
市　部　計	11.13	40.9	5.9	36.2	17.1
町　村　計	9.76	48.4	4.2	27.4	20.0
大　槌　町	18.62	45.5	6.1	30.2	18.2
陸前高田市	6.96	50.8	4.8	33.5	11.9
一　関　市	8.57	42.5	4.4	38.5	14.5

注：保護率は2010（平成22）年度，世帯類型別割合は2009（平成21）年度。
出所：岩手県「岩手県の生活保護」各年度版。

寧に説明をし，今でも最低1時間はかけてさまざまな相談にも対応している」という。自立更生に当てられる額の決定について，菊池氏は，「私たちからできるだけ多くの事項をあれはどうしたらよいか。これはどう取り扱うのがよいだろうかという形で提案して回答を求めた。その結果，個別的費目の積み上げを多く行うことができたし，丁寧な説明をすることができた」という（下記の岩手県保健福祉部地域福祉課「東日本大震災津波の被災者が受けた義援金等の生活保護における取扱いについて」参照）。

このほか，菊池氏は，震災の影響として，「被災したことにより切れていた扶養義務者間の絆が結構回復している」とも指摘している。また，被保護世帯の転出の中には，内陸避難して，そのまま花巻市とかあるいは盛岡市に定住してしまう事例も多く，「被災地で保護が増えているのではないかと思われるが，実は増えておらず，震災以後の生活保護相談は22件で申請は6件であった」と報告している。

別紙資料
　東日本大震災津波の被災者が受けた義援金等の生活保護における取扱いについて
平成24年8月31日
　このことについて，昨年3月11日に発生した東日本大震災津波では，沿岸部を中心に，死者，家屋の倒壊など甚大な被害を受け，生活保護を受給していた世帯においても多くの被害が発生し，義援金，生活再建支援金及び弔慰金等の支給が行われました。
　本県においては，次のとおり，保護受給世帯の自立更生に向けて，これらの義援金等の取扱い

が適正に行われています。

1 生活保護制度における義援金等の取扱い
   ○ 生活保護制度は、生活保護法に基づき、国が生活に困窮するすべての国民に対し、その困窮の程度に応じ、必要な保護を行い、その最低限度の生活を保障するとともに、その自立を助長することを目的に実施しているものです。
   ○ 生活保護制度では、その利用し得る資産、能力その他あらゆるものを、その最低限度の生活の維持のため活用することを要件として行われるものです。
   ○ 今回の東日本大震災津波において被災した方々に対して支給された義援金、生活再建支援法に基づく生活再建支援金及び災害弔慰金の支給等に関する法律に基づく弔慰金等についても、原則として、その世帯の収入として生活の維持に活用されることが求められるものです。
   ○ この義援金等の取扱いについては、被災した世帯の将来の生活再建を含めた今後の自立更生に充てられる額を収入として認定しない取扱いとされ、自立更生に充てられる額を超える額について収入として認定する取扱いとされています。

2 県の指導等
   県では、前記1の生活保護制度の取扱いが適正に行われるよう、生活保護の業務を行っている市福祉事務所及び町村部を所管する県の広域振興局に対して、義援金等の収入認定に関する次のような取扱いについて通知するとともに、会議及び生活保護法施行事務監査等において適切な対応を行うよう指導等を行ってきました。
   ① その世帯の将来の自立更生のために充てられる金額の確定等について、十分に世帯と話し合い個々の世帯ごとに「自立更生計画書」の作成を指導し進めること。
   ② 担当職員のみで処理するのではなく、ケース診断会議等を活用し、組織としての取扱いを判断すること。
   ③ 義援金等を収入認定した結果、停止、廃止となる場合には、今後の不安解消のため、丁寧な説明を行うこと。
   ④ 転居等の将来の自立更生に充てる経費が多額となる場合等については、その金額が目的に沿って安全に管理、活用できるよう、岩手県社会福祉協議会に一定期間通帳等を預託する制度の活用を検討すること。

3 義援金等による廃止等の状況
   ○ 生活保護制度では、その世帯の最低生活費と収入の比較を行い、6箇月以上生活が可能であれば保護廃止となり、6箇月未満の場合には保護停止という取扱いとなります。
   ○ 発災した平成23年3月における県内の生活保護世帯10,606世帯（15,097人）のうち、平成23年5月以降平成24年6月末までの間に438世帯に義援金、被災者生活再建支援金及び災害弔慰金が支給されており、そのうち221世帯が保護廃止、8世帯が保護停止となっています。
   ○ なお、去る7月3日に岩手弁護士会から県に提出された「被災地の生活保護の運用についての会長声明（平成24年6月29日付）」において、被災地の被保護世帯の自立助長を考慮した適切な取扱いについて配慮するよう要請がありました。
   ○ 義援金等の全額を収入認定の除外とすべきといった弁護士会の主張など、生活保護制度の運用上の解釈については。国や県の見解と相違する部分はあるものの、本県における義援金等の取扱いについては、自立更生計画書の簡略化や個別の世帯への指導など、制度の運用が適切に行われている状況について弁護士会に説明し、一定の理解が得られているところです。

岩手県保健福祉部地域福祉課

4 陸前高田市の状況

(1) 陸前高田市の概況と被災状況

　陸前高田市は，岩手県の沿岸の最南部で，南で宮城県気仙沼市，西で一関市に接している。面積約232.29 km^2 人口は震災前の2010（平成22）年10月1日で2万3,300人，7,767世帯であった。県内でも最も温暖な地域である。

　陸前高田市を襲った津波は，最大16 m の高さに及び，大槌町と同様に市は壊滅的な状況となった。その被害は甚大で，2013（平成25）年5月31日現在で，死者・行方不明は1,597人（関連死41人を含む）で人口の約7％に及んでおり，家屋倒壊数は3,341棟で世帯数の40％以上に上っている（岩手県公表）。行政機関の中心であった市役所本庁舎，地域医療の中心であった岩手県立高田病院などの多くの公共施設が全壊した。市民の避難誘導などにあたった市役所職員（嘱託や臨時職員を含む）421人のうち107人と全体の約4分の1が犠牲となった。

　筆者が，岩手県一関保健所職員とともに陸前高田市に入ったのは，震災から10日程経ってからであった。隣接市である一関市として，保健福祉分野でできる支援は何かを探ろうとしてのことである。一関市の北東部の大東地域の雪が残る峠を越え，陸前高田市のまったく海も見えず，周りは山に囲まれている地域に入ると，そこには，津波で破壊された住宅や流されてきた自動車など無数の「がれき」が出現した。津波は，川を上り，山間の集落までも襲っていたのである。

　それから，市街地に近い，最大の避難所となっていた中学校舎に入った。すでに，県内外からの医療保健の災害派遣チームが活動しており，その合同チームミーティングに参加した。地域の保健活動を担う保健師9人中6人が犠牲となった市は，なす術もない状態であり，担当課長の憔悴も心配された。筆者は，担当課長に「いま何に困っているのか。どんな援助が必要なのか」と問うたが，「県内や全国から多くの医師や看護師・保健師が来てくれてありがたい。今は，皆さんにお願いするだけです」との返事であった。その日は，「何かあったら

直接電話ください」と携帯電話の番号を交換して別れた。翌日，担当課長から筆者に電話があり，「実は，支援に来た医師らの宿泊場所が確保できずに困っている」とのこと。一関市は，早速，入浴設備もある大東地域の老人福祉センターを提供することとした。その後，センターは，全国の多くの医療保健関係者に利用された。同様に気仙沼市と隣接の室根地域の保健センターも気仙沼市支援の医療保健関係者の宿泊場所として提供している。

(2) 生活保護の状況と震災直後の状況

　陸前高田市の被保護受給人員は，2010（平成22）年度月平均で114世帯，163人で，保護率6.96‰であった。保護率は，34市町村中25番目と県内でも常に低位にあった。2009（平成21）年度世帯類型別では，高齢者世帯が50.8%，母子世帯が4.8%，傷病・障がい者世帯が33.5%，その他世帯11.9%となっており，市部平均と比較すると，高齢者世帯で9.9%高く，母子世帯で1.1%，傷病・障がい者世帯で2.7%，その他世帯で5.2%とそれぞれ低くなっており，高齢者世帯の割合の高さが目立つ（表10-1参照）。2011（平成23）年度月平均では，92世帯，124人に減少し，月平均保護率も5.35‰，市町村順位も高い順で33市町村中29番目とさらに低位となった。

　震災前，生活保護業務は，社会福祉課高齢福祉係の係長と2人の生活保護ワーカーが担当していたが，震災により1人を失った。保護受給者は，約20人が犠牲となった。庁舎屋上に避難して助かった1人の生活保護ワーカーは，震災後しばらくは，災害対策本部業務や避難所運営に従事し，生活保護受給者の安否確認などの業務についたのは，3月下旬になってからであった。

　生活保護関連の台帳や書類は津波で流された。市役所内の保護費の計算などを行う生活保護システムのサーバも破壊されたが，バックアップテープを回収し，5月中旬にデータは復元された。しかし，ケース記録等のデータは復元できなかった。

　失った生活歴やケース記録は，多くの人が長年地元に住む住民であり，個人の記憶で補い，かなりの部分は補えたが，亡くなった生活保護ワーカーが担当

していた分すべてを埋めることは困難だったという。4月の保護費は，3月の支払伝票が水の引いた後の調査から偶然見つかり，4月28日に支払いが可能となっている。ちなみに，地元銀行のATMが利用できるようになったのが7月1日で，それまでは，保護世帯も含め多くの市民は，支援物資や炊き出しなどで生活する実態であったという。

(3) 派遣職員が見た状況

この陸前高田市の生活保護業務への支援には，名古屋市と一関市から各1人が派遣されていた。名古屋市は他の地方自治体への支援も行いながら，独自の情報収集と岩手県との連絡調整を行い，陸前高田市への支援に集中した。名古屋市からは保健師も派遣され，一関保健所や一関市などからの保健師の中心的存在として，震災後の住民の心身の健康管理や疾病予防に大きな役割を果たした。

隣接の一関市大東地域の旅館に派遣職員の宿舎と兼ねた「名古屋市被災地域支援本部現地連絡事務所」を設置し，継続的な支援に当たった。自宅が一関市にある一関市職員と名古屋市職員の2人の生活保護ワーカーは，片道1時間以上かかる峠道を毎日通った。最初の派遣職員は，約10年の生活保護ワーカー経験を持ち，阪神・淡路大震災時には，兵庫県へ派遣された経験を持っていた。「出発前は，保護の相談や申請が多くなるだろう」と思っていたが，陸前高田市についてからの支援は，一関市職員とともに，記録の復旧や実施体制の立て直しが主な業務であった。

保護の相談や申請は予想を下回った。そのことについて，その派遣職員は「地域の助け合いや親族の援助などが新規の相談・申請を件数の少なさに表れているのではないか」との感想を持った。また，予想できなかった問題として，方言など言葉の問題を挙げ，「地域特有の表現や言い回しの理解が難しい場面もあり，住民と直接向き合う機会の多い支援は，短期応援の場合『言葉の壁』への配慮が必要だ」ともいう。

最初の派遣職員は約1カ月で交替し，次の職員が1カ月派遣され，7月から

翌3月までは，長期の支援職員が派遣された。長期の派遣職員となった新美氏が着任した7月以降は比較的落ち着いた状態にあり，一関市からの派遣職員とともに，保護台帳の再作成などの本格的な復元に取り組んだ。以下は，新美氏からの報告である。

　生活保護システムの復旧により，過去4年分の保護変更履歴や医療・介護の利用履歴，一部ではあったが扶養義務者の住所等を把握したが，復元に大きな役割を果たしたのは，現生活保護ワーカーや元生活保護ワーカーの生活保護受給者に関する生活歴などの記憶だった。この2つの情報をもとに，8月から9月の2カ月間で全世帯を訪問し，生活歴に加えて，本人の震災時の様子や亡くなった家族・親族の話を2～3時間をかけて聞いた。この聞き取りの中で，新美氏は「名古屋市だと少し想像しにくいが，陸前高田市の生活保護受給者は，親族の方から普段から精神的な面でバックアップをしてもらっているということが非常に多くあるため，親族の方が（死亡や仮設住宅への転居などにより）近くにいなくなることによる影響はすごく大きく，名古屋市のように親族の方と全く縁が切れてしまったという方がすごくたくさんいる状況とは違っていた」と感じた。

　また，ケースワークで難しかったこととして，第1に，生活情報の把握を挙げ，市が発行する広報（7月以降，週2回）で刻々と変わる市内の生活情報を把握し，医療機関，買い物に行くためのバスの運行情報や医療機関の診療情報，支援物資の情報などを収集して，情報を得られない世帯が支援の機会を逸することがないようにしたという。さらに，就労支援については，市内のハローワーク窓口が被災したため隣接の大船渡市にバスで1時間ほどかけて求職に行かなければならず，その負担が大きいことから，インターネット情報やハローワークからの週1回の紙媒体の情報を活用した。しかし，ハローワーク情報も，被災した会社が解雇した従業員を再雇用するためのものが多く，新規の求人を探すことが困難だったという。職業訓練を望む相談があっても訓練場所が内陸部であり，自家用車を持たない被保護者の要望には応えられなかった。わずかな希望として，関東方面への出稼ぎ経験者などが復興需要による建設業の仕事

に就ける可能性を感じた。「50～60代の男性の生活保護の相談が例年に比べて少なく，建設業に就けている場合が多くみられるとの話を聞いた」という。

これまで見守りや精神的な支えとなっていた高齢者の親族が自らの被災で，その関係の維持が困難となったため，医療機関の身元保証になる者がいなくなり，新美氏は，「市役所の生活保護担当が身元保証をやって欲しいなどの話も，名古屋市では身元保証をするNPOなどがあったため，医療機関も保証人のなり手がないという経験がなく，入院時の保証人をめぐって問題の難しさを感じた」という。

なお，義援金については，陸前高田市もまた，岩手県内の他の福祉事務所同様に細かく丁寧にさまざまな費目について検討し，金額としては比較的大きな額を自立更生として認める取り扱いをした。

生活保護の相談受付は，年度を通じて10件にも満たない状況で，震災などに直接関連したものは2件であった。当初震災によって生活保護の相談が増えるのではないかといわれていたが，実際はその予測は全く当たらなかった。新美氏は，生活保護の相談受付で気になる点を2つ挙げている。1つは，「要保護世帯の捕捉の問題」である。「いろいろな方とお話をする中で話題になったのが，岩手県の方の気質である。生活保護に対してかなり消極的というか，生活保護に頼らず頑張ってしまう世帯がすごく多いという声を聞いた」という。その上で，新美氏は，「実際そういうことがあるようだが，要保護者の情報をどうやって把握するか，どうやって引き上げるかが今後気になる」という。2つ目は，「貧困の問題の顕在化」である。震災から1年以上経過した時期に，「1年は何とか頑張って支援してきたけれども，もう限界という親族からの声が寄せられ，親族の生活も大きく変化し，なかなか面倒を見切れないことが出てきているようだ」という。

新美氏が派遣職員として被災地で生活保護業務に従事した感想の一つは，メディアなどを通じて見るものと現場で感じるものの大きな差である。「かえって一番大事にしていたのは，通常どおりに業務を行うことであった。また，生活保護台帳の復元のために行った生活歴の聞き取りを通じて，誰もが被災者で

第10章　被災者支援と生活保護業務の実際

ある現地の者同士が話すのと，外から来た者と話すのでは，被災者にとって意味合いが違う。外から来た人だから話しやすいことも当然ある」と感じた。その上で，「現地の方はいろいろと話したい話題をたくさん持っており，ボランティアでも観光でも良いので，ぜひ現場に行って現地の方のお話を聞いて欲しい」と報告を結んでいる。

陸前高田市の高田松原海岸にあった7万本の松は，津波で一本の松だけが残った。「奇跡の一本松」と呼ばれ，今は復元されて，復興の希望の道標となっている。

5　一関市の状況

（1）一関市の概況と被災状況

一関市は，1市7町が2005（平成17）年9月と2011（平成23）年9月の2度にわたって合併し，現在に至っている。岩手県内陸の南端に位置し，北に中尊寺金色堂で有名な世界遺産になった平泉町と，東に宮城県気仙沼市，南に登米市および栗原市，そして，西は秋田県湯沢市と接している。盛岡市と仙台市の中間の距離（両市から約100 km）に位置している。面積は1,256.25 km^2（東西約63 km，南北46 km），2011（平成23）年10月31日現在で人口12万8,531人，世帯数は4万5,578世帯である。2005（平成17）年9月の合併前は，この地域には市福祉事務所のほかに県福祉事務所が2カ所設置されていた。

一関市は3月11日の地震では，当然，津波による被害はなかったが，震度6弱を観測し，電気・水道などのライフラインが止まり，職員は3日間程，市役所に泊まり込んで被災者支援などに対応した。一関市の被害は，4月7日の震度6弱の最大余震が追い打ちをかけ，2011（平成23）年10月現在で，被害住宅は全壊55戸，半壊637戸，一部損壊3,157戸に上り，住宅の被害総額は約64億2,000万円となった。その他の被害も含めた総被害額は約236億5,000万円であった。

（2）被災直後の被災市民への支援

　家屋被害などで自宅から市役所や一次避難所に避難した市民は，最大約3,000人になった。保健福祉部は，要援護者の安否確認や社会福祉施設の被害状況の確認に取りかかるとともに，担当となっている避難所にいる市民への「明日の朝食」を心配しなければならなかった。余震が続く不安に加え，停電と断水により電気水道が使用できない状態では，自宅に戻れない市民も多く，12日の昼からは，職員と日赤奉仕団などによる炊き出しが始まった。

　ガソリン不足もまた，市民生活を混乱させた。ガソリンがなく，通院が困難な在宅の人口透析患者は，市保健センターを宿泊場所として提供し，職員が公用車で通院に付き添った。在宅酸素療養者の酸素の確保，民間病院・医院の発電機の確保，さらには，大規模病院の食糧の調達などのSOSが次から次と市災害対策本部に入り，その対応に追われた。自宅や避難所では生活できない要介護高齢者などのため，急遽，特別養護老人ホームなどを福祉避難所とし入所させた。

　発災直後から2週間程（その後は週1回）は，市，県保健所，医師会，歯科医師会および薬剤師会，さらには救急医療の中核である県立磐井病院が毎夕市役所に集まり，市民の災害時医療に対応するための「連絡協議会」を行った。そのことが市役所内への仮設救護所の早期の設置にもつながった。

（3）沿岸被災地への支援

　市内の対応に加えて，隣接する陸前高田市や気仙沼市などの沿岸地域への対応も迫られた。3月11日夜，陸前高田市民約100人が治療と投薬を求めているとの情報があり，3月とは思えぬ雪の降る寒さの深夜2時に市医師会長宅を訪ね，対応を協議した。医師会の協力を得られることとなり，翌12日に一関市のバスを出し，保健師などを添乗させて迎えに行き，市内で無事，治療・投薬を行った。その後も1回同様の治療・投薬を行った。診察した医師によると，継続治療の患者の多くは，自らの病名や処方されていた薬も判然とせず，診察に苦労したという。

第10章　被災者支援と生活保護業務の実際

　一関市は自らへの支援物資に加え，沿岸被災地への全国各地からの支援物資の中継基地ともなり，その保管・輸送にもあたった。県の南端で県境に位置することもあり，2011（平成23）年11月1日現在で，一関市内には一関市を除き岩手，宮城，福島の3県23市町から，約1,000世帯，約2,500人が避難し，生活を送っていた。宮城県と宮城県気仙沼市が設置運営する仮設住宅や雇用促進住宅，民間賃貸住宅などでの避難生活である。一関市内で住宅の全半壊等で市内での転居を余儀なくされた住民は，196世帯548人，市外の陸前高田市からは113世帯247人，宮城県気仙沼からは606世帯1,367人が避難生活をした。最も多い住居は，みなし仮設住宅となった民間賃貸住宅で，517世帯1,337人が入居した（表10－2参照）。なお，福島県からは「福島第一原発事故」直後から一関市に避難者が来ており，市内公民館等の避難所で避難生活を送った。

　市では，陸前高田市に対して発災時から9月までに延べ2,652人の職員を派遣し，2011（平成23）年度は11人の職員を通年派遣した。この中には生活保護ワーカーや保健師，栄養士も含まれている。職員派遣については，3月末に筆者も同行し，一関市からは市長と関係部長などが陸前高田市を訪れ，陸前高田市長等と懇談した際に，「生活保護受給者の安否確認や，増えると思われる生活相談への対応のためには，生活保護担当職員の派遣受入が必要ではないか」と一関市から提案している。

　一方，宮城県気仙沼市は一関市の東端の支所（旧村役場）からは山越えもなく自動車で15分もあれば中心部に行けるという地理的条件にあり，発災直後から気仙沼市民が一関市内に避難している。一関市は，県の違いを超えて，市長の「近助」の考えにもとづき，可能な限りの支援を行うこととしていた。気仙沼市には，2011（平成23）年度は職員を派遣しなかったが（2012〔平成24〕年度から派遣），気仙沼市と隣接する支所内に一関市との連絡調整をする「支援室」を設置し，二次避難所として閉校した小学校跡などの提供（最大30世帯86人利用）し，さらには，2カ所，320戸分の仮設住宅の建設用地（学校跡地）を宮城県に提供し，2011（平成23）年9月から入居が始まった。

第Ⅲ部　福祉事務所の組織的取り組み

表10-2　一関市内避難者一覧　(2011〔平成23〕年11月1日現在)

避難先の形態＼被災地	一関市		陸前高田市		気仙沼市		その他市町		計	
	世帯	人数	世帯	人数	世帯	人数	世帯	人数	世帯	人数
仮　設　住　宅					185	284			185	284
雇用促進住宅等（みなし仮設）	42	107	33	71	139	367	51	123	265	668
民間賃貸住宅（みなし仮設）	143	410	62	136	230	593	82	198	517	1,337
民間賃貸住宅（自己負担）	10	28	8	18	17	40	5	10	40	96
個　人　宅	1	3	10	22	35	83	29	58	75	166
計	196	548	113	247	606	1,367	167	389	1,082	2,551

注：一関市以外の市町
　　岩手県：陸前高田市，大船渡市，釜石市，大槌町，山田町（5市町）
　　宮城県：気仙沼市，仙台市，石巻市，東松島市，塩釜市，大崎市，南三陸町，女川町，山元町（9市町）
　　福島県：福島市，郡山市，いわき市，相馬市，南相馬市，富岡市，小野町，浪江町，三春町（9市町）
出所：齋藤（2012：19）。

（4）生活保護の状況

　一関市の生活保護受給者は，2010（平成22）年度月平均で731世帯，1,033人で，保護率8.57‰であった。保護率は，34市町村中19番目で，近年やや高位になっている。2009（平成21）年度世帯類型別では，高齢者世帯が42.5％，母子世帯が4.4％，傷病・障がい者世帯が38.5％，その他世帯が14.5％となっており，市部平均と比較すると，高齢者世帯で1.6％高く，母子世帯で1.5％低く，傷病・障がい者世帯で2.3％高く，その他世帯で2.6％低くなっており，傷病・障がい者世帯の割合の高さが目立つ（表10-1参照）。

　2011（平成23）年度月平均では，790世帯，1,105人，保護率9.22‰と前年度より増となっている。ここ数年の推移を見ると，誘致企業の撤退などによる雇用情勢の悪化により，2009（平成21）年度（対前年度95世帯増），2010（平成22）年度（対前年度65世帯増）で保護世帯数は伸びているが，2011（平成23）年からは横ばいの状態にある。保護申請数も，2009（平成21）年をピークに2010（平

成22）年はやや減少している。

　震災以後の動向を見ると，保護申請では，震災を理由とした保護申請が14件あり，うち13件は沿岸被災地からの転入で，12件が保護開始された。また，2011（平成23）年9月，10月頃の状況では，特に，稼働年齢層の相談が減少傾向にあり，震災復旧関連とみられる建設業関係職種への就業による保護廃止が増える傾向にあった。その後は，義援金等の費消や雇用保険の給付終了などで保護相談や申請が増えるのではないかを推測していたが，生活保護相談や申請の顕著な増加はみられなかった。また，震災直後に，県外から避難してきた生活保護受給者の「実施責任」をめぐって，福祉事務所同士のやり取りがあった程度で，大きなトラブルはなかった。

（5）義援金等の取り扱い

　義援金等の取り扱いについて，一関市では，「自立更生に当てられる額については収入認定をしない」という原則的な取り扱いを踏まえ，義援金等が関係するすべてのケースについて，福祉事務所長以下でケース診断会議を開催し，保護決定をしており，2011（平成23）年10月までに，17件中7件を継続保護，8件を停廃止とした。7件の保護継続ケースで最も多かった義援金等は231万5,000円で全額自立更生に当てられる額と認定し，また，8件の停廃止ケースで最も多かった義援金等は700万円で自立更生に当てられる額を315万円認定し，保護廃止としている（表10-3参照）。

　一関市では，義援金等の取り扱いには，当初から丁寧な対応をすることとし，生活保護受給者と十分に話し合い，そして自立更生に充てられる費用を可能な限り積み上げ，その上で「残金で生活をして，また生活が困難となったら，いつでも相談・申請してください」ということを基本とした。この問題についての当時の一関市としての基本的考え・姿勢は，具体的には次の通りであった。「自立更生に当てられる額」については，まずは，被災前の生活に戻るためにはどれだけのものが必要なのかということをきちんと把握する。その上で，現行の生活保護制度で認められるものについては，今後の生活上必要であれば認

表10-3 義援金等収入の取り扱い (2011〔平成23〕年10月30日現在)

	被災場所	被害の状況	義援金等額(A)	自立更生額(B)	収入認定額(A)-(B)	決定状況
1	沿岸被災市	借家が全壊，家族が死亡	7,000,000	3,150,000	3,850,000	廃 止
2	一関市	自宅が大規模半壊	2,125,000	285,000	1,840,000	廃 止
3	沿岸被災市	借家が流失	1,750,000	1,750,000	0	継 続
4	沿岸被災市	借家が流失	5,315,000	2,315,000	3,000,000	廃 止
5	沿岸被災市	借家が流失	2,197,000	2,197,000	0	継 続
6	一関市	借家が半壊	880,000	880,000	0	継 続
7	沿岸被災市	借家が流失	1,315,000	650,000	665,000	廃 止
8	一関市	親族の死亡	150,000	150,000	0	継 続
9	一関市	借家が半壊	880,000	880,000	0	継 続
10	一関市	借家が半壊	1,314,000	730,000	584,000	廃 止
11	一関市	自宅が全壊	2,125,000	2,125,000	0	継 続
12	一関市	市営住宅が全壊	2,125,000	767,505	1,357,495	廃 止
13	一関市	市営住宅が大規模半壊	1,255,000	814,000	441,000	停 止
14	一関市	自宅が全壊	2,125,000	780,000	1,345,000	廃 止
15	一関市	借家が半壊	880,000	314,000	566,000	検討中
16	沿岸被災市	自宅が全壊	2,315,000	2,315,000	0	継 続
17	一関市	自宅が大規模半壊	1,880,000	0	1,880,000	検討中

出所：齋藤（2012：21）。

めた。このように積み上げた上に，さらに受給者と生活保護ワーカーが細かなやり取りを丁寧に行い，その結果，「自立更生に当てられる額」を決定した。

　生活保護受給は，現実的には一定の制約を受ける場合があり，義援金等はいらないから，制約を受けながらも生活保護受給による安心を選択したいと考える受給者がいることも現実である。一方，その制約から離れた者が再度生活困窮となった時には，当然，生活保護相談・申請を受け付けることとしていた。世帯人数や年齢，子どもの有無，障がいの有無など世帯の状況によって，現状復帰や自立更生に関する費目に違いがあることも当然のことであるが，自立助長や自立更生という考え方を，いかに生活保護ワーカーや福祉事務所が具体的

にイメージし将来について対象者ときちんと話し合えるか，それが義援金問題を考える際に重要ではないか。

6 被災地の生活・福祉・健康問題

（1）沿岸被災地での相談事例から見えたこと

　岩手県立大学の宮寺氏は，県内のNPO法人くらしサポーターズが沿岸被災地である宮古市に開設した「あすのくらし仕事支援室」に寄せられた2012（平成24）年4月から2013（平成25）年1月までの相談事例により分析している。それによると，主な事例30件のうち震災と関連するものは14件であり，その内訳は，義援金の枯渇，住宅問題，健康問題，失業問題などの震災から派生した「新たな生活問題」と，（仮設住宅での）近隣トラブル，家族問題などの震災によって深刻化した「その他の生活問題」と区別した上で，宮寺氏は，「マクロ的には就業機会を担保するため経済的な復興が十分に進んでいないことが生活問題の要因となっている」，一方，「ミクロ的には多様な問題が発生しており，個別的な性格を有するものも少なくない」と分析している。

（2）内陸被災地・避難地での相談事例から見えたこと

　筆者が勤務した一関市では，2011（平成23）年には，被災者に対して市の保健師と千葉大学から応援の臨床心理士による全戸訪問を実施した。当時の具体的な訴えで多かったのは，「無収入による経済的な不安」「みなし仮設で家賃が無料になっている雇用促進住宅や民間賃貸住宅を出なければならなくなることへの不安」「漁師など前職への復帰が望めない不安」「義援金等や遺産相続などをめぐる金銭のトラブル，親族間のトラブル」と，これらを起因とする「不眠による健康不安」，雇用促進住宅や民間賃貸住宅の入居者には「プレハブ仮設との支援格差への不満」であった。孤立感や沿岸被災者からの同郷の者がいないという淋しさからの訴えもあった。

　すでに一部ではあったが，被保護者などにアルコール問題などが見受けられ

ており，特に中高年男性のアルコール問題やアルコール性の疾患，肝硬変などの健康被害が心配された。また，地縁血縁のない，人間関係が希薄な地域での生活を強いられている避難生活者が多くいることから，孤独死や自殺が発生することを危惧したが，在勤中には，そうした事例はなかった。見守りや心のケアの一環として，千葉大学の臨床心理士が中心となって，市外からの避難者を対象とした「お茶っこの会」が2012（平成24）年2月から始まり，その後は，市社会福祉協議会が引き継ぎ，現在に至っている。

7 震災による貧困の顕在化

（1）震災後の保護動向

岩手県における震災後の生活保護動向は，2011（平成23）年2月では1万526世帯（被保護人員1万4,951人）であったが，2012（平成24）年3月には，1万504世帯（被保護人員1万4,782人）若干減少している。発災以来，被災地では毎月保護世帯数が減少し，2011（平成23）年11月まで続き，以降は微増傾向となった。減少の要因としては，当初は死亡，転出などによるもので，その後は義援金，生活再建支援金等の自立更生計画のための控除した後の収入認定による廃止が主なものとなっている。

岩手県立大学の宮寺氏は，震災後の生活保護受給の動向を「震災によって生活保護受給者の減少が起こったものの，これらは，家賃がかからない応急仮設住宅等に入居し，義援金等が配分され，支援物資等が提供されている状態において起こった現象であり，こうした支援活動は，いずれ，終焉を迎えるわけであり，終焉に向けた過程で再び生活保護に至る被災者があらわれてくることが予測される」と分析している（宮寺 2013）。

（2）岩手県の貧困と地域社会

2011（平成23）年11月岩手県盛岡市で，貧困研究会による第4回貧困研究大会が，共通論題を「震災と貧困」として開催された。筆者も，シンポジストと

して参加し，沿岸の被災地の後方支援地であるとともに，内陸被災地でもあった一関市の状況について報告した。研究大会では，日本女子大学の岩田氏（現・日本女子大学名誉教授，以下，岩田氏）が基調講演を行い，シンポジウムでは筆者を含めた4つの報告に対してコメントをされた。

岩田氏は，東北6県の完全失業率と保護率の動向について触れ，失業率が2010（平成22）年時点で，岩手県が5.1％と北海道と同じレベルで高く，それに比して，保護率は2009（平成21）年で8.4‰と全国平均の13.8‰（北海道22.4‰）を「相当に下回った水準で，失業率の高さに比べると，その就業環境の悪さが，保護率に反映されていない」とし，「失業率として表出された生活困窮要因が保護率のような形の貧困の表出が阻止されている」と分析する。

また，岩田氏は，筆者の「高齢者は3万円から4万円ぐらいの年金でも，医療費さえかからなければ，なんとか生活している。農山村では，例えば，春は山菜を採り，秋はキノコを採り，みんなでお米や野菜を融通し合いながら，たまに買う魚や肉の代金が払えればなんとかやっていけるというような生活実態もまだ残っているという感じを持っている」との発言などを受けて，地域社会との関係について，「依然として，共同体的な相互扶助が存在しているということである」と指摘した。

筆者が，地域医療で有名な旧沢内村の保護率が低かった例を引いて，「医療費無料が傷病を理由とする保護申請・受給につながらなかったのではないか。これは筆者の経験的印象論だが，貧困研究の一つの視点となるのでないかと思う」との発言に対して，岩田氏は，「相対的貧困率の上昇が危惧されている現在，これらの理由について，それぞれの地域特性や福祉事務所の対応方針も含めて，さらに市町村別におりた研究が必要で，岩手県に即していえば，岩手県内の市町村の比較や，青森，秋田などとの比較によってさらに多様な点が確かめられなければならない」という。その上で，出稼ぎなどのような関東圏との行き来の中で，「地方圏に十分な足場を持たない人びとがあちこちを転々とし，結局疾病などで地元に戻って保護される」「農村部や沿岸部では，共同体的相互扶助は，低位な所得状況を生活保護受給に結び付けることを阻止する」という

2つのパターンがあると言い，この2つの異なったタイプの貧困を「興味深いテーマ」と指摘する。岩田氏が指摘した「共同体的相互扶助」は，特に，陸前高田市の被災後の状況で，名古屋市からの派遣職員が感じたものと相通ずるところがあると思われる。

震災直後に筆者も含め，多くの生活保護関係者が予測した「震災の影響により生活保護受給が増える」という予測は，岩手県においては現在のところ現実とはなっていない。大槌町や陸前高田市の保護動向を見ても，震災による死亡や引き取り扶養を含む転出等の世帯状況の変動や義援金等の収入増による保護廃止により，沿岸被災地被保護受給者は大きく減少している。内陸の一関市などへの沿岸被災地からの被保護世帯の転入はあるものの，各地方自治体の保護動向に大きな影響を与えるものとはなっていない。

岩田氏は，被災者が新たな生活のための「地域移動」を「元の地域での『失敗』などによって移動して，しかも移動先の社会の中心に十分に入りきれずに，周縁部に留置かれてしまうことを『負の移動』と名づけ，震災による移動が，負の要素の大きなものとして出てくるとすれば，おそらく都市での貧困の顕在化つまり都市型貧困と，残された高齢者を中心とする地方の貧困が同時並行的に，そしてそれはコインの裏表として，さらに拡大する可能性があるのではないか，貧困は，今のところ被災地で『あぶり出され』ないまま，広範な地域移動のなかに拡散していく気配を見せている」と指摘する。

さらに，岩田氏は，生活再建の基礎は「安定した住居と仕事であり，社会構成員としての個人や家族の生活が可能なことである。それは，どこの地域であっても構わないわけであって，そうした基礎の取り戻しを，被災者の個々の『想い』に沿って進めていくことこそが，生活再建ではないか。それは結局のところ，貧困対策の目的と重なる。生活保護における更生計画は本来このようなものであるべきであろう」という。被災地の生活支援と生活保護受給者等生活困窮者への自立支援を考える上での大きな示唆であった。

8　地域コミュテイ再生と自立支援

　被害を受けた岩手県沿岸部は，もともと人口減少と高齢化が著しく進んでいた地域であった。1990（平成2）年から20年間で約2割の人口が減少している。2013（平成25）年4月1日の市町村の推計人口を2010（平成22）年国勢調査と比べると，被災地の大槌町が－21.3％（3,256人），陸前高田市が－12.9％（2,399人）とさらに大きく減少している。また，2011（平成23）年10月1日現在での沿岸12市町村の高齢化率をみると，久慈市の26.5％を除き，他の市町村はいずれも30％を越える。人口動態や高齢化を見ても，阪神・淡路大震災の被災地とは，地域の復元力という点でも大きく異なるであろう。

　20年近く前の秋に沿岸部にある特別養護老人ホームを訪ねた際，お盆に自宅に帰った車いすの入所の女性に「家に帰って楽しかったことは」と聞くと，「畑で草取りをしたことだ」とうれしげに答えてくれた。長年大切に耕した畑がいつまでも気になるのであろう。海の見える高台にある畑で，ムシロに座り，周りの草を取っている女性の光景を思い浮かべた。

　岩手県の農山魚村部には，高齢になっても動けるうちはとにかく田畑で米・野菜を作り食べ，リアス式海岸の小さな入り江の漁港を拠点に小船で漁をする。浜では女性たちが共同で仕事をし，その日その日の魚を自給し，そして「まち」に売りに行き，いくばくかの現金収入を得る生活があった。米・野菜や魚介を地域で融通し合いながら，小さな共同体の中で，生産と消費が一体となった生活を営む人々が半農半漁の細々とした生活をしながら，「絆＝相互扶助」の中で人々は「自立」していた。

　そうした生活基盤が震災によりどの程度破壊されたのか。その再生は可能なのか。あるいは，新たな「絆＝相互扶助」を創出することができるのか。こうしたことに対する，的確な現状認識と課題解決が，被災地の生活保護という形での「貧困の顕在化」と密接に関係してくるであろう。別の視点からみれば，これらは，優れて地域福祉的課題であり，震災からの復興のための地域コミュ

テイ再生の課題でもある。

　また，被災地からの人口流出を押しとどめ，岩田氏が指摘するように，生活再建の基礎となる「安定した住居と仕事」を取り戻し，安心した生活が送れるための「被災者の個々の『想い』」に寄り添った生活支援が一層必要となっている。これらの取り組みは，被災者の地域社会での「孤立と貧困」を防ぎ，生活保護受給者等生活困窮者の「自立」支援にもつながるものであろう。

参考文献

岩田正美（2012）「震災と貧困への基本視角〜貧困は『あぶりだされ』たのか？」『貧困研究』第8号，明石書店，4-12頁。

岩手県「岩手県の生活保護」各年度版。

岩手県「岩手県東日本大震災津波復興計画」平成23年8月11日

岩手県陸前高田市長寿社会課（2012）「東日本大震災と福祉事務所①津波による庁舎全壊と記録損失からの復旧」『生活と福祉』第673号，全国社会福祉協議会，24-25頁。

岩手県陸前高田市長寿社会課ら（2012）「東日本大震災と福祉事務所②被災自治体への応援職員の派遣と受け入れ」『生活と福祉』第675号，全国社会福祉協議会，24-25頁。

菊池隆「震災後の釜石市近郊の貧困問題」『貧困研究』第8号，明石書店，13-17頁。

齋藤昭彦（2012）「沿岸被災地の後背地一関市の問題状況〜沿岸被災地と内陸被災地の狭間で」『貧困研究』第8号，明石書店，18-23頁。

菅原淳「東日本大震災と福祉事務所③災害発生時の生活保護業務の課題」『生活と福祉』第676号，全国社会福祉協議会，24-25頁。

新美隼吾（2012）「陸前高田市に派遣されて」『季刊公的扶助研究』第227号，萌文社，31-39頁。

宮寺良光（2013）「被災地における貧困・生活問題の現状分析」『平成24年度日本社会福祉系学会連合震災対応委員会研究活動報告書』43-58頁。

　　　　　　　　　　　　　　　　　　　　　　　　　　　　　（齋藤昭彦）

第11章 生活意欲向上を目指した支援
―― 釧路型自立支援のモデルの実際

1 本市の自立支援プログラムの概要と実施状況

釧路市が実施している生活保護自立支援プログラムを紹介していく。次頁のように，就労関連の4分類（就労支援プログラム，就業体験的ボランティア事業プログラム，日常生活意欲向上支援プログラム，就業体験プログラム）とその他の豊富なプログラムが作成され実施中である（図11-1参照）。

(1) 就労支援プログラム
1) プログラムの概要

就労支援プログラムは8種類で就労阻害要因のない人が対象となる。3カ月程度ハローワークへ通っても面接で2度3度落とされる経験をすると，意欲が半減し精神的苦痛に苛まれてしまい，自分は社会から必要とされない人間なのかという不安と自己否定へとつながり，その結果，求職活動の件数が少なくなってくる。意欲低下は件数が上がらないことの要因の上位に位置することがわかってきており，意欲喚起を基本とした支援策が大きな役割をなしてくる。

就職の面接のときに，自分に何ができるのかと問われたとき，「仕事は何でもする」と稼働意欲を前面に出してアピールしても，落ちることが続き不安が募る中での求職活動はなかなかうまくいかないのが現状である。福祉事務所では，就職面接への意欲を喚起させる事が一番大変な作業だと，担当の就労支援員は語っている。

このため，当所の行う就労支援プログラムの中のインターンシップ事業では受給者本人の居場所が作られ，仕事ができる場所があることが自信回復への第

第Ⅲ部　福祉事務所の組織的取り組み

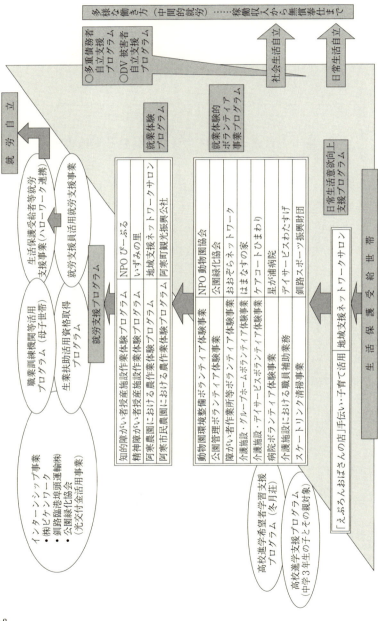

図11-1　釧路市生活保護自立支援プログラム全体概要（2012〔平成24〕年4月現在）

出所：釧路市福祉部生活福祉事務所資料。

一歩と位置づけ，これが受給者および事業主に対し互いに良い活用方法の一つとなっていると考えられる。求職者にとっては仕事を覚えることができて仕事の内容把握もできるし，事業主にとっては面接のみでは見えない人間性などを垣間見られる最良の人材発掘の場として機能しているのである。

 2）事　　例

　産業廃棄物の選別作業に参加した40代後半の男性Ａさん（単身）は，生活保護受給前は主に公共事業関係および住宅建設の土木作業員をしており，最終学歴は中学卒業で，特殊免許はなく体力だけは人一倍あり頑張ってきた。時代の流れにより公共事業の圧縮が始まる中で，一度解雇されてからは稼働先が決まらない状況が長期間になり，日常生活も乱れることが多くなった。歴代の担当生活保護ワーカーは，Ａさんは体調が悪いので病院に行きたいと言いながらもパチンコ店への出入りも頻繁のため稼働意欲喚起の方策に苦慮し，また，他の受給者に悪い影響を及ぼすと判断していた。

　そのような状況であったが，インターンシップ事業に参加する折に事業所側の担当者との意見交換を実施したところ，作業内容については現場担当者が指導および状況確認を行うので特に心配はいらないとの判断からＡさんは参加することとなった。こちらが心配していたＡさんの様子について，始めてから３カ月ぐらい経った時に事業所側からは，真面目で他の参加者ともうまくコミュニケーションを取り職場の雰囲気づくりも良く，現場担当者からも良い評価が出ているとの報告がなされた。

　今回の仕事の内容がＡさんに合っていたのか参加している人が良かったのかどちらにせよ，参加できる場所と人とつながることの大切さと必要さを教えられた。担当生活保護ワーカーは，Ａさんは最近顔つきが優しくなってきたと感じている。健康状態も良いようであり，わずかではあるが謝礼もいただけることが大きいのではないかと思われる。

（2）就業体験的ボランティア

1）プログラムの概要

　就業体験的ボランティアは9種類あり，社会とつながりプログラム参加者同士が会話をする事で，普段の悩みの相談による解決を補う場所にもなっている。就業体験的ボランティアに参加することで周囲から認められ，さらに担当生活保護ワーカーから認められていることが大事である。自分は社会のお荷物になっているのではない，社会にとって役に立っていることを認識でき，日常生活に張りができ社会奉仕を行うことで自信を回復し，毎日の生活の中での意欲向上につながることで前向きになる。

2）事　　例

　40歳Bさんは中学3年の女の子との母子世帯で，最終学歴は中学校卒業でその後はアルバイト経験以外の就労経験がない。アルバイトは水産加工の仕事が主だったが，友達は少なかった。体調を崩したことで夫と口論が絶えなくなり，離婚した後生活保護受給となった。通院と買い物程度以外は外出がほとんどなく，社会との接触が減っていた。子どもは口数が少なく友達も少なかった。部屋はきれいにしているが，何となく生活に元気が見られない世帯だった。

　Bさんに無理のない程度でボランティアに参加してみないかと担当ワーカーが声を掛け，自立支援員と話し合いながら，参加するまでに時間を要したが何とか参加することとなった。週1回からの参加で1日2時間程度で終わるので身体の負担は少なく，その後他の参加者と同じようにやらなければと，今は週2回になった。Bさんは参加場所（知的障害者施設）の人びととの交流もできたようで笑顔が増え少しではあるが変化が見えると，担当ワーカーは話している。子どもは受験を控えているが友達も少ない。このため，冬月荘の高校進学支援の勉強会へ誘ってみたが，見知らぬ人の中に行きたくないと参加を見送った。が，希望する高校へ向けて勉強を頑張っているようで，家での会話が多くなり体調も崩していない様子である。

　主は，自分だけが大変で希望がなく生きていると考えるようなところがあった。だが，いろいろな人が集まる場所で話をすると他の人も大変な事を抱えて

いると知るようになり，少し気が楽になったとともに相談できる人がいることに感謝していると語っている。居場所を必要とする人はBさんの他にもたくさんいるはずで，地域の中で居場所があればもっと楽しく生活ができて自信が持てるものである。

(3) 日常生活意欲向上支援プログラム
1) プログラムの概要
　これは1種類であり，そこでは，日常生活の中で規則正しい生活習慣を継続することで，毎日そこへ行きたくなることで日々の生活の中で笑顔が増え，会話が多くなり元気になることができる。また，その場所で生きていることを実感することで自尊感情の回復となっている。

2) 事　例
　母子世帯で就学前の子がいるお母さんを11人集めて，居場所における支援を始めた。小さい子どもを連れて行く場所が不足している，外出するにはお金も掛かる，そして，子育ての悩み相談ができる場所は中々ないのが現状であり，家の中に引きこもり気味になり生活習慣が乱れてくることを何とかしようと，このエプロンおばさんの店が作られた。おやつの持ち込みは自由であり食事の注文もできる。時々料理教室も開催されたり，子育て相談もできたり，広い場所で子どもを遊ばせることもでき，母子世帯同士が過ごせる最高の居場所である。

　こうした場所は，小さい子がいると外出の頻度が少なくなって子育てに悩む若いお母さんが多い時代の解決策となるのではないか。世間で虐待，ネグレクト，登校拒否が多く報じられる中で，子どもを連れて出掛けられる場所が不足している。しかし，ここは，参加したお母さんたちの笑い声が絶えない場所となっている。

(4) 就業体験プログラム

1) プログラムの概要

3種類あり，参加者が体験したことのない職種に向き合うことで新鮮さや楽しさを感じて，そこからこんなことができるのかという自信が得られ，また希望が湧いてくる。

2) 事　例

45歳単身で内気なDさんは，就職面接で面接者の目を中々見ることができない。最終学歴は高等学校卒だが，普通自動車免許はもっておらず，仕事は親の知人の紹介でさせて貰っている状況だった。その後，親も亡くなり頼れる人もなくなり，生活保護を受給することとなった。ハローワークには通うが就職先の決定までには至らず，自信喪失というか，もともと求職活動をしたことがなくどうすれば自信が持てるのかがわかっていないようだった。

そんな時期を過ごした後，「まじめに取り組む人」を参加の対象とする精神障がい者施設のボランティアへの参加を勧めたところ，Dさんからは「行きます」と即答してもらえた。自宅からバスで40分ほどかかる場所ではあるが，週2回楽しそうに通っていた。施設の担当者に聞くと，まじめで通所者からも頼られており仲良くやっていると評価は高い。施設で行う作業の手伝いが基本だが，通所者より作業が手早く作業量が増え工賃も増えると，施設側からは喜ばれている。それが自信につながり，私たちが思っていた以上にDさんには合う居場所であり苦にならないようであると，担当生活保護ワーカーからは報告されている。明らかな変化としては，笑顔が増え，また，担当生活保護ワーカーとの会話も進むようになった。未だ現在の状況を維持し継続することが必要ではあるが，将来につながる笑顔を見たような気がする。

(5) その他のプログラム

これは7種類ある。現状の自分では解決できない借金問題があると，家族からの疎外感，子どもの将来を悩んで暗くなる心が生じ，絶望感などが大きくなってしまう悪循環が起きてしまう。そうした中では，自立に向けた助言や結

果を求めていくことを受け止めることは困難であるが，生活保護受給者でいる間に解決できることを考え，解決できたときに励ますことは，プログラムの大切な役割であるのではないかと考えられる。

　以上，種々の自立支援を見てきたが，2011（平成23）年度の自立支援プログラム参加人数は，795人（延べ参加回数4,938回）であった。2006（平成18）年度開始当初から順調に参加人数とプログラム数を増やすことができた。同時に，生活保護受給者が，笑顔が増え，健康になったこと，さらに，福祉事務所の生活保護ワーカー自身が明るくなり元気になったことが，筆者にはうれしい。福祉事務所は苦労が多く報われないというイメージができあがっているが，本章でそんなイメージを払拭できることを他都市に伝えたい。
　自立支援プログラム開始当初は，仕事量が増えるイメージが先行し疑問視する意見も多くあった。しかし，生活保護受給者がボランティアなどに参加し表情などが変わることを目の前で感じられるようになることで，生活保護ワーカーは元気をもらうことができて家庭訪問時の会話も変化し，積極的に自立支援の参加者を募るようになっていった。日常的自立・社会的自立・就労自立の醸成へと前向きに進められる支援策が生活保護ワーカーを育て，受給者の将来への希望につながるように，図11-1に見られる自立支援プログラム全体の今後の拡充策を職員とともに進めていきたい。

2　業務検討委員会の設置

　釧路市では，2001（平成13）年より福祉事務所の職場内において業務検討委員会を立ち上げ，それを所内における事務改善や新たな試みなどを前向きに話し合う場とし，査察指導員・生活保護ワーカーで業務の検討を開始した。現在，市内の250〜270の高齢者世帯を2人（全体で8人の生活保護ワーカー職員と8人の嘱託職員による複数担当制）で担当している。これにより高齢者以外の世帯担当の担当件数を65世帯ほどにおさえて，自立支援対策強化（ウエイト方式と呼ぶ）

を実施できている（図11-2参照）。

　以前，生活保護受給者の急増に対応して保護課を1課2課と分けていた時期があったが，配属された課を越えて職員異動ができないことから，2課のバランスに支障をきたす懸念があった。このため，高齢者担当制を創設することで，生活保護ワーカーの家庭訪問の適正実施の強化やケース記録の簡素化を行い，時間短縮など効率化を図る試行錯誤を重ねた。創設にあたっては，高齢者世帯に対する家庭訪問の改善策が議論され，自立助長の観点から見直し，見守り優先・健康維持策を掲げて日常生活の悩み相談を主とした高齢者世帯担当および生活支援員を導入することが提案された。生活支援員（嘱託員，採用基準はホームヘルパー2級以上）を導入し2年間の試行を経て，現在市内全域で実施している。

　以前は，稼働年齢層の訪問が中心となり高齢者世帯の訪問まで十分行うことができず，生活保護ワーカーの大半の担当世帯数が100を超えるまでになり，どうしても訪問計画数を達成する手段として玄関先訪問が多くなってしまった。高齢者単身世帯は家族との絆が薄く知人も少なく社会的に孤立していることが多く見られ，生活保護ワーカーの訪問を待ち遠しくしており世間話や昔話で長時間になってしまった。このため，短時間で訪問実施数を挙げ，重い相談事は所内面接で行うなど生活保護ワーカーは苦肉の策をとった。そうした状況の中で，高齢者世帯担当の生活支援員が家庭訪問を実施し，生活保護ワーカーが所内事務を担当する形を取った。その結果，訪問記録を生活支援員が書くことで訪問の適正実施回数が確保され，高齢者世帯側も定期的に訪問される事から悩み相談などがしやすく見守られている実感ができて，孤立感解消につながることが確認できた。

　査察指導員については，担当員が増え適正実施上の観点からの管理運営に困難を来すことを配慮すべく主幹制を導入し，組織運営適正化対策担当，関係機関連携・適正化指導事業担当，自立支援・研修担当，業務運営管理・適正化対策担当，医療・介護等適正化担当と5人の主幹を配置することにより，適正化実施の強化に努めた。本市は福祉専門職採用を行っていないことから福祉事務所に必要な有資格者が3割程度の状態であり，また，前述したように，1人当

第11章 生活意欲向上を目指した支援

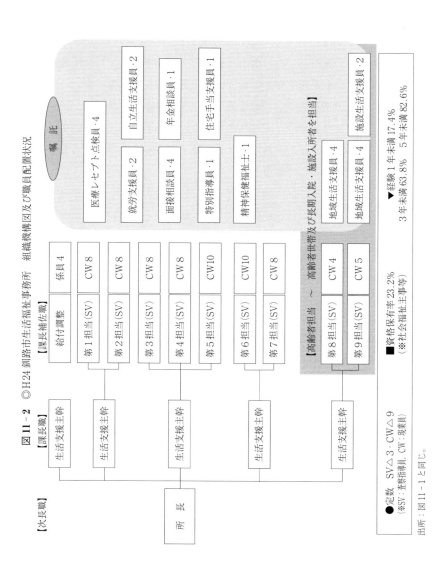

図11-2 ◎H24 釧路市生活福祉事務所 組織機構図及び職員配置状況

出所：図11-1と同じ。

たりの担当数が100世帯を超える担当生活保護ワーカーが増えていることなどから，職員の意欲向上の意識を高めると同時に専門知識を補うために，専門の資格取得者の嘱託員を導入することにより査察指導員を管理職（所長補佐）とし専門員制を導入するなどした。また，係内に2人の専門員を昇格配置することにより，職員の意欲喚起を促すことで職員の責任感も強くなった。このほか，レセプト点検員や就労支援員，自立支援員，特別指導員（警察OB），年金調査員を所内に置くことなど可能な限りさまざまな提案事項を掲げて検討委員会で年間10回程度の討議を重ねた。さらに，その結果を次年度への提言として，組合および当局と交渉を重ねて答申した。

　検討委員会の設置前は生活保護ワーカー不足分の要求中心で交渉を進めていたがなかなか認められない状況が続いたため，前述のようないろいろな提案をしたところ認められる結果となった。それが職員の意欲向上へとつながり，さらなる提案および所内の改善を実施することにつながった。このため，国や生活保護受給者の目線から適正に進められているかに重きを置くことを確認事項としながら，業務検討委員会を進めている。初めて配属される人は覚えることが多く専門性も求められるため大変であり，忙しい職場に配属されたと明らかに感じているようである。

　過去には，年間に数人の職員がメンタルの問題から休職に至ったり配置転換を希望する人がいたが，今は職場の雰囲気が一新されたのか，落ち込むものが少なくなりうれしい限りである。これは，釧路市の生活保護受給率が相変わらず上昇傾向で所内の職員も増えて職場が大きくなり若い職員が多くなってきたことが一つの要因だが，やはり自立支援事業の拡大も一つの要因といえる。

　当初は新たな仕事が増すことになり生活保護ワーカーは今より大変な状況になるのではと懸念されたが，自立支援プログラムが実施されて以降，逆にプログラム参加者の家庭訪問時に話題が増え意思の疎通に役立つこと，また，生活保護受給者の参加プログラム先に様子を見に行くことができ活動内容を把握することが容易になったこと，そして，自立支援策にも効果が出てきたことなどが認識されるようになった。

福祉事務所の日常業務を行うにあたっては，生活保護行政の難しさや大切さを知り受給者との会話ができることが業務上最も重要な案件であり，職場の先輩が笑顔で相談や面接対応している姿を見ることで対応能力が養われるとともに，コミュニケーションの大切さを知って職場内の話し合いが盛んになり笑顔が増し職場の活性化も進んで，若い人の前向きな意見が多く出ることになったと感じられる。

3　市内の生活保護を取り巻く状況

　生活保護受給者が増え続ける時期には，行政の甘さを指摘する苦情電話は1日数十本を超えたこともあった。電話に出るといきなり苦情を言われ，受給者の名前は教えられない，調査をすると答えると，税金の無駄遣いだ，俺たちの税金で給料をもらっているのだろう，自分の金じゃないから簡単に保護費を出すのだろう，ちゃんと調べているのか，などと怒鳴られた。担当者は，怒鳴られ言われていることにはもっともなところもあると思いながら，守秘義務や個人情報保護の中で精神的に苦痛を感じ仕事に嫌気がさす状態であった（これはどこの福祉事務所も同じ悩みをもっている）。これには，苦情相談については4人の主幹が曜日ごとに対応したため，担当者の負担軽減（特に若い担当者は心理的な負担が軽くなったようである）がなされた。

　自立支援施策については生活保護受給者と福祉事務所とで確立されていく中，市民に対して施策内容の意義，実践や包括的支援の考え方について理解を得ることに時間を要すると感じていた。しかし，今は民間事業所とのコラボによって拡大したことで，時間が思ったよりかからないと感じている。支援を行う行政が元気であることはまちづくりの活性化につながる絶対的条件の一つと認識し，市民へどう発信したら理解を得ることができるか考え，テレビや新聞などに取り上げていただけるよう広報活動を積極的に行った。

　その結果，自立支援プログラム参加事業所も増え，参加者も増えてきた2010（平成22）年頃から徐々に苦情電話が減り始め，今では年間に数本あるくらい

（苦情の内容については前と同じ）である。居場所づくりやボランティア活動は参加する利用者が楽しみにする中間的就労の場となり，社会的貢献度や意欲回復が評価されることで日常的自立や社会的自立につながり，さらに求職活動を積極的に行える利用者が増えている。これは委託先の事業所の理解と協力がなければ事業もここまで進まないものと感謝しているが，今後さらに拡充が必要と考えている。このようにいい状況が生まれてきたとはいえ，生活保護受給者を見る目は昔も今も変わらず，働きたくない人，甘えている人と思われるところがどこかにある。

一方，釧路市においても3大基幹産業の衰退は大きな影響を及ぼしている。漁業では200カイリ規制による北洋漁業の低迷があった。魚種の変更により，年間100万t を超え1978（昭和58）年から1990（平成2）年の13年間水揚げ日本一を誇っていた港町では，港に行くと何らかの仕事が貰えることも多くあった時代でもある。しかし，現在の水揚げ量は年間10万t 程度にまで下がり，水産加工関係企業も10分の1に減ったことは，港町にとっては稼働先が少なくなり困窮者が増す現状が一層進んでいる。

石炭産業においては，2002（平成14）年1月に最後の稼働炭鉱が閉山した。石炭探掘事業は裾野の広い事業であり，機械作成・木材加工・電気関連・運輸などの子会社や孫会社を合わせると1万人程度に影響を及ぼした。関連会社の縮小や倒産などが相次ぎ，2002（平成14）年から2004（平成16）年までの3年間で保護率が10‰上昇する事態となった。

日本の2大製紙業の内の1社は2010（平成22）年6月に200人の配置転換を行ったが，これが人口減につながり採用枠の縮減となった。港町釧路はかつての賑わいは何処にもなく，有効求人倍率は0.5以下が13年間続き，さらに追討ちをかけたリーマンショックにより，一時的には有効求人倍率0.3以下の厳しい状況が作り出され，市内にあった支社や出張所が本社へ引き揚げ地元採用者の解雇にもつながることも多くあった。このため，高校新卒者の地元就職内定率も30％を割り込み不況の波は大きく釧路市を襲ってきた。若い人の稼働先もない状況では40歳を超えた人びとの稼働先を探すことは困難である。

第11章 生活意欲向上を目指した支援

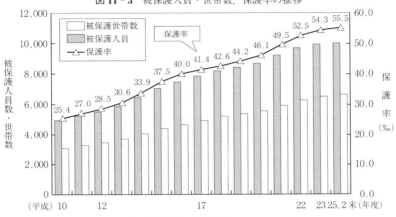

図11-3 被保護人員・世帯数，保護率の推移

出所：釧路市福祉部生活福祉事務所資料を基に筆者作成。

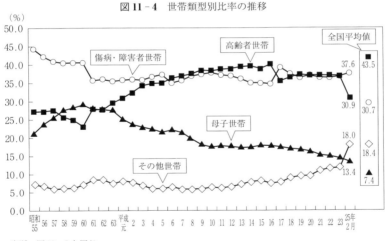

図11-4 世帯類型別比率の推移

出所：図11-3と同じ。

そうした経済状況の中では，生活保護受給者の就労自立は中々困難であるが，全国的に見れば稼働率は高い方である。しかし，パートやアルバイト就労が主で収入が少なく，就労自立に至るにはほど遠い。そして，他に収入の良い仕事は見つからず，今働いているところにとどまるしかなく，慢性的に収入の低い

219

生活困窮者が増えて，保護率を下げることは困難である。その中で支援を行うことで，稼働先を維持し健康を維持でき，保護の支給額を抑えられる可能性が高い。また，健康を維持することで自立できる人を増やす可能性も高くなる。本市が掲げる自立支援とは，半就労半福祉による日常的自立・社会的自立・就労自立の3つの自立を柱とするものといえる（図11-3～4参照）。

4 母子世帯自立支援モデル事業

2002（平成14）年以降，前節に書いたように産業等が衰退したため，福祉事務所は危機的状況に襲われていた。2003（平成15）年に，厚生労働省から母子世帯自立支援モデル事業計画の打診があり，2004（平成16）年から2005（平成17）年の2年間のモデル事業を実施する。事業目的は，釧路市において生活保護を利用している母子世帯について，保護の開始理由および自立を阻害している各種要因などを調査分析し，社会的自立や社会参加を促すために必要な支援策や支援方法について検討するものである。

同時に，検討した具体的な支援策を実践し検証するほか，生活保護を必要としない母子世帯との比較検討も行い，今後の効果的な自立助長策の構築に資していくことを目的とした。期間は2年間であり，また，当時母子世帯は約800世帯で全生活保護世帯中18％と全国平均7.2％と比べても高いこともあって，モデル事業を受け入れ実施することにした（図11-5参照）。

モデル事業を受けたのは良いのだが，実際のところどのような形で行うかではかなり悩んだ。所内のモデル事業実施担当員9人が支援とは何かから考え始めたものの，今までの業務の管理的発想からなかなか抜け出せない状態だった。そこで，母子世帯のアンケートによる実態調査を行う事から始めることとし，釧路公立大学（地域経済研究センター）や北海道教育大学釧路校と連携して調査・分析を開始した。

まず，アンケート調査およびアンケート回答者の中から聴き取り調査を実施した。そして，翌年ワーキンググループを立ち上げることになる。今までの福

第11章　生活意欲向上を目指した支援

図11-5　生活保護受給母子世帯自立支援モデル事業　全体構図（策定と推進）
（平成16～17年度）

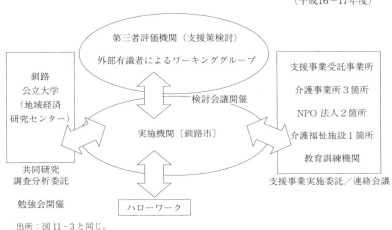

出所：図11-3と同じ。

祉行政の中では画期的な発想が生まれたと感じている。ワーキング委員を決めるに当たっては福祉事務所内外から委員を選び，外部からは大学の教員・教育委員・社会福祉士・社会的起業者・NPO 自立支援実践者・社会福祉協議会などの参加者で構成した。

　調査分析の結果，釧路市の生活保護基準の級地区分は2級地の1で住宅扶助費基準は2～7人で3万7000円であるが，基準内では一般的な民間アパートは2DK が多く子どもが2人いると子ども部屋が持てないこと，また，母子世帯自立支援モデル事業における数多くの調査結果からは，子どもの支援については母親たちが子どもの将来を模索し苦慮していることが明らかになった。そして，以下の6つが大きな問題として出された。

① 　親の最終学歴は中卒および高校中退が5割を超える状況であり，履歴書に書ける資格がない，就職の履歴が書けない，などの人が多い。
② 　家庭でパソコンに触れたことがない，どんな仕事を探したらよいかわからない，などの人がいた。

③　母親が子どもの宿題に答えられない。
④　母親が子どもに対する将来の学歴を，少なくとも高校卒業を望んでいる人が最も多かった。
⑤　勉強を教えられない。
⑥　進学する高校がなく（成績が悪い・不登校・友達がいない・高校中退していた），また，進学の相談をする相手がいない。

　その結果からは，釧路市においては，子ども支援を考える上での最重要課題は，子どもたちを孤立させないための居場所づくりの確保となった。
　また，母子世帯自立支援モデル事業実施では，介護保険法の充実に伴い地域包括支援センターが動き始めて，ホームヘルパーの受け持ち稼働件数が増加したためホームヘルパー不足になったことを聞き，その手伝いができないか相談したところ活躍の場があることがわかった。ワーキング会議の中で了承を得て，ホームヘルパー同行訪問を提案し実践し，実践後に参加した27人の母子世帯の母親から感想文を書いていただいた。同行訪問時の主な仕事内容は，支援先の高齢者の話し相手だった。
　その結果，ホームヘルパーの仕事内容がわかり高齢者の実態をよく知ることができ，高齢者からは「今日は来てくれてとても楽しかったから来週もまた来てね」と頼まれた。また，同行したホームヘルパーから「あなたはホームヘルパーに向いているから，免許を取って一緒に働かないか」と声を掛けられたり褒められたりなどもした。ここで生まれたのが，母子世帯の母親の自尊心の回復だった。そして，資格を取りたい，経験を積めば将来が見えてくるなどの気持ちが芽生えてきた。今までの生活保護行政では，こうした受給者に対する自立助長していくための経験を得る機会が少なく，決められた就労支援の枠だけでは自立する意欲につながらなかった。
　生活保護を受けているほとんどの人が仕事に就きたい，生活保護から自立したいと思い描いている。しかし現実はというと，自分には資格や免許がなくハローワークへ行き就職先を探すがなかなか決まらず，面接を受けても何回も不

採用になり，精神的落ち込みが重なると体調が悪くなり求職活動も上手くいかず，度重なる負の連鎖の中でもがき苦しむ状態となっていた。話を聞いてくれる人がいないため，一人で悩む状態が数日続き精神的に不安定となり孤立する。

このように，今まで褒められることも頼られることもなかったので，ホームヘルパー同行の体験はとても嬉しく，自分でも役に立つことがあるかもしれないと思うようになり社会とのつながりは大切だと知ったと，感想文から読み取れた。社会の中で居場所をつくることが大きく人を変える要因となり，自立に向けた未来への希望や期待が生まれていく。人を育てることがその人の自立につながるということが認識でき，そして，自立支援策をどう生み出していくかを考えることができて，モデル事業はとてもいい経験となった。

最終的に，27人中ホームヘルパー資格取得参加者は18人となり，12人が介護ヘルパーとなり稼働を開始した。残りの6人についても，介護ヘルパー以外ではあるが1年以内に仕事に就くことができた。このホームヘルパー同行の事業に参加したお母さんたちの子どもはまだ小さく保育所に通うぐらいの子どもたちだったが，保育所に入所することができて，親子の日常生活の自立が養われた。例えば保育所に通うために自分と子どものお弁当を作ること，朝の時間調整をしなければならないことなどで，規則正しい生活習慣が養われることになった。

人から頼られることを経験し話し相手に恵まれたことで，自分はまだまだ大丈夫だと自信がついて，免許や資格取得に参加し他の母子のお母さんたちとも将来について話し合いができたこと。こうしたことがいろいろな形で融合し，希望へと変わったことはいうまでもない。

5　冬月荘における子ども支援

子ども支援では，家庭訪問の中で中々解決できない親子の問題，中学生の不登校やいじめや成績不振などから一人で悩んでいる子どもたちを集め友達づくりを考えた。最初は仲間と交わらない子どもがいたが，数日を重ねる事で同じ

悩みを抱える者同士が話し合える場所だとわかり，自然と語らいが多くなされ，友達となり雰囲気が一変し活発さを増した。そして仲間という意識が生まれてきて，同じ高校へ行こうという気持ちの変化も見られ，意欲と希望が見えてくることで顔つきが穏やかになっていった。

　子どもたちは，学校と違い何でも言える場所であり，大人が話を聞いてくれる場所であり，また，自分を認めてくれる場所だと言っている。地域の中で集まれる場所があることがよりどころとなっている。チューターと呼ばれる学生や大人は勉強を教えるだけではなく，悩みの相談相手（だまって聞いてくれる人）として自分を認識してくれる仲間だと解釈できることがよい結果となっている。

　子ども支援を始めたころこんなことがあった。

　同じ中学校に通う同じクラスの子が，冬月荘（子ども支援の場所）に来るまでは今までは1度も話しをしたことがなかったというものである。そのクラスのなかでは3つのグループができており，互いに違うグループにいたので，クラスのなかでは自分を出すことが難しく他のグループの人となかなか話すことができなかったと子どもは言っている。このような実態があるとは，子どもの意見を聞くまでは考えもしなかったが，これが子どもの本音である。冬月荘では楽しそうに話をするが，学校へ戻ると自分を抑えて生活し苦労しているようである。

　次は，16歳高校1年Eさんのインタビューでの話からの事例である。

　冬月荘に通い始めて変わったことといえば，明るくなった，そして大人と話せるようになった，大人は苦手で学校の先生も苦手であったが，今はきちんと話せるようになったと言う。家でお母さんに冬月荘での楽しいことを話すようになったとのことで，お母さんは喜んだでしょうと問うと，そうでもないと答えるが顔は笑顔である。そして，冬月荘は私を認識してくれる居場所であり素でいられる場所で仲間は家族みたい，と話す顔はとてもうれしそうであった。チューターと話すことも楽しいと言う。今の高校生チューターは，後輩を見て昨年までの自分もこんな不安な顔をしていたのかなと思い，人を気にかける余

裕までできたと自分を評価している。

　ここに通ってくる子どもたちは元気になっているが、今後ここに通えない子どもたちをどう参加させるかが課題である。今は、これまで中学校3年生を対象としていたものを中学校1年生にまで拡大し参加を呼び掛けて実施している。中には小学校から実施できないかと相談する親も出てきている。このことはまさしく孤立化の低年齢化が進行していることの裏返しともいえる。
　子ども支援は、釧路市の自立支援プログラム視察の中で一番人気の高いテーマであり、子どもが支えられる側から支える側となって関わっていくやり方をとっている。これは、生活保護受給世帯でない世帯の場合にも同様にできるのではないか。負の連鎖の解消には、こうしたやり方による支援が望ましく、そうした対策として効果を期待している。
　現場を見学していただくことが一番わかりやすく、他の地方自治体からの視察も回数多く行われている。そして、視察した人からは是非実践できるよう持ち帰り反映させたいとの言葉が多い。子ども支援は全国に発信できるものであり、他の自治体による実践開始や結果報告の連絡を得るたびに喜び、さらなるプログラム拡充に向け一層の努力をと思っている。冬月荘は、「チューターは夏休みや冬休みの期間に集中講義10日間を行う時に生活保護ワーカーもチューターとして参加し、支援され高校生になった子どもも参加し、地域の誰もが参加できる居場所」である。

6　連携協力体制の確保

　自立支援事業では、連携協力していただける介護事業所、病院などの医療法人組織、NPO、民間企業などさまざまな社会資源とつながり、利用者が抱える問題に答える支援方法を見出すことが大事である。そのためには、人間関係の構築も重要であり、連携協力する人びとが生活保護受給者に対する見方を変えることではないだろうか。連携協力してくれるところでボランティア活動や

インターンシップなどを行うと参加者の状況把握が容易であり，頑張る姿から面接だけではわからないことがわかって評判がいい。

そして，今後は参加者の中から採用される人が出ることも多くなる可能性が大きく，参加者の励みと希望につながり精神的満足感を増進する。参加者の中からボランティアリーダーを作りリーダー会議を開催し，資質向上を目指すプログラムを開始している。各プログラム参加者の中から受け入れ事業先の推薦書を徴取し，各生活保護ワーカーからの評価票と合わせ診断および決定する。他の参加者に対しても報告することで，個人の能力活用および意識向上を図ることができている。また，月1回程度の研修会を開催し人前で話をすることや意見を出すことに馴れない人も，回数を重ねることで顔つきが変わり自分を見つめ直す機会となる。

研修内容ではできるだけ異業種のグループを作り，いろいろな人と話す機会に重きを置き実施している。反省点および実際の作業確認やお互いの仕事上の悩みや今後の作業内容向上のための意見など，会議内容はその都度変わり，人前で意見を交わす状況を作ることで意欲喚起を促す効果を目指している。この会議は事業所および生活保護ワーカーに開催報告書を回覧することで，参加者の意識を確認する情報として共有することになっている。

このほか，事業参加事業所会議を年1回開催し，他の事業所の作業内容の把握や参加者対応のあり方などの意見交換と事業者の確認および共有を兼ねた場としている。今後には参加事業所同士によるコラボについての可能性を見出し，事業の拡大につなげ参加者の拡大，そして雇用先の拡大推進につなげる。

7　当事者実態と可視化

自立支援プログラム事業については，『希望をもって生きる――生活保護の常識を覆す釧路チャレンジ』を2009（平成21）年に福祉事務所として発行したことも一つの要因となって全国から注目されるようになり，先進地視察，地方自治体職員・市議会議員・国会議員などを積極的に受け入れ，年間80件以上の

見学説明会を実施している。2010（平成22）年には第2次ワーキンググループ会議報告書を発行した。そして，2012（平成24）年には『くしろの自立支援プログラムのススメ』の冊子を発行した。全国的に進めるために自立支援策についてわかりやすく使いやすい，そして受け入れやすく認知されることを目指し前へ進むことが求められている。私たちの街を自分たちで覆すチャレンジをする実践の場が与えられた感じである。

釧路市の2013（平成25）年3月末現在の人口は18万2,305人で，生活保護受給者人数は9,994人，6,634世帯，保護率54.9‰と市民18人に1人が生活保護を受けている。生活保護受給者の中での稼働率は18.6％と全道でも高いため（全国の稼働平均率は13.3％），1人当たり支給額は約12万円で道内の他の自治体に比べ2万円前後少ない支給額状況となっている。

釧路市が実践する自立支援プログラムの中では，自尊感情や自己肯定感の回復と社会とのつながりは決して別々に行われてはおらず，同時に行われるのが自然である。地域のためにできることを誰かがすることが大事で自然なこと，大人と向き合えない人がいるとつながりが途絶えがちになるが，子どもに対してであれば向き合うこともできるというのは大きいのではないか。このような社会貢献であれば誰にでも求められ，誰からも認められる。街をきれいにすること，公園をきれいにすることなど，地域の人は忙しくてできないことがあれば，これらを手伝うことは大いに役に立つことである。

釧路市のように3大基幹産業および公共事業に支えられ成長してきた街は，社会経済情勢の変化により稼働先の激減や基幹産業の衰退によって大きな影響を受けやすかった。経済回復の兆しさえ見えない状況の中では，ペイドワークが最良策ではあるがアンペイドワークも社会貢献とし認める支援施策が必要である。これは生活保護受給者にだけでなく，支える職員および地域全体で行えることが大切である。市民として，また，社会的に認められることから始めることが成果を見出す一番のあるべき姿であり，それを福祉事務所が後押すべきものである。

8 居場所づくりと雇用創出に向けて

　釧路市には大型製造部門を拡大したり，景気回復を起爆剤とできる企業が少ないので，雇用創出の拡大は至難の業である。全国的に先駆けとされている本福祉事務所が行っている自立支援も含め，地域住民のコミュニティの再生，無縁社会，一人暮らし高齢者の孤立，若者の引きこもりが新聞などのメディアにおいて報道されるたびに，この問題が都会だけの問題ではなく地方都市も避けられない状況が確かに広がっていると感じる。

　核家族化が早く進み，釧路市の単身生活者数の割合は高くなっており，経済状況の悪化により自分に対して自信が持てなくなり，その状況を他人に知られたくない，身内にはもっと知られたくないという思いが強くなり，相談できる人もなく外にも出て行けない人が多い。隣人に自分の存在を知られることに困惑する人，精神的に病んでいる人が多く，このような人びとは，どうしたら社会とつながることに前向きになれるのだろうか。

　こうした状況に対しては，素の状態でいられる場所づくりが鍵となることを，子ども支援を通じて知ることができた。このことは大人にも共通するものであり，自立支援を掲げ希望ある社会とつなげる活動を進めるために地域にある資源の有効活用が不可欠であり，福祉事務所の役目は大きなものであると確信している。

　現在，自立支援の利用者の抱える問題の一つに稼働先の選択の狭さが挙げられる。道東における酪農・農業は担い手不足の課題があり，社会的企業が発展していく中でネットワークを作り，担い手育成技術習得訓練も始めたい。釧路市の基幹産業の一つである漁業，中でも整網作業作成者の高齢化と担い手不足が深刻な事態にあり，高齢化と担い手不足に対応することは市民からも認められる要素は高く，担い手を作り出すことは町の活性化を進める要素となりえる。今だからこそ育成事業を実施する時期であり，企業化への期間は時間を要するが町にとって進めなければならない事業でもある。ハローワークだけで求人を

募集するのではなく，日常的に求人募集の場所となるような募集場所の設置ができないか検討したい。

　また，2013（平成25）年度総合相談窓口センターを開設する際に，相談窓口センターに情報収集処理の活用も組み入れていきたい。そして，担い手養成技術習得訓練などは幅広い運営方法，横のつながりを強化して若年層から実施したい。

　自立支援の新しい制度構築が必要であり，生活困窮者の社会参加と地域で就労を支え個別的な生活向上を図り，地域の活力，継続的つながりを強めることが地域の重要課題である。

参考文献

釧路市福祉部生活福祉事務所編集委員会編（2009）『希望をもって生きる――生活保護の常識を覆す釧路チャレンジ』筒井書房。

櫛部武俊（話し手）沼尾波子／金井利之／上林陽治／正木浩司（聞き手）（2014）『釧路市の生活保護行政と福祉職・櫛部武俊』公人社。

生活保護自立支援の手引き編集委員会編（2008）『生活保護自立支援の手引き』中央法規出版。

　　　　　　　　　　　　　　　　　　　　　　　　　　　　　（佐藤　茂）

おわりに

　本書の企画は，生活保護ワーカーによる支援の実情と被保護者の実態が，福祉事務所以外の人びとにはあまり理解されていないことについて，編者の間で話しあわれたところから始まる。

　2011（平成23）年に，生活保護の扶養問題等を契機として，激しい「生活保護バッシング」が行われた。この時期は，被保護者による不正受給の増加等の報道がされる一方で，福祉事務所による違法な生活保護申請の抑制を指す「水際作戦」や被保護者の真意に基づかない「辞退届の強要」などの人権侵害も広く指摘がされていた。

　しかし，「不正受給を行う被保護者」と「人権侵害を行う福祉事務所」という構造は生活保護行政の実態を反映しているとはいえない。むしろ，生活保護行政や被保護者の状況の一面を強調し過ぎることで，結果として歪めたかたちでの発信となっている。

　確かに指摘されるような事実も一部には生じており，看過されることではない。しかし，編者3人はいずれも福祉事務所でソーシャルワーカーを経験しており，生活保護行政のあり方，特にさまざまな課題を有する人びとを支援する生活保護ワーカーの支援の実情と，その組織的な支援のあり方を広く世間に発信することも現在の生活保護行政を取り巻く状況の中では重要ではないかと考えた。そして，この問題の議論を進める中で，生活保護ソーシャルワークによる支援の実情を広く世間に伝えることの必要性について一致した。

　そこで，執筆者には福祉事務所現場の生活保護ワーカー，被保護者への支援施策を企画立案している担当者などに依頼した。依頼にあたっては地域の偏りが生じないように考慮し，できる限り広い範囲で依頼することとした。

　その結果、趣旨を理解していただいた各執筆者からは、忙しい業務の中にも

かかわらず貴重な原稿を寄せてもらうことができた。各報告からは，生活保護を取り巻く厳しい環境の中で，複雑な課題を持ちながら経済的自立のみならず，社会生活自立，日常生活自立に向けて歩む要保護者の人びとと，その支援を行う生活保護行政職員の姿を垣間見ることができるのではないだろうか。

　生活保護行政は個人情報を手厚く保護する必要が大きいことから，外部からはその実態がわかりにくい。しかし，本書により生活保護行政と生活保護ソーシャルワークの実情が多くの人びとにも，その一端を示すことができたのではないかと考えている。

　また、本書が生存権を保障し自立を支援するために、厳しい労働環境の中で活躍している福祉事務所のソーシャルワーカーにとっても、参考になるのではないかと考えている。

　生活保護や福祉事務所に対してさまざまな意見が出ている中で、本書により多くの方々に生活保護行政，生活保護ソーシャルワークの「いま」を理解していただければ幸いである。

2017年5月

編者を代表して
池谷秀登

索　引

あ　行

アセスメント　16, 142
依存症　95, 147
居場所づくり　218
インターベンション　16
インターンシップ事業　207
インテーク　16
インテークワーカー　16
エンパワメント視点　155
温情主義　9

か　行

介護支援専門員　131
家庭裁判所　80
　　──調査官　86
稼働世帯　5
稼働年齢層　114
稼働能力　108
　　──の活用努力　36
カンファレンス　145
義援金　187
岸－仲村論争　54
絆＝相互扶助　205
機能主義ソーシャルワーク　52
木村忠二郎　33
救護法　31
求職活動状況報告書　111, 113, 120
旧生活保護法　31
教育扶助　170
金銭管理　96, 98
グループスーパービジョン　25
経済的自立　13, 118, 141

傾聴面接　19
ケース検討会議　102
欠格条項　32, 33
権利観　ii
高校進学率　39
厚生労働省認知症施策推進5か年計画　122
高等学校等就学費　165
個人の責任　47
子どもの貧困　iii
子どもの貧困対策推進法　66, 160
個別スーパービジョン　25
個別的取り組み　iii
小山進次郎　34
雇用促進住宅　201

さ　行

最低生活費　107
最低生活保障　50
査察指導員　216
自治事務　43
市町村地域福祉計画及び都道府県地域福祉支援
　計画策定指針の在り方について（一人ひとり
　の地域住民への訴え）　38
実践観　ii
実践対象　6
児童虐待の防止等に関する法律　65
児童相談所　100
児童養護施設　148
支払猶予手続き　86
社会参加　142
社会資源　106
社会生活自立　13, 41, 142
　　──支援　57

「社会的な援護を要する人々に対する社会福祉
　のあり方に関する検討会」報告　37
社会福祉協議会　98
社会福祉主事　58,60
社会福祉本質論争　54
就業体験的ボランティア事業プログラム
　207
就業体験プログラム　207
就労意欲喚起事業　112
就労継続支援A型事業所　99
就労支援　108
　──員　216
　──相談員　110
　──プログラム　109,207
就労指導　148
就労自立　41
　──支援　57
就労阻害要因　109
障害年金　96
償還免除申請　87
情報共有　102
自律　13
自立更生　199
自立支援医療　89
自立支援員　216
自立支援プログラム　42,44,118,165
自立助長　ⅲ,31,36,50
心的外傷後ストレス障害（PTSD）　88
ストレングス視点　155
生活困窮者　7
　──緊急生活援護要綱　7
　──自立支援法　62,66
生活保護受給者就労支援事業　88
生活保護受給者の自殺者数について　38
生活保護制度　ⅰ
　──の在り方に関する専門委員会　13,40
生活保護法第27条の2　172
『生活保護法の解釈と運用』　34

生活保護ワーカー　ⅰ
生業扶助　170
精神疾患　95
精神障がい者　141
精神障害者保健福祉手帳　90
精神保健福祉士　96,137
制度対象　6
世代間継承　3
世代間連鎖　105
世帯分離　82
世帯類型　45
絶対的貧困　3
セーフティネット　3,95
相対的貧困　3
相談助言　15
組織の取り組み　ⅲ
ソーシャルワーカー　ⅰ
ソーシャルワーク実践　6

た行

ターミネーション　16
惰眠養成防止　32
地域住民　101
地域包括支援センター　123
チームアプローチ　102
知的障がい者　141,151
知的障害者福祉司　144
中間的就労　218
調停委員　85
デイサービス　144
定時制高校　150
低所得層　7
適応障害　89
特別支援学校　145
特別指導員（警察OB）　216

な行

日常生活意欲向上支援プログラム　207

索　引

日常生活自立　13, 41, 142
日常生活自立支援　57
　　──事業　98
日本型雇用　5
日本国憲法　31, 33
乳児院　148
ネットワーク　101
年金調査員　216

は　行

配偶者からの暴力の防止及び被害者の保護に関する法律　65, 79
バイスティック　68
パターナリスティック　9
ハローワーク　99, 108
非稼働世帯　5
引きこもり　142
被保護者　8
費用立て替えの制度　84
貧困　2
　　──観　ii
　　──研究会　202
　　──層　6
　　──の再生産　3, 105
　　──ビジネス　11
不安定雇用　5
福祉事務所　ii, 109
福祉対象　6
福祉に関する事務所　58
父権的干渉主義　9
婦人相談所　80
プランニング　16
法定受託事務　43
法テラス　84
保健師　97
保護観察所　115

保護命令　80
母子家庭　95
母子世帯自立支援モデル事業計画　220
ホームヘルパー　155
ホームレス　117, 147, 149
　　──問題　2
ボランティア　149
　　──活動　218

ま　行

マイナンバーカード　116
民生委員　101
無縁社会　228
無差別平等の原理　34
無料低額宿泊所　10, 115
無料低額診療　10
面接交渉　86
モニタリング　16

や・ら・わ　行

要保護層　7
寄り添う支援　141
履行勧告　91
離婚裁判　87
療育手帳　151
利用者参加　22
臨床心理士　202
ワーキングプア問題　2
和解勧告　87
和解調書　91

欧　文

BCP（業務継続計画）　186
DV 防止法　→　配偶者からの暴力の防止及び被害者の保護に関する法律
MSW　136

執筆者紹介 （所属〔執筆時〕，執筆分担，執筆順，＊は編者）

＊岡部　卓（編著者紹介参照：はじめに・第1章）

＊池谷秀登（編著者紹介参照：第2章・おわりに）

＊長友祐三（編著者紹介参照：第3章・第Ⅱ部　はじめに）

玉城夏子（沖縄県宜野湾市福祉事務所：第4章）

小林かおり（福井県嶺南振興局二州健康福祉センター：第5章）

横田　敏（東京都板橋区板橋福祉事務所：第6章）

小山秀二（東京都目黒区福祉事務所：第7章）

衛藤　晃（神戸市兵庫福祉事務所：第8章）

菊池健志（神奈川県保健福祉局福祉部：第9章）

大澤弘美（神奈川県保健福祉局福祉部：第9章）

長谷部慶章（神奈川県保健福祉局福祉部：第9章）

齋藤昭彦（岩手県保健福祉部：第10章）

佐藤　茂（北海道釧路市福祉事務所：第11章）

編著者紹介

岡部　卓（おかべ・たく）
　　首都大学東京都市教養学部教授。
　主　著　『新版 福祉事務所ソーシャルワーカー必携──生活保護における社会福祉実践』全国社会福祉協議会，2014年。
　　　　　『生活困窮者自立支援ハンドブック』（編著）中央法規出版，2015年。

長友祐三（ながとも・ゆうぞう）
　　埼玉県立大学保健医療福祉学部教授。
　主　著　『改訂 ケアマネ業務のための生活保護 Q&A』（共著）中央法規出版，2011年。
　　　　　『就労支援サービス 第4版』（共著）中央法規出版，2016年。

池谷秀登（いけたに・ひでと）
　　帝京平成大学現代ライフ学部教授。
　主　著　『生活保護と就労支援──福祉事務所における自立支援の実践』（編著）山吹書店，2013年。
　　　　　『生活保護ハンドブック──「生活保護手帳」を読みとくために』日本加除出版，2017年。

　　　　　　　　　生活保護ソーシャルワークはいま
　　　　　　　　　────より良い実践を目指して────

2017年7月30日　初版第1刷発行　　　　　〈検印省略〉

　　　　　　　　　　　　　　　　　　　　定価はカバーに
　　　　　　　　　　　　　　　　　　　　表示しています

　　　　　　　　　　　　　岡　部　　　卓
　　　　　編著者　　　　　長　友　祐　三
　　　　　　　　　　　　　池　谷　秀　登
　　　　　発行者　　　　　杉　田　啓　三
　　　　　印刷者　　　　　坂　本　喜　杏

　　　　　　　　　　　　株式
　　　　　発行所　　　　会社　ミネルヴァ書房
　　　　　　　　607-8494 京都市山科区日ノ岡堤谷町1
　　　　　　　　　　　　電話代表　(075)581-5191
　　　　　　　　　　　　振替口座　01020-0-8076

　　　　Ⓒ 岡部・長友・池谷ほか，2017　冨山房インターナショナル・清水製本

　　　　　　　　　　ISBN 978-4-623-07741-0
　　　　　　　　　　　Printed in Japan

子どもの貧困/不利/困難を考える Ⅰ

埋橋孝文・矢野裕俊 編著

A5判／284頁／本体 3800円

子どもの貧困/不利/困難を考える Ⅱ

埋橋孝文・大塩まゆみ・居神 浩 編著

A5判／280頁／本体 3800円

孤独死を防ぐ

中沢卓実・結城康博 編著

四六判／258頁／本体 1800円

住民と創る地域包括ケアシステム

永田 祐 著

A5判／228頁／本体 2500円

福祉職員研修ハンドブック

津田耕一 著

A5判／198頁／本体 2000円

――― ミネルヴァ書房 ―――
http://www.minervashobo.co.jp/